신영복의 엽서

돌베개

신영복의 엽서
신영복 지음

2003년 12월 12일 초판 1쇄 발행 | 2025년 3월 15일 초판 12쇄 발행 | 펴낸이 한철희 | 펴낸곳 주식회사 돌베개 | 등록 1979년 8월 25일 제406-2003-000018호
주소 (10881) 경기도 파주시 회동길 77-20 (문발동) | 전화 (031)955-5020(대) | 팩스 (031)955-5050
홈페이지 www.dolbegae.co.kr | 전자우편 book@dolbegae.co.kr
편집장 김혜형 | 책임편집 김수영 | 편집 박숙희·이경아·김현주·김윤정 | 본문 디자인 이은정 | 사진촬영 김성철 | 인쇄 백산 | 제본 상지사 P&B
ISBN 978-89-7199-564-8 03810   * 책값은 뒤표지에 있습니다.
이 도서의 국립중앙도서관 출판시도서목록(CIP)은 e-CIP 홈페이지(http://www.nl.go.kr/cip.php)에서 이용하실 수 있습니다. (CIP제어번호: CIP2003001608)

신영복의 엽서

영인본을 재출간하며

영인본 『엽서』 초판은 1993년에 출간되었다. 당초 이 책의 출판은 신영복 선생을 아끼는 여러 친구들의 아름다운 우정에서 비롯되었다. 『감옥으로부터의 사색』이 나온 뒤 필자의 고뇌와 양심을 나누어 받는 심정으로 엽서를 한두 장씩 얻어 가졌던 친구들은 그렇게 한두 장씩 나누어 가질 것이 아니라 원본은 본인에게 돌려주고 초고와 똑같은 영인본을 만들어 한 권씩 나누어 가지기로 뜻을 모아 당시로서는 거금의 제작비를 들여 찍었다고 한다.

일종의 한정판 자비 출판이라고 할 수 있을 텐데 이 책은 일부가 서점을 통해 일반 독자에게도 전해지면서 『감옥으로부터의 사색』과는 또 다른 차원의 감동을 불러일으켰다. 무엇보다도 원본의 생생한 육필이 주는 감동은 그 내용에 앞서 어쩌면 내용보다 더 가슴 뭉클한 것이었다. 철필로 새기듯 한자 한자 또박또박 눌러 쓴 글씨와 군데군데 그려넣은 그림 등은 영인본이 아니고서는 전할 수 없는 것들로서 마치 필자로부터 직접 편지를 받은 듯한 기분을 느끼게 하였던 것이다.

그리고 내용 면에서도 더욱 풍요로웠다. 『감옥으로부터의 사색』 초판본에는 수록되지 않았던 1976년 이전의 편지와 기록들이 추가됨으로써 필자의 옥중생활 전 기간을 망라하게 되었다. 특히 '청구회 추억'을 비롯하여 남한산성 육군교도소 시절의 사색 노트는 무기로 감형되기 전 죽음을 예감하던 극한 상황에서 쓰여진 기록들로서 깊은 감동을 주었다.

그러나 이 책은 초판 소진 후 중쇄를 한 번 더 찍은 다음에 곧바로 절판되었다. 애초부터 적극적인 시판을 염두에 둔 출판이 아니었을 뿐 아니라 이 책을 낸 '너른마당'이 그후 여러 사정으로 출판 활동을 계속하지 못했기 때문이다. 장기간의 절판 상태에도 불구하고 책을 찾는 독자들의 요구는 끊이질 않았다. 사정이 이렇다 보니 어쩌다 헌책방에 나온 책은 희귀본이 되어 고가로 팔리는 일이 벌어졌으며 심지어 고급 컬러복사로 불법(?) 복제한 열성 독자들도 적지 않았다.

이러한 상황에 대하여 『감옥으로부터의 사색』 증보판을 출간하여 1998년 8월 이후 내오고 있는 돌베개로서는 일정한 책임을 느끼지 않을 수 없었다. 『감옥으로부터의 사색』을 사랑하는 많은 독자들이 필자의 '고뇌와 양심'에 더 가까이 다가서도록 하려는 생각도 없지 않았다. 이에 필자의 허락을 얻어 영인본을 재출간하게 되었다.

이번 책은 제목을 『신영복의 엽서』로 바꾸었다. 초판본의 제목을 잇되 엽서 일반과 구별하여 신영복 선생의 옥중 서한임을 드러내기 위해서다. 새 책 『신영복의 엽서』는 230여 편의 엽서와 조각글, 그림을 실었다. 『엽서』 초판본과 비교하여 새로이 넣거나 뺀 것들이 적지 않은데 필자가 직접 선별하였다는 점에서 가히 결정판의 성격을 띠고 있다 할 수 있을 것이다.

그리고 이번 책에서는 고화질 촬영과 정밀 인쇄를 통하여 원본의 상태를 있는 그대로 재현하는 데 심혈을 기울였다. 『엽서』 초판본과 달리 종이의 재질이나 상태는 물론 미세한 흔적까지 선명히 드러내 독자들의 원본 체감도를 높일 뿐 아니라 자료의 원형이 영구적 기록으로 보존되도록 하였다.

『엽서』 초판본이 출간된 지 10년, 오랜 절판 끝에 다시 태어난 이 책이 독자들로 하여금 원본의 핍진한 감동에 한층 더 깊이 다가갈 수 있는 계기가 되기를 바란다.

2003년 11월

돌베개 대표 한철희

우리 시대의 고뇌와 양심

영인본 『엽서』(1993) 서문

20년의 옥고를 치르고 우리들 앞에 나타난 그를 처음 만났을 때 우리는 그의 변함없는 모습에 놀라지 않을 수 없었다. 그리고 그가 가족에게 보낸 편지를 모아서 출판한 『감옥으로부터의 사색』을 읽었을 때 그의 조용하면서도 견고한 정신의 영역에 대하여 다시 한번 놀라지 않을 수 없었다. 그리고 우리는 생각했다. 그 긴 암묵의 세월을 견디게 하고 지탱해준 것은 과연 무엇이었을까. 그의 20년과 비교한 우리들 20년은 어떠한 것이었던가를 스스로 돌이켜보지 않을 수 없었다.

그리고 더욱 놀라웠던 것은 그 엽서들의 초고를 보았을 때의 충격이었다. 작은 엽서 속에 한자 한자 또박또박 박아 쓴 글씨는 그가 인고해온 힘든 하루하루인 듯 그 글을 결코 범상한 마음으로 대하지 못하게 하였다. 그가 엽서에 담으려고 했던 것이 단지 그의 아픔뿐만이 아니라 우리 시대의 고뇌와 양심이었다는 사실에는 많은 사람들이 공감하고 있음이 사실이다.

우리는 그의 양심과 고뇌를 나누어 받는 심정으로 그의 엽서를 한 장씩 나누어 가졌다. 두 장 가진 친구도 있었던 것으로 기억된다. 복사해서 여러 장 가지고 간 친구도 있었다. 그러다가 생각했다. 이렇게 한두 장씩 나누어 가져갈 것이 아니라 원본은 본인에게 돌려주고 우리는 이 엽서의 영인본을 만들어 한 권씩 나누어 가졌으면 어떨까. 모두가 같은 생각이었다.

영인본의 출판 계획은 『감옥으로부터의 사색』이 출판된 직후 일찌감치 의견이 모아졌었다. 그러나 저자가 내키지 않아 할 뿐 아니라 또 다른 여러 가지 사정으로 지금껏 미루어오다가 이제 여러 친구들이 뜻을 모아 만들어내게 되었다. 영인본을 만들면서 가장 먼저 의견의 일치를 본 것은 되도록이면 초고와 똑같이 만들자는 것이었다. 그렇게 하는 것이 그의 고뇌와 양심에 조금이라도 더 가까이 다가서는 듯하고, 또 엽서의 초고를 갖자는 것이 애초의 생각이었기 때문이었다.

그가 보관하고 있는 엽서를 전부 싣지는 못하였지만 그와 상의하여 230장 가량을 뽑아서 실었다. 그러나 무엇보다도 『감옥으로부터의 사색』에 실리지 않은 편지와 글들을 싣게 된 것은 비단 우리들뿐만 아니라 많은 독자들에게도 매우 다행한 일이 아닐 수 없다고 생각된다. 특히 지금은 없어졌지만 남한산성의 육군교도소에 수감되어 있을 때에 하루 두 장씩 지급되는 휴지에다 깨알같이 박아 쓴 그의 사색 노트를 함께 실었다. 이 노트는 저자가 출소한 뒤에야 집에서 발견된 것으로 당시 남한산성에서 근무한 어느 헌병의 친절이 아니었더라면 영영 없어져 버렸을 그의 20대의 사색의 편린이다. 그리고 『감옥으로부터의 사색』을 읽은 독자들이 궁금해하던 76년 이전의 편지도 마침 이삿짐을 챙기다가 발견되어 함께 싣게 되어 그의 20대와 30대 초반의 사색을 접할 수 있게 된 것은 여간 다행한 일이 아닐 수 없다.

영인본은 그의 편지 군데군데에 들어 있는 그림들도 고스란히 살려내었을 뿐만 아니라, 그가 옥중에서 어렵사리 그려두었던 삽화들도 영인본이 아니면 전할 수 없는 것들이다. 제대로 무엇을 갖추어 그린 그림도 아니고 그래서 서투르기 짝이 없는 삽화들이지만 우리는 그 속에 담겨 있는 그의 또 다른 면모를 접하게 될 것이다.

이 책에 실린 모든 글은 연월일의 순서로 편집하였다. 1969년부터 1988년까지의 기간이다. 20년 동안의 기록이 거의 망라된 셈이다.

문득문득 생각나기는 했지만 친구를 감옥 속에 보내고, 아니 어두운 망각 속에 묻고 나서 우리는 20년이란 세월 동안 그가 어떤 잠을 잤는지 무슨 밥을 먹었는지 어떤 고통을 부둥켜안고 씨름했는지 까맣게 잊고 있었다. 20년이 지난 어느 날, 그 어둠 속의 유일한 공간이던 엽서와 그리고 그 작은 엽서를 천 근의 무게로 만드는 깨알 같은 글씨들을 마주했을 때의 감회는 실로 형언키 어려운 것이었다.

그 작은 엽서는 바쁘고 경황없이 살아온 우리들의 정수리를 찌르는 뼈아픈 일침이면서 우리들의 삶을 돌이켜보게 하는 자기성찰의 맑은 거울이었다. 그것은 작은 엽서이기에 앞서 한 인간의 반듯한 초상이었으며 동시에 한 시대의 초상이었다. 어쩌면 우리는 이 한 권의 책에서 우리가 추구해야 할 삶의 모습을 읽으려 하고 있는지도 모른다. 이러한 심정은 비단 그를 아는 친구들뿐만 아니라 그와 무연한 독자에게도 마찬가지리라고 감히 말할 수 있다.

사람이 그리운 시절에 그 앞에 잠시 멈출 수 있는 인간의 초상을 만난다는 것은 행복이다. 바로 이 점에 있어서 모든 독자들의 뜨거운 공감을 믿어 의심치 않는다.

끝으로 이 영인본을 만들기 위하여 물심양면으로 뜻을 모아준 친구들에게 다시 감사를 드린다.

1993년 정월 보름
여러 친구들을 대신하여 이영윤

차례

영인본을 재출간하며	증보판(2003) 서문	5
우리 시대의 고뇌와 양심	영인본 『엽서』(1993) 서문	7

남한산성 육군교도소	1969년 1월~1970년 9월	15
안양교도소	1970년 9월~1971년 2월	80
대전교도소	1971년 2월~1986년 2월	83
전주교도소	1986년 2월~1988년 8월	264

역사

오늘은 다만 내일을 기다리는 날이다.
오늘은 어제의 내일이며
내일은 또 내일의 오늘일뿐이다.

智慧의 女神「미네르바」의 부엉이는
夕陽에 날기 시작한다.

──── M E M O ────

• 오늘은 내일을 기다리는 날이 아니라
  오늘은 내일을 가꾸는 날이다.

• 壁은 나에게 思索을,
  隔離는 나에게 自由를
  赤裸는 나에게 純粹를
  그리고 —
  世上은 아직도 나에게 食事를 준다.

• 0.7 평의 四角天井과
  0.7 평의 四角마루바닥이
  이루는 地下의 空間 속에서
  半年의 목마른 冬眠 후
  이제 三月의 봄을 맞이한다.

• 밤이면 모시수건처럼 청결한
  꿈을 펴놓고 그리운 사람들을
  기다리면, 멀리서 보리피리소리 —
  「보리피리 불며 필릴리,
   人間事 그리워 필릴리」

이 책에 대한 독후감을 적어 둡시다.

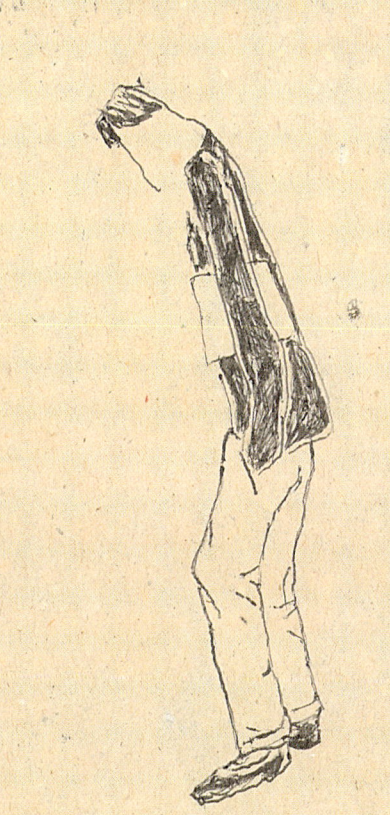

길을 걷다가 골목이 꺾이는 길모퉁이 같은데서
재빨리 뒤를 돌아다 보라, 거기 당신의 등뒤에
당신을 지켜주는 손이 있다. 어머니의 손같은,
친구의 손같은----

拘束되어 있는 자에게는 生活이 있을 수 없다.
生活이란 人的 및 物的 輸關 속에서 이루어지는
것이기 때문이다. 사회적, 정치적, 역사적 연관이
완전히 두절된 상태에 있어서의 生活이란 그저
時間의 경과에 지나지 않는다. 그리고 시간이란 물질의
運動 樣式의 一 態樣이라면 나는 시간의 경과와
더불어 바위처럼 風化당하는 하나의 물체에 불과하다.
그러나 世稱 獄살이라는 것은 對立과 鬪爭, 억압과
반항이 가장 예리하게 表現되어 팽팽하게 긴장되고 있는
열띤 생활이다. 궁핍은 필요를 낳고 필요는 또
요구를 낳으며 그 요구가 관철되기 위하여는 大小의
투쟁의 관문을 거쳐야 하는 판이다. 그런데 그 요구의
質과 量이 실로 빈약하기 짝이 없다. 日光浴 투쟁,
用便 투쟁, 치료, 食水 ---- 바깥세상에서는 관심밖의
것들이 거의 전부이다. 그러나 이것들은 결코 사소한 것이
아니라고 생각한다. 이러한 것들을 사소한 것으로 생각하는
것은 그것에 대한 궁핍과 제기限을 전혀 받지 않기 때문이
며 그것이 生存에 不必要하기 때문은 아니다.

가장 불리하고 약한 입장에서 가장 필요불가결한 것을
획득하기 위한 투쟁이 囚人들을 강하게 만들어 준다.
그리하여 다듬어진 용기와 인내와, 持久力 ---- 이것이
곧 囚人의 영광인 것이다.

- 사랑이란, 노력의 결과로서 획득 되는것이지
  결코 획득 되는 것이 아니다. 한번도 보지 못한 사람과
  결혼 하는 것이, 한번도 보지 않은 부모를 만나는 것과 같이
  조금도 이상하지 않는 까닭도 바로 사랑은
  생활을 통 하여 익어가는 것이기 때문이다.

  부모를 또 형제를 선택하여 출생하지 않는 것처럼
  사랑도 그것을 선택 할수도 없다. 사랑은 선택 이전에는
  존재 하지 않는것이며 事後에 서서히 경작 되는 것이다.
  그러므로 「당신을 사랑합니다」라는 말처럼 쓸데 없는 말은
  없다. 사랑이 경작 되기 이전 이라면, 그 말은 거짓 말이며
  그 이후라면 아무 소용없는 말이다.

  인간을 사랑 할수 있는 이 평범한 능력이 인간의 가장
  위대한 능력이다. 따라서 문화는 이러한 능력을 啓發 하여야
  하며, 문명은 이를 損傷 함이 없어야 한다.

  Das beste solte das liebste sin.
  가장 훌륭한 것으 무릇 우리가 가장 사랑하는 것이어야 한다.

● 일광욕시간에 양지쪽에서 푸른 하늘을 넋을 놓고 보다가 붉은 벽돌담 밑에 피어 있는 흰 꽃잎의 코스모스 한송이를 따 왔다. 줄기에다 씹던 껌을 붕대처럼 감아서 벽에다 붙여 놓았다. 어둑한 獄房 속의 더한층 흰 그 꽃잎 옆에는 땅에 찌들은 판자 위에 낙서가 많다. 「까까머리 내청춘」, 「無罪」, 「파란 스봇」, 「그리워 불러보는 이름이건만」, 「생각을 말자……」 그리고 ●몇년도의 몇월치 달력인지 77개의 칸을 그어서 깨알같이 숫자를 적어 놓았다.
꽃잎이 시들기 전에 「새가정」 시월호 책갈피에 끼워야겠다.

● 不幸은 대개 幸福보다 오래 계속된다는 점에서 고통스러운 것이다. 행복도 불행만큼 오래 계속된다면 그것 역시 하나의 고통이 아닐 수 없을 것이다.

畵中鳥
종일 날아도 그자리

겨울 素描

⟨겨울의 싸늘한 공기속에서 나는 나의 숨결로 나를
데우며 봄을 기다린다⟩

천정과 벽에 얼음이 하얗게 성에져서, 내가 시선을
바꿀때마다 반짝인다. 마치 天空의 星座같다.
다만 10와트 백열등부근 반경 20cm의 달무리만
제외하고 온방이 하얗게 얼어있다.
1월 22일 3호실로 전방되어 왔다.
나 혼자 있는 것이나 다름없다. 방 구석에는 굳게 입다물고
벌써 달포가량 말 한마디 없이 가끔 신음같은 소리로
무엇을 요구하는 同居人이 있기는 하다. 그러나 24시간
모포를 머리끝까지 뒤집어 쓰고 자고먹고, 자고먹고, 먹고자고
먹고자고·····. 나는 이 녀석을 느끼지 않고 지낸다.
옆에 있다는 것이 거짓말 같다. 호기심도, 측은함도,
불결함도 아닌, 어쩌면 지극히 심한 피로감과
권태감같은 것을 나는 이녀석한테서 느낀다.
겨울의 싸늘한 추위가 이 권태와 피로를 한결
덜어 주고 있는 셈이다.

방안 가득히 반짝이는 이 칼끝같은 「氷光」이
신비스럽다. 나는 이 하얀 성에가, 실은 내 입김속의
수분이 結氷한 것이라 생각한다. 내가 내뿜는 입김
이외에는 얼어 붙을 것이라고는 아무것도 없기때문이다.
天空의 星座같은 벽위의 氷光은 현재 내게
주어진 가장 큰 「世界」이다.
기온이 내려갈수록 이 빛은 더욱 날카롭게 서슬이
서는듯 하다.

나는 이 빙광이 날카로워 지면서 파릇한 빛마저
내뿜는 때를 가장 좋아 한다.
그저께는 바깥 날씨가 많이 풀린 모양인지
이 벽의 얼음이 녹아 내리는 것이었다.
지렁이 처럼 벽을 타고 질질 흘러내리는 물줄기는
흡사 "시체" 처럼 처량하고 징그럽다.
지렁이의 머리쯤에 맺힌 물방울에서 흐릿한
물빛이 반사되고 있기는 하다.

흐릿하고 지루한 빛을 둔하게 반사 하면서 느릿느릿
벽을 타고 기어 내린다. 그것도 한두마리의 지렁이가
아니라, 수십마리의 길다란 지렁이가 거의 같은 속도로
내려 올 때 나는 공포를 느낀다. 끈적 끈적한 공포가
서서히 나를 향해서 기어오는 듯한 느낌이 눈앞의
사실로 다가 온다.
시체 처럼 모포를 쓰고 누운 구석의 동거인을 확인해본다
이 녀석도 새삼 무슨 짐승같이 느껴진다.

이런 축축한 공포에서 벗어나고 싶기 때문에 나는
어서 기온이 싸늘히 내려가기를 바란다.
그리고 방안 가득히 반짝이는 그 총명한 氷光을,
그 넓은 星座를 보고 싶다.

그 번뜩이는 빛 속에서 냉철한 예지의 날을
세우고 싶다.

일반적으로, 특히, 전통적인 文學, 芸術은 의식적이든 무의식적이든 귀족층의 이익 (사회적, 정치적, 경제적, 정신적) 의 태두리를 벗어나지 못하고 있다. 「전통적」이란 것을 클래씩 (classic, 계급적)이라 하는 것이다.

詩人墨客들은 궁중이나 공작, 자작, 후작들의 家人이 대부분이었으며 그들의 비호하에서 작품이 생산되었으며 그렇게하여 생산된 작품들은 화려한 邸宅의 호화로운 만찬으로서 구매되고 소비되었으며, 또 그들의 관심하에서 선전되고 보급되고 계승되었던 것이다.

대중들의 이익과 正義는 귀족계급의 이익을 침해하지 않는 범위 내에서 또는 귀족계급의 이익을 伸張·正当化 하는 범위내에서 단편적으로 挿入 되어 있거나 또는 아예 귀족층의 풍요와 이익이 곧 대중들의 풍요와 이익 이라는 類의 계급자체를 否認하는 달콤한 환상 으로 糊塗해 온 것이다.

그러나 간혹 상당히 대담하게 또는 극도로 신중하게 대중의 이익과 정의가 주장되는 경우가 있는데 이것은 양심이 있고 정의를 하는 어느 시멀묵객이 부귀공명과 양심의 기로에서 치룬 오랜 고민과 갈등의 一角이 表出된 것이다.

오늘날의 문학 예술人에게 필요한 것은 과감한 꾸떼타 이다. 그들의 「스폰서어」(物主)로부터의 미련없는 결별이다. 그들이 자기의 物主를 생산면의 비호인 으로서 갖고 있든, 소비면의 고객으로서 갖고 있든, 어쨌든 그들 개개인의 결별이 아니라 집단적인 결별이라 면 좋다. 그리하여 대중의 정의와 양심의

역사적 大河 속에 혼연히 뛰어들 때 비로소
문학예술은 古來의 그 환락의 수단이던 娼女의
汚名을 씻을 수 있는 것이다.

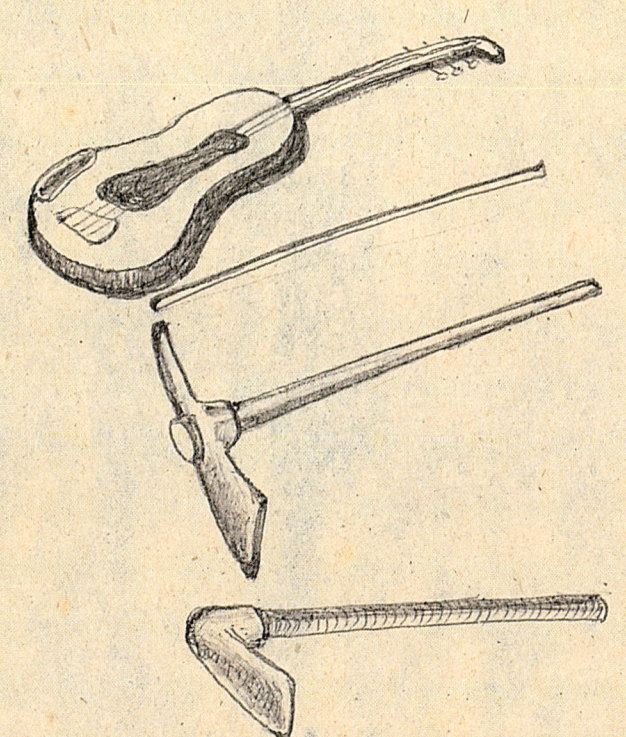

靑少年 추억

1966년. 이른 봄철에 서울大불교회의 學生會의 초대를 받고 회원 20여명과 함께 「서오능」으로 한나절의 踏靑(?) 놀이에 섞이게 되었다.

불광동 시내뻐스 종점에서 서오능까지는 걸어서 약 한시간 가량 걸리는 거리다. 우리는 이 길을 三三五五 이야기들을 나누며 걸었다. 나도 4, 5인이 한 덩어리가 되어 학생들의 질문에 가볍게 대꾸하며 郊外의 早春에 전신을 풀어헤치고 민들레씨만큼이나 가벼운 마음으로 걷고 있었는데 우리 일행과 앞서거니 뒤서거니하며 같은 방향으로 걸어가고 있는 여섯명의 꼬마 한 덩어리를 뒤늦게야 깨닫게 되었다. 만일 이 꼬마들이 똑같은 敎服이나 무슨 制服같은 것을 입고 있었거나, 조금이라도 더 똑똑한 옷차림을 하고 있었더라면 나는 좀더 일찍 이 同行者人(?)들을 알아차렸을 것이다. 여나문살의 이 아이들은 한마디로 주변의 시골풍경과, 소달구지의 바퀴자욱이 두줄로 패여있는 그 시골길에 흡사하게도 어울리는 차림들이었다. 모표도 달리지 않은 중학교 학생모를 쓴 녀석이 하나, 흰 운동모자를 쓴 녀석이 또 한녀석이 있었던 것으로 기억하는데 그 운동모자는 여러번 빨래한 것으로 앞 챙 속의 종이가 몇군데로 밀리어 모아져 있어서 챙의 모양이 원형과 사뭇 다를 것일 뿐 아니라 이마위로 힘없이 처져 버린 그런 운동모자 인데 흙때가 묻어서 새하얗게 보이지도 않는 것이었다. 그나마 그 중에서 가장 나의 시선을 붙잡은 것은 털실로 짠 스웨타이었다. 못쓰게 낡아버린 털실옷의 성한 부분을 실로 풀어서 그 실로 다시 짠 것이었다. 색갈도 무질서할 뿐 아니라 몸통의 색갈과 양팔의 색갈이 같지 않고 양팔 부분도 팔꿈아래를 다시 달아낸것같은 소위 털 스웨타의 녀석은 그래도 머리에 무슨 모자비슷한 것을 뒤집어 쓰기까지 했다.

나는 이 똑똑치 못한 옷차림의 꼬마들에 대하여 「春窮」의 냄새 같은 안쓰런 느낌을 가졌던 것 같이 기억된다. 자주 우리들을 힐끔힐끔 돌아다 보는 것이 자기들끼리는 별로 몰두할만한 이야기도 없는 듯 하였다. 처음에는 서오능 근처의 시골아이들이 제집으로 돌아가는 것이기나 한듯 아무렇지도 않게 여겼으나 시간적으로 보아 오전 아홉시 정도에는 제가끔 제집들에 있을 시간이라는 생각이 뒤늦게서야 일어났다. 그리고 그중의 한녀석이 들고 있는 보자기 속에 냄비의 손잡이가 보였다. 이 여섯명의 꼬마들도 분명히 우리일행처럼 서오능으로 봄소풍을 가는 것이다. 나는 이 꼬마들의 덩어리에 끼어들어 오늘 하루를 지내고 싶은 생각이 들었다.

나는 내가 속해 있던 文學슢슢員들의 덩어리에서 이 꼬마들의 곁으로 걸음을 빨리 하였다. 나는 어린이들의 세계에 들어가는 방법을 누구보다도 잘안다. 중요한 것은 「첫 대화」를 무사히 마치는 일이다. 대화를 주고 받았다는 사실은 서로의 거리를 때에 따라서는 몇년석이나 당겨주는 것이다.

그러므로 내가 꼬마들에게 던지는 첫마디는 반드시
대답을 구하는, 그리고 대답이 가능한 것이어야 한다.
만일 「얘 너 이름이 무어냐?」라는 첫마디를 던진다면
그 꼬마들로서는 우선 대답해줄 필요를 느끼지 않을뿐만
아니라 오히려 놀림의 대상이 되었다는 느낌으로
일정한 간격을 유지하고 뱅글 뱅글 돌아가기만 할뿐
결코 대화가 이루어지지 않는다. 그러므로 나는
반드시 대답을 해주어야 하는 질문을, 그리고 어린이들이
가장 예민하게 알아차리는 놀림의 느낌이 전혀
없는 질문을 궁리하여 말을 걸어야 하는 것이다.
이미 이녀석들은 내가 그들쪽으로 옮겨오고 있음을
알고 제법 긴장들을 하고있었다. 그것은 그들의
걸음걸이가 조금 빨라지고 자주 나를 돌아다 보는것으로 충분히
알 수 있었다. 그래서 나는 그들의 예상을 뒤엎고
그들을 앞질러 버릴때 까지 말을 건네지 않고 걸어갈수
밖에 없었다. 저쪽 산기슭의 양지에는 벌써 진달래가
피어 있었다. 나는 문득 생각난듯이 꼬마들쪽으로
돌아서며 「이 길이 서오능 가는 길이 틀림없지?」하고
그 첫 마디를 던졌다. 이 물음은 그들에게는 전혀 부담이
없는 질문이다. 「예」또는 「아니오」로서 충분한 것이며 또
그들로 하여금 慈善의 기회와 금지도 아울러 제공해주는
질문이었다. 그들의 대답은 훨씬 친절한 것으로
나타났다. 「예 맞아요!」가 아니라 「네 이길로 곧장
가면 서오능이예요」였다. 뿐이랴 「우리도 서오능에
가는 길이어요!」. 반응은 예상보다 훨씬 좋은 것이었다.

재건복의 허술한 옷차림을 한 나에게 그처럼 상당히 친절한 반응을 보여 준 것은 아마 조금전까지 나와 같이 "걷던 문학회 회원들의 말쑥하고 반반한 생김생김의 덕분이 없으리라고 느껴진다.
여하튼 서로 이야기를 주고 받았다는 사실, 이 사실은 그 다음의 대화를 용이하게 해 주기 마련이다. 그러나 우리의 대화가 그 다음 대목에서 뜻밖에 硬化되어 버릴 위험은 여전히 존재하는 것이다. 그래서 「버스 종점에서 반쯤 온 셈인가?」「아니요 반도 채 못왔어요.」「너희들은 서오능근처에들 살고 있는 모양이구나」「아니요, 문화동에 살아요」「그럼 지금 문화동에서 여기까지 오는 길이냐?」「네」「집으로 돌아가는 길을 잃어버리믄 어쩔려구?」「호호, 문제 없어요!」
이렇게 하여 일단 대화의 入口를 열어놓은 다음 더 깊숙이 이 꼬마들의 세계속으로 발을 들여 놓아야 한다. 신영균이와 독고성, 장영철과 김일의 프로레슬링, 손기정선수, 등의 이야기 세종대왕, 을지문덕, 이순신장군에 관하여 때로는 쉽게 때로는 제법 어렵게 질문하면서 또 그들의 이야기를 성의 있게 들어주며 걷는동안 우리는 상당히 친숙해 질 수 있었다. 그들은 문화동 산기슭의 한 동내에서 살고 있다는 것,

오래 전부터 자기들끼리 놀러가기로 약속해 왔다는 것, 그래서 벼르고 별러서 각자 왕복 회수권 2장과 一金 10원씩을 준비하고 점심밥해먹을 쌀과 찬(다꾸앙 뿐이었음)을 여기 보자기에 싸 가지고 간다는 것, 자기들 여섯명은 무척 친한 사이에 라는 것 등을 알게 되었다.

나는 너희들 여섯명의 꼬마단체에다 이름을 지어 붙이는 것이 좋지 않겠는가고 제안 하였더니, 이미 자기들도 그러한 이름같은 것을 구상해두고 있는데 아직 결정을 내리지 못하였다는 것이다. 구상중인 이름으로는 「독수리」와 「맹호부대」의 둘이 있다는 대답이다.

독수리나 맹호부대 보다 훨씬 그럴듯한 이름하나를 지어 주겠는가를 나한테 물어왔다. 나는 쾌히 이를 수락하였다. (대체로) 나와 이 가칭「독수리」용사들과의 첫번 대화는 성공적이었다고 할 수 있었다. 우리는 어느듯 서오능에 닿았고 이제 이 꼬마들과 헤어져서 나는 학생들 틈으로 돌아왔다. 물론 이따가 서로 한번 더 만나기로 약속을 해두었다.

문학회 회원들과 함께 우리 일행은 넓직한 잔디밭에 자리를 잡고 둘러 앉아서 점심을 먹고 놀고 있었다. 학생중의 한녀석이 잔디밭이 씨름판에 안성마춤이니 누구 한번 씨름내기를 해보자고 서두를 꺼내자

엉뚱하게도 내가 그 씨름의 상대로 지목이 되었다. 평소에 나한테 구박을 한번씩은 받은 녀석들이기 때문에 그들이 나를 밀제히 지목하여 골려 보려는 저의는 잔디밭 위의 봄소풍놀이에 썩 잘 어울리는 분위기일 수 있는 것이다. 아마 자꾸 나를 귀찮게 끌어내려는 녀석이 권만식이었다고 기억이 되는데. 나는 그때 우리가 앉은 저쪽 능옆에서 우리를, 특히 나를 지켜보고 있는 예의 그 여섯 꼬마들의 얼굴을 발견하였다. 이 꼬마들도 나의 곤경을 주시하고 있는듯한 얼굴이다. 나는 드디어 권군과의 씨름을 수락하고 만장의 환호(?)를 받으며 한가운데서 맞붙잡았다. 권군은 몸집만 컸을뿐 씨름에는 문외한임을 당장 알수 있었다. 나는 거푸 두번을 아주 보기좋게 권군을 던져 버렸다. 내가 권군을, 그것도 두번 계속하여, 또 아주 보기좋게 허리에 얹어 던져 버렸다는 것은 천만 뜻밖의 놀라운 발견이 아닐 수 없다. 그것뿐이 아니라 뒤이어 상대하겠다는 녀석도 보기좋게 안다리 후리치기로 걸어넘겨버렸다. 나의 응원단은, 저쪽 능옆에서 상당히 격렬하였을지도 모르는, 그 꼬마 응원단은, 분명히 쾌재를 발하였을 것이다. 이 꼬마들은 물론이고, 문학회의 학생들도 나의 숨은 씨름솜씨를 알턱이 없다. 연구실에서 그저 밤낮 책이나 들고 앉아 있는「선배」로 알려졌던 것이니 놀라운 발견이 아닐 수 없다.

나는 이제 나의 응원단석(?)으로 개선하고 싶은
생각 밖에 없다. 그래서 꼬마들이 보지 않게 사과와
과자 등속을 싸가지고 흡사 전리품실은 개선장군처럼
우리 꼬마들의 부끄러운 영접을 받았다. 나를 자기들
편 사람으로 간주해 주는 그녀석들의 칭찬, 그것은 무척
어색하고 서투른 표현에도 불구하고 가식없는 진정이었다.
나는 우선 씨름을 가르치는 것에서부터 꼬마들과 어울리기
시작하여 둘씩 둘씩 또 씨름을 시키고 있는데 저쪽에서
문학회 학생 한사람이 카메라를 들고 달려와서 기념할
영을 해주겠단다. 우리는 능 옆의 돌로깎은 무슨
염소같이 생긴 石物곁에 섰다. 꼬마들 여섯명을
그 돌염소 잔등에 나란히 올라 앉게하고 나는 염소의
머리쪽에 장군(?)처럼 서서 사진을 찍었다.
그리고 능 뒷쪽의 잔디밭에서 노래를 부르며 내가 싸가지고
간 과자와 사과를 먹으면서 한참동안 이나 놀고난 후에
나는 꼬마들과 헤어졌다.

얼마나 지났을까. 내가 문학회 학생들과 둘러 앉아
이야기에 열중하고 있는데 약 30미터 떨어진
저쪽 소나무 옆에서 꼬마들이 서 있음을 알려주었다
벌써 집으로 돌아가는 듯한 차림이다. 아마 나와 작별
인사를 나누기 위하여 기회를 노리고 있는 참인가보았다.
내가 그들에게로 뛰어가자 그들은 이제 돌아가는
길이라고,, 그래서 사진이 나오면 한장 보내 달라는 부탁
이었다. 나는 그녀석들 중의 중학생모자를 쓴 조 대식군의
주소를 나의 수첩에 적고,, 나의 주소 (숙명여대 교수실)
를 적어주었다. 그리고 그때 그들로부터 한묶음의

진달래 꽃을 선물(?) 받았다. 지금도 나의 기억속에서 가장
밝은 진달래 꽃빛은 항상 이때에 받았던 진달래꽃
이라고 생각하고 있다.
그들은 국민학생답게 얌전히 머리를 숙여 인사를 하고
(물론 모자도 벗고) 헤어졌다.

가칭 「독수리부대」이며, 옷차림이 똑똑지 못한 이 가난한
꼬마들과의 가느다란 인연은, 이렇게 봄철의 잔디
위에서 진달래처럼 맑은 향기속에서 이루어졌다.
이 짧은 한나절의 사귐을, 나는 나대로의 자그마한
誠實을 가지고 이룩한 것이었다. 나와 동행하였던
문학회 학생들은 아마 그날의 내 행위를 하나의
「장난」으로 가볍게 보았을 것이 사실이며 또 나의
그러한 일련의 행위속에 어느정도의 장난끼가 섞여
있었던 것이, 싫음기는 하지만, 사실인지도 모른다. 그러나
마지막에 나와 헤어질때의 일 ─ 진달래 한묶음을
수줍은 듯 머뭇거리면서 건네주던 그 작은 손, 그리고
얌전히 머리를 숙여 인사를 하는 그 작은 어깨와
머리 앞에서 나는 어쩔 수 없이 「선생님」이 아닐 수
없었으며, 선생으로서의 「진실」을 外面할수는 도저히
없었던 것이다.
이처럼 그날의 내 행위가 결코 「장난」이 아니었음
에도 불구하고, 상당히 無垢한 감명을 받고 헤어졌음
에도 불구하고, 또 나는 곧 그들을 잊고말았다.
그들을 까맣게 잊고 말았다는 사실, 그것이 그날의

나의 모든 행위가 실상은 한갓 「장난」에 불과 했었다는 것을 反證하는 것일 수도 있는 것이다.

서오능 봄소풍날 부터 약 15일이 지난 어느날, 숙명여대의 교수실에서 강의시작 시간을 기다리고 앉아 있는 나에게 정외과의 조교가 세통의 편지를 가지고 왔다. 편지를 주면서 「참 재미있는 편지 같아요!」 라는 웃음 섞인 말을 던지고 내가 편지를 개봉하면 어깨너머로라도 좀 보고자 하는 양으로 떠나지 않는다.

그 조교가 「참재미있는 편지」 같다고 한 이유는, 겉봉에 쓴 글씨가 무척 서투른 솜씨여서 시골국민학교의 어느 어린이로부터 온것이라는 것에다가, 또 잉크로 점잖게 쓰려고 노력한 흔적이 역력 하다는 점에 있었을 것이다. 조대식, 이덕원, 손용대 의 세녀석이 보낸 편지였다. 이녀석들이 바로 「독수리부대」 용사들이라는 것은 겉봉에 적힌 「문화동산 O번지」를 읽고난 뒤에야 알 수 있었다. "꼬마친구들에게서 온 편지" 라는 재잘 막한 말로서 그 편지를 전해준 조교의 질문과 호기심에 못을 박아버린 까닭은 내가 그 편지로 말미암아 무척 당황하였기 때문이었다. 이 세통의 편지는 분명히 一針의 충격이요 신랄한 질책이 아닐 수 없었다. 나보다도 훨씬 더 성실하게 그 날의 일들을 기억하고 또 간직하고 있었구나 하는 나의 뉘우침, 그 뉘우침은 상당히 부끄러운 것이었다.

편지는 모두 세통이 똑같은 내용을, 똑같은
잉크와 펜으로 쓴 것이었는데 아마 한자리에서 서로
의논하여 손용태는 이덕원의 것을, 이덕원은
조대식의 것을 조대식은 또 손용태의 것을 넘겨다
봐가며 쓴 것이 틀림없었다. 선생님을 사귀게
된 것을 기쁘게 생각한다는 것, 자기들 단체의
이름을 지었으면 알려 달라는것, 그때 찍은 사진이
나왔느냐 는 것, 그리고 건강하시기를 두손모아 빈다는
것 등으로 적혀 있었다.
그 소풍이후 약 보름가량을 나는 그들을 결과적으로
농락해오고 있었으며, 그날의 내 행위 그것마저도
결국 어린이들에 대한 무심한 「장난질」이 되어버린
듯한 느낌이 왈칵 나의 가슴 한모서리에 엉키어 왔다.
「씨이저를 배반한 「부루터스」는 그래도 「로-마」에 대한
애정이 그를 위로 하였을 런가.
나는 강의가 끝나는대로 즉시 서울대학교로 달려
갔다. 그때 카메라로 사진을 찍었던 학생
(송승호 아니면 이해익 으로 기억된다)을 찾았다.
광선에 필름이 노출되어 못쓰게 되어버렸단다.
사진이라도 가지면 나는 나의 무성의한 소행을
얼마간 만회 할수 있으리라고 생각한 것이 사실이다.
이제는 솔직히 그들에게 사과하는 힐 밖에 없다.
엽서를 띄웠다. 「이번 토요일 오후 다섯시 장충체육관
앞에서 만나자」

토요일 오후 다섯시 장충체육관 앞의 넓은 광장에서
우리 일곱명은 옛 친구처럼 반가이 만났다. 이미 한시간
전부터 나와서 기다리고 있었다는 이녀석들의 「정성」앞에서
나는 또한번 민망스럽고 초라할 수 밖에 없었다.
한시간이나 먼저 와 있었다는 사실이, 그것이 무모한
시간의 낭비라고 생각되기는 커녕, 그들의 「빛나는 영광」처럼
또는 「영웅의 동상」처럼 높이 올려다 보이는 것이었다.
이 때부터 우리는 매월 마지막 토요일 오후 6시에
장충체육관 앞에서 만나기로 약속하였다. 이 약속은
1968년 7월 내가 구속되기까지 극히 충실하게 이행된
셈이다. 다만 만나는 시간이 조금씩 일러지는 기현상(?)
을 연출한 일이 한두번이 아니었다. 약속시간은
오후 6시임에도 불구하고 이녀석들은 꼭꼭 5시경부터
나와서 기다리는 것이다. 그래서 나도 약 30분가량
일찍 나타나서 5.30에 만나게 되면 이제는 4.30분
경부터 나와 있는것이다. 그러면 이번에도 내쪽에서
30분쯤 더 일찍 나오지 않을 수 없게 되어 결국
6시에 만나자는 약속은 「에스컬레이션」을 거쳐
5시로 어느듯 변해버리고 마는 것이다. 그제야
우리는 군축회담이나 하듯 다시 6시로 되돌아갈 것을

결의하고 6시도 되돌아가면 다시 동일한 「에스컬레이션」을 거쳐서 어느듯 다섯시에 만나게 되곤 하는 것이 없다.

우리들이 만나서 하는 일이란, 무슨 할일을 만드는 일 외에 아무것도 없다. 그저 만나서 서로 그동안 있었던 일들을 나누는 그런 사소한 일에 불과하지만 그저 만난다는 사실 그것이 그냥 좋을 뿐이었다.

괜히 자기들끼리 시키지도 않는 달음박질 내기를 해보이기도 하고, 광장가장자리의 난간에서 서로 떨어트릴 내기를 하거나, 모자를 뺏어서 달아나기를 하는 것등이 고작이었다. 10원에 다섯개씩 주는 아이스 케키를 나누어 먹으며 우리는 난간 부근에서 약 한시간 가량을 보내고 약수동 고개를 넘어 문화동으로 올라가는 입구에까지 걸어서 내가 뻐스를 탐으로써 헤어지곤 하였다. 두번째인가 또는 세 번째의 모임에서 우리는 상당히 건설적인 의견의 합치를 보았다. 그때는 문화동 입구의 작은 호떡집에서 「문화빵」(10원에 3개)을 앞에 놓고 매달 10원씩의 저금을 하자는 것이 그것이었다. 6명이 10원씩을 모으면 60원, 거기다 내가 40원을 더하여 매달 100원의 우편저금을 하기로 하였으며 이것은 이규한 군이 책임지고 수금과 예금 및 통장의 보관을 맡기로 하였다. 한달에 100원씩이라 할지라도 1년이면 1,200원, 10년이면 12,000원이다. 우리들은 그때 10년까지 계산하여 보았다고 기억된다.

그 날은 공책을 한권 사서 그것을 우리의 회의록 겸 장부로 사용하기로 하였다.

특기해야 할 사실은 매월 저금하는 10원은 반드시 자기손으로 벌은 것이어야 한다는 것을 결의하였다는 점이다. 한달에 10원 벌이는 지성 만만하단다.

물지게를 져다주기, 연탄을 날아다주기 등 산비탈 동네에 사는 어린이들이 끼어들수 없는 노력봉사의 사례금이 우리의 수입원인 셈인데, 더러는 아버지나 어머니 또는 집안 식구들의 십부조 값이 섞여 없는 것도 어쩔수 없는, 가난한 우리들의 고충이었다. 이렇게 하여 쌓인 우리들의 저금은 내가 구속되던 '68년 7월까지 약 2,300원이 되리라고 기억된다. 내가 66년 6,7월, 육사에서 군사 훈련을 받던 두달, 그리고 67년 2월 수도육군병원에 입원해 있던 한달, 그리고 한 두번가량 그회에 적금되지 않았으며, 그 대신 언젠가 내가 받은, 원고료 수입에서 그동안의 부족액 약 300원 정도를 불입한 적이 있었다. 그리고 조대식 인가 이규승인가 자기의 무슨 낚시 중에서 20원 가량 초과 불입한 일도 있었다.

1966년 9월에 우리 「청구회(靑丘會)」회원 중 2명이 교체되지 않을수 없었다. 집이 이사를 간 것이다. 한녀석은 청량리로 또 한녀석은 용산 어디인가로 이사를 갔다. 비록 이사는 하였지만 모임이 있는날에는, 장충체육관 앞에 나오겠다고 다짐을 두고 떠나 갔다는데 두번 거푸 결석(?)을 하였다.

언젠가는 청량리로 이사간 이대형이가
문화동으로 놀러와서 자기도 청량리에써 친구들을
모아서 회를 만들고 신선생님의 참석을 부탁할 작정
이라는 각오를 피로(披瀝)한 사실이 있다는 것을 듣기는
하였으나 그후 영영 이대형군의 소식은 끊어지고
말았다.
 우리는 오명의 결원을 충원하기로 합의하였다.
그런데도 10월의 모임때 여전히 충원이 되지 않고
네명만이 모였다. "요사이는 좋은 아이가 참 드물다"는
것이 그들의 이유였다. 다음달까지는 꼭 "좋은 아이"를
구하여 효원(効員)하기로 하였다. 그러나 그다음달에도
역시 네명 밖에 모이지 않았다. "좋은 아이 둘을
구하기는 구하였다"는 것이다. 그러면 왜 오늘 참석하
게끔 하지 않았느냐는 나의 물음에 비실비실 머리를
긁적이더니 오늘 나오기는 나왔다는 것이다. 어디
있느냐고 물었다. 저기 저쪽 길옆의 전봇대 뒤에
서 있는 아이가 바로 그 아이들이라는 것이다.
 과연 길 저편의 전봇대 뒤에 꼬마들이 서 있었다.
우리의 시선이 그들에게로 쏠리자 그 두명의 꼬마는
무슨 대단한 잘못이라도 저지른 사람같이 전봇대
뒤로 몸을 숨기고 있는 것이 아닌가. 나는 그 두명의
아이가 틀림없이 "좋은 아이"라고 판정을 내릴수가
있었다. 전봇대 뒤에 숨어서 기다리고 있는 그들의
마음씨야말로 떡할 정도로 착한 것이 아닐수 없다.

전봇대 뒤에 있는 두명의 신입회원을 이리로 데려오기 위하여 네명의 꼬마가 모두 달려갔다.
내가 이 두명의 꼬마와 악수를 하고나자, 그제야 이 두명에 대한 칭찬과 자랑을 널어놓기 시작하는 것이다. 나는 처음부터 신입회원의 자격을 심사하거나, 가입을 거부할 수 있는 권한이 없는 입장에 놓여 있기 때문에 다만, 새로운 두명의 꼬마친구와 인사를 하는 것이 고작임에도 불구하고 이녀석들의 표정은 그것이 무슨 커다란 관문의 통과나 되는 것으로 여기는 모양이다.

그날. 우리는 신입회원의 환영회를 벌이기 위하여 예의, 그 호떡집으로 갔다. 나는 100원어치의 문화빵을 샀다. 신입회원 중의 한명은 이규한의 동생(이규승)이고 또 한명은 최호동 집 아들 김정호 이였다.

우리는 열심히 모였다. 비가 오는 날이면 창충초육관의 처마밑과 종춧대 밑에서 만났으며 겨울철에도 걸르는 일없이 만났다. 회의 명칭도 꼬마들 학교의 이름을 따서 "靑丘會"라고 정식으로(?) 승인하였다.
우리의 "청구회"가 가장 힘을 기울인 것은 역시 독서였다. 나는 매월 책 한 권씩을 회의 도서로 기증(?) 하였으며 회원 각자도 책을 한두권씩 모았다. 그리하여 〈청구문고〉를 만들 작정이였다.

〈아아 무정〉.〈집없는 천사〉〈로빈훗드의 모험〉
〈거지 왕자〉〈푸루타크 영웅전〉〈소영웅〉----
등등의 책들을 읽었다. 청구회의 모임은 한달에
네번인 셈이었다. 매주 토요일에는 자기들끼리 모여서
내가 추천한 책을 번갈아가며 낭독하였기 때문이다.
그리고 매월 마지막 토요일에는 그들의 독후감을
이야기 하게하고 거기에 곁들여 비슷한 이야기를 내가
돌려주기도 하였던 것이다. 그리고 가끔 호떡집으로
자리를 옮겨서 한사람 한사람의 걱정과 어려움을
서로 상의 하기도 하였다. 개개인의 걱정은 역시
중학교 진학문제 이었다. 그러나 그것은 중학교에
진학할 염제적 여유가 없기 때문에 생기는 걱정이라는
점에서 실은 진학문제 라기 보다는 사회에의 진출문제
라고 해야 하는 것인지도 모른다. 우리의 결론은
대체로 1, 2년 뒤에 야간중학에 입학 하는 방향
또는 자격검정고시를 치루고 바로 고등학교 (야간)
에 진학하는 방향으로 集約 되는 것이었다.
68년 7월까지 중학교에 진학한 회원은 조대식 1명
밖에 없었으며 또 이덕원군이 자전차포에
취직이 되었을 뿐이었다. 이덕원군이 자전차포에
취직 함에 따라 우리의 모임도 종래의 마지막 토요일
에서 첫째 일요일로 변경시키지 않을수 없었다.
그것은 첫째 와 셋째 일요일이 이덕원 군의
휴일이기 때문이었다.

독서 이외에 청구회 꼬마들이 한 일들도 제법 다체로운 것이었다. 이를테면, 우선 동네의 골목을 청소하는 일을 들 수 있다. 나는 그들이 한달에 몇번씩 자기동네의 골목을 쓸었는지 정확히 알고 있지는 않다. 그러나 여름철과 겨울방학때에는 매주 2,3회씩이나 골목을 청소한 것으로 기억하고 있다.

그다음으로는, 겨울철에 얼음이 얼어서 미끄러운 비탈길을 고쳐 놓는 일이다. 땅에 박힌 얼음을 파내고 그곳을 층층대 모양으로 만드는 일을 하였다. 그리고 봄철이 가까워 땅이 녹아 질퍽하게 미끄러워진 때에는 그런 곳에다 연탄재를 덮어서 미끄럽지 않도록 만드는 일도 하였다. 나는 물론 이러한 일들에 참여하였거나 그들의 업적을 직접 확인한 일은 한번도 없다. 당시 나는 종암동 山49번지에 살고 있었기 때문이었다.

그다음으로는, 내가 추천하지도 않는 일인데, 그들은 여름철이면 새벽같이 일어나서는 남산 약수터까지 줄창 마라톤을 하였다. 66년 여름과 67년 여름을 줄곧 새벽같이 뛰었던 것이다.

내가 이 청구용사들을 잊을 수 없는 일의 하나가 있는데 그것은 1967년 2월 내가 수도육군병원에서 담낭절제 수술을 받고 입원하고 있을 때의 일이다.

그 달의 모임에 참석 할 수 없노라는 사연을
간단히 엽서에 적어서 띠우면서 혹시라도
병원으로 문병오지 않도록, 곧 퇴원하게
될 터이니까 절대로 찾아오지 말 것을 부탁하였다.
그래서 그 꼬마들은 내가 퇴원할때까지 다행히
병원에 오지 않을 있었다. 그러나 다음달에
우리가 만났을때. 그들이 두번이나 찾아왔다가
두번 모두 위병소에서 거절당하였음을 알았다.
그것도 삶은 계란을 싸가지고 왔었단다. 더욱이
나이가 가장어린 이 꼬승이는 평소에 길을 걸을
때에도 꼭 내 팔에 매달리며 걸었는데, 그때
혼자서 병원까지 왔다가 신분증이 없어서
되돌아 갔단다.
물론 삶은 계란을 자기들끼리 나누어 먹었겠지만
그들이 그렇게 벼르고 벼렀던 서오능'소풍때에도
계란을 싸가지고 갈 수 없을 만큼 가난한 형편을
생각하면 결코 잊을 수 없는 일이다.
그들은 문화동에서 멀리 병원까지 걸어서
왔다가 걸어서 돌아간 것이었다.

내가 이 꼬마들로부터 꼭 한번 선물을 받은 적이
있다. 66년 크리스머스 때였다. 카드 1장과
금관담배 1갑이 그것이다. 아마 이 선물을

위하여 일인당 10원씩을 거두었던 모양이었다.
왜 내가 그것을 짐작 할수 있는가하면 손응대와 이덕원
의 표정에는 자기 몫인 10원을 내지 못하였다는 미안하고
침울한 심정이 너무나 역력하였기 때문이다.
나는 크리스머스때 선물이나 카드를 주고받지 않기로
하였던 지난달의 결의를 들어서 앞으로는
다시 이런 낭비(?)를 하지 않기로 의견을 모았다.
이러한 우리의 결심이 과연 어느정도로 수긍이가는
것이었는가, 그리고 손응대와 이덕원의 침울한
심정을 과연 조금이나마 위로 하였는가 라는
점에 있어서는 상당히 비관적인 것이 아닐수 없었던
것으로 기억 된다.
나는 67년 1월1일 경에 이 꼬마들에게
배달 되도록 날자의 여유를 두어서 사관학교의
그림엽서 한장씩을 우송하였다.

1967년 6월 나는 수술후 완전히 회복되었기
때문에 4월달부터 미루어온 봄소풍을 가기로
약속하였다. 이미 6월이 되어 차라리 여름소풍이
되어버린 셈이지만 우리는 이 소풍을 벌써 여러차례나
의논을 하였었고, 계획하였으며, 미리부터 마음을
설레여 온 터이었다.

우리는 이번 소풍이 전번보다 더 풍성하고 유쾌한 것이 되도록 우리 靑도숲 外에 다른 그룹도 참가시켜 동행하도록 하기로 결정하였다. 목적지를 이번에는 「백운대」계곡으로 정하고, 다른 그룹에 대한 교섭은 물론 내가 책임을 맡았다. 나는 처음에 다른 꼬마들을 참가시킬까 생각 하다가 곧 이런 생각을 취소해 버렸다. 靑丘会가 주인이 된 소풍에 또다른 꼬마들이 끼든다는 것은 그 손님이 된 꼬마들이 비록 세심한 배려를 받는다고 하더라도 필경 어색하고 섭섭하지 않을수 없기 때문이었다.

그래서 우선, 내가 지도하고 있는 이화여자대학교의 세미나 클럽 「靑麥会」에서 靑丘숲의 내력과 봄소풍의 계획을 피력하여 열렬한(?) 동의를 얻는데 성공하였다. 그리고나서 나는 육군사관생도 들을 동시에 참가시키기로 작정하였다.

육사생도의 화려한 제복과 반듯반듯한 직각의 동작은 평소 우리꼬마들의 선망의 대상이 되어왔기 때문이었다. 나는 당시 10주의 훈련을 거쳐 육군중위로 임관하여 육군사관학교 교수부 에서 경제학을 강의하고 있었다. 66년8월 임관직후 내가 예의 그 허술한 국민복상의를 벗어 버리고 정복 정모에 계급장을 번쩍이면서 장충체육관 앞에 나타났을때 청주회 꼬마들이, 큰눈으로 신기해하고 자랑스러워하는 품이란 그때로 흐뭇한 한바탕 축하회였다. 그날 '나와 꼬마들이' 옆으로 늘어서서 미아리를 주거니 받거니 걸어가는데 저만큼에서 육군병사 하나가 차렷자세로 내게 경례를 하였다. 그 병사가 구태여 보행을 중지하고 멈추어서서 차렷자세로 정식 경례를 한 마음씨를 가히 짐작할만 하였지만, 그 광경을 목격한 이 꼬마들의 뛸듯이 기뻐하는 모습에서 나도 제법 으쓱해지려는 치기를 어쩔수 없었던 것이 었다.

이번의 봄소풍에 육사생도들을 참가시키자는 것은 오히려 꼬마들쪽에서 먼저 얘기를 꺼낸 것이기도 하였다. 나는 3학년 경제원론 시간에 강의의 분량을 일찍 끝낸다음 생도들에게 청주회의 봄소풍 작전을 공개하여 그 참가를 희망하는 생도는 학과 시간후 경제과교수실로 와서 신청하도록 선전(?) 하였다. 상당히 광범한 반응이 일었다. 이처럼 많은 참가희망자가 쏟아져 나왔다는 사실을 나는 결코 이화여대의 '청맥회'가 동행하기 때문이라고 생각지는 않았다. 청주회 꼬마들에 얽힌 몇가지의 에피소드 만으로서도 충분히 호감이 가는 소풍이 아닐 수 없다. 나는 다른 생도들보다 일찍 신청하고 그것도 6명의 1조로 참가신청하는 생도 와

약속하였다. 그후 많은 생도들의 신청을 무마하여
다음기회로 미루어 돌려보내느라고 상당히 오랫동안
고역을 치루었다.
이렇게 하여 우리의 봄소풍 일행은 최종적으로
그 인원이 확정되었다. 청우회 6명, 점먹회 여학생
8명 육사생도 6명 그리고 나 이렇게 21명이었다.
그리고 각 그룹별 책임을 분담하였다. 이 책임이란
소풍에 필요한 점심과 간식에 소요되는 최소한의
준비이었는데 이미 이 분담도 참가신청이전에
참가의 조건으로 제시된바 있었으므로 그것을
다시 상기시켜 빚지 말도록 하는 이상의 다른 것은
없었다. 여학생들은 점심식사에 필요한 주식,
부식의 준비, 육사생도들은 과자 과실 등의 간식의 준
비, 그리고 청우회 꼬마들은 주빈답게 그저
아이스케-키 30개 값을 지참하는 정도로
체면유지(?)에 그친 것이었다.
이 아이스케-키 값도 목적지에 도착하기전에
동이 나고 말았지만, 여학생들이나 육사생들보다
한술 더 떠서 선수(先手)를 쓴 셈이 되어 상당한
갈채를 받았다는 점에서 그 비용에 비하여
효과는 지극히 훌륭한 것이었다.
1967년 6월 X일 일요일 오전 10시30분 우리 일행은 수유리 뻐스 종점에서 모이기로 하였다.
나는 9시 30분에 문화동 입구 청구국민학교 앞에서
꼬마들과 만나서 시내뻐스를 두번을 갈아 타고
수유리 종점에 도착하였다. 먼저 와서 대기하고
있던 여학생들과 사관생도들은 우리의 도착으로
비로소 그들이 오늘의 동행인들이었다는 사실을
알게 되었다. 나는 그들의 책임준비량의 완수
여부를 점검(?) 하였다. 초과달성이었다.
주 · 부식에 국한되었던 여학생들에게서 딸기, 과자
등속이 지참되고 있는가하면, 생도들의 짐속에는
쌀까지 들어있었다. 일요일에 등산 또는 소풍가는
생도는 학교로부터 쌀의 정량을 지급 받을 수
있기 때문에 악착같이(?) 타 왔단다.
이날 청구회 꼬마들은 여학생들과 사관생도들로부터
대단한 우대를 받았다. 가난한 옷차림을 낮추어 보는
시선도 없었고, 가난한 옷차림을 부끄러워 하는 마음의
구김새도 없이 「신나게」 놀았던 하루였다.
사관생도들은 육군사관학교로 꼬마들을 초대하겠다는
논의를 베풀었고, 여학생들은 「청구문고에 도서를
기증하겠다는 약속을 했다. 오후 다섯시경
수유리 종점에서 헤어질때 까지 우리는 줄곧
으젓하게(?) 처신하면서 청구회의 뒤신을

손상시킴이 없도록 자제하기도 하였다.
그래서 였던지 그후 동행들로부터 각종의 찬사와 격려를 받았다.
우리는 계속 부지런히 장충체육관 앞에서 만났고 엽서와 편지를 주고 받아가며 그런대로 우리의 역사를, 우리의 애정을 키워 왔던 것이다.
지금 독방에 구독된 몸으로 이 줄을 적으면서도 애석하고 여석한 이른바 실패의 쓴 기억처럼 회상 되는 일이 있다. 그것은 1968년 1월 3일에 나는 청구회 꼬마들을 우리집으로 초대하여 간소한 회식을 갖자고 제의하여 이 꼬마들의 승락을 받았다. 그랬었는데도 약속날인 1月 3日 12時 에는 <u>한 녀석도</u> 나타나지
동대문 실내체육관 앞

않았다. 나는 이들의 초대를 위하여 어머니에게 까지 이들의 한사람 한사람을 소개하여 「회식」의 준비에 각별한 愛情을 느끼게끔 미리 터를 닦아 놓기까지 한 제제 이었다. 12時부터 약 1시간 40분동안 추운 버스 정류소에서 이들을 기다렸다. 처음 한시간은 12시 약속을 1시 약속으로 착오하고 있을지 모른다는 생각으로, 그리고

그후 40분간을 도중의 무슨일로 좀 늦어지는 것인가 하는 마음으로, 기다리는새 도합 1시간 40분을 행결가에 서서 기다렸다.
흔히 약속시간 보다 1시간 씩이나 일찍 나타나고 하던 이녀석들 특유의 버릇을 생각 해서 곤방의 가게나 담배장수에게 소상히 문의해보는 일도 잊지 않았다.
나는 어깨를 늘어트리고 집으로 돌아와서 오히려 어머님의 실망을 변호하여야 했었다.
나는 지금도 그때 그녀석들이 약속을 지키지 않은 까닭을 정확히 알수가없다. 사실은 그들이 나오지 않았던 이유자체가 심히 모호한 것이기도 하였다. 어쩌면 나에게 폐를 끼치는 일이 되는것이라 생각하였음인지, 아니면 부모들에게서 역시 동일한 까닭으로해서 금지당하였는지---- 그들의 대답과 표정은 모호하였을뿐 분명한「해설」이 없는채 그대로 지나치고 말았다. 바로 이러한 점에 나의 고충이, 그리고 그들쪽에도 하나의 고충이 있었던 것같다.
이러한 종류의 미묘한 고충이 한두번, 그나마 가볍게 노출되었던 외에 무슨 다른

곤란이 있었던 것은 아니었다.
다만 중학교를 진학하지 못하고 고작 검정고시로 가난하게 마음을 달래고 있는 이들에게

중학교의 입학금과 학비를 내가 조달하여야 하는가의 문제가 나를 상당히 우울하게 하였다. 나는 이 문제에 관해서는 분명한 논리와 체계를 갖추고 理性的으로 행동하였다고 주장할 충분한 논거가 있기는 하나, 문득 문득 눈앞에 서는 이 국민학교 「7학년」 「8학년」의 꼬마들의 위축된 모습에서 여러차례에 걸쳐 번민하지 않을수 없었다. 매달 100원씩 붓는 우리의 우편저금이 먼훗날 어떠한 형식으로 이 잃어버린 중학시절의 공허와 설움을 보상해 줄수 있겠는가?

1966년의 이른 봄철 민들레 씨앗처럼 가벼운 마음으로 해후하였던 나와 이 꼬마들의 가난한 이야기는, 나의 불행한 구속으로 말미암아 더욱 쓸쓸한 이야기로 잊혀지고 말 것인지----

중앙정보부에서 심문을 받고 있던때의 일이다.

「青丘會」의 정체와 회원의 명단을 대라는 주상같은 호령밑에서 나는 딸없이 눈을 감고 있었다. 어떠한 과정으로 누구의 입을통하여 여기 이처럼 준렬한 수사에서 그것이 축출되는 가. 나는 이런 것들을 마땅곳하지 않았다. 다만 팔월의 뜨거운 폭양속에서 매미 울음소리가 마냥 한량이 없다. 나는 내 어릴적 기억속 아득한 그리움처럼 손때묻은 팽이 한개를 회상하고 있었다. 그리고 조용히 답변해 주었다. "국민학교 7학년, 8학년생이라는" 사실을.

그리고 서울지방법원 8호 검사실에서 나는 또 한번 곤혹을 딴하지 않을 수 없었다. "이것이 『청구회 노래』인가!" 이 검사의 반지 낀 손주락 새에 한장의 종이가 들려져 있었다. 거기 내가 지은 우리 꼬마들의 노래가 적혀있었다.

" 겨울에도 푸르런 소나무처럼
  우리는 주먹쥐고 힘차게 자란다.
  어깨동무 동무야 젊은 용사들아
  동트는 새아침 태양보다 빛나게
  나가자 힘차게 청구용사들."

"밟아도 솟아나는 보리싹처럼
우리는 주먹쥐고 힘차게 자란다.
배우며 일하는 젊은 용사들아
동트는 새아침 태양보다 빛나게
나가자 힘차게 청주용사들"

여기서 "주먹쥐고" 라는 것은 국가변란을 노리는 폭동과 파괴를 의미하는것이 아닌가! 라는 심각한(?) 추궁을 받았다. 사회주의 혁명을 위한 폭력의 준비를 암시하는 것이 아닌가 라는 끈질긴 주장이었다.

내가 겪은 최대의 곤혹은 이번의 전 수사과정과 판결에 일관되고 있는 이러한 類의 억지와 견강부회이었다. 이러한 사례를 나는 법리해석의 문제로 이해하는 것이 아니라 정치권력 그 자체의 가공할 일면으로 이해하고 있는것이지만 이는 특정한 개인의 불행과 곤혹에 그칠수 있는 사소한 문제가 아니라는 점에 그 심각성이, 그 역사성이 복재하는 것이리라.

그리고 나는 마지막으로 군법회의에서 이 「전주회 노래」의 가사를 읽도록 지시를 받고

「靑요속」가 잡지사 「靑脈社」를 의식적으로 삼정하고 명명한 슻名의 아니 너는 「희극적(?)」 질문을 「엄숙히」추궁받았다.

× ×

언젠가 먼 훗날 나는 서오능으로 봄철의 외로운 산책을 하고싶다. 맑은 진달래 한송이를 가슴에 붙이고 천천히 걸어갔다가 천천히 걸어오고 싶을 따름이다.

泥土 위에 쓰는 글

다시 출발점에서 첫발을 딛고 일어선다.
視野에는 잎이 진 裸木뒤로 겨울하늘이 차다.
머지 않아 初雪에 묻힐 낙엽이 흩어지고 있는 冬土에
나는 고달픔 그러나, 새로운 또 하나의 나를 세운다.
진펄에 머리박은 泥魚의 삶이라도, 그것이 終章이
아닌 한 아직은 忍冬寒梅의 생리로 살아가야할
여러가지의 이유가 있다.
지금부터 걸어서 건너야 할 현국의 벌판. 저 쪽에는
애타게 기다리는 사람들의 얼굴이 등댓불처럼 명멸한다.
그렇다. 일어서서 걸어야한다. 고달픈 다리를 끌고
石山氷河라도 건너서 「눈물겨운 再会」로 향하는
이 출발점에서 강한 첫발을 짚어야 판다.

×　　　　　　×

칠풀 판자의 마루바닥에 싸늘하게 겨울이 깔리는데
나는 두개의 복숭아뼈로 나의 체기중을 지탱하면서
부처처럼 無念의 자세로 앉았다.

"아무리 추워봐라 내가 내복을 사입나!"
이것은 떽전없는 저껏군들만의 오기가 아니다.
겨울은 아직도 貪者의 季節은 아니다.

黃金의 流域에서 한줌의 흙을 만나는 기쁨이
유별난 것이듯, 囚人의 群集속에서 흙처럼
변함없는 人情을 만난다. 이러한 人情의

田畓에 나는 나무를 키우고 싶다.
장교棟에 수감되지 않고 훨씬 더 풍부한
사병들 속에 수감된 것이 다행이다.
더 많은 사람, 더 고된 생활은 1마치 더 넓은
토지에 더 깊은 뿌리로 서 있는 나무이다.

　　　×　　　　×

그 자리에 땅을 파고 묻혀 죽고 싶을 정도의
침통한 슬픔에 함몰되어 있더라도,
참으로 신비로운 것은 그처럼 침통한 슬픔이
지극히 사소한 기쁨에 의하여 위로된다는 사실이다.
큰 슬픔이 인내되고 극복되기 위해서 반드시
동일한 크기의 커다란 기쁨이 필요한 것은 아니다.
작은 기쁨이 이룩해내는 엄청난 역할이 놀랍다.
반대의 경우는 어떨까. 그 순서가
커다란 기쁨이 작은 슬픔으로 말미암아 무너져
내리는 일은 아무래도 드물 것이라 생각된다.
슬픔보다는 기쁨이 그 밀도가 높기 때문일까.
아니면 슬픔이든 기쁨이든 우리의 모든 정서(情緖)
는 우리의 생명에 봉사하도록 이미 소임이 주어져
있기 때문인지도 모른다.

세상의 벼랑끝에 서서 이처럼 허황된 낙관을
갖는다는 것이 무슨 思考의 장난같을 것이지만
생명을 지키는 일은 그만큼 강렬한 힘에 의하여
뒷받침되는것이다. 개인의 생명이든 집단의

생명이든 스스로를 지키고, 지탱하는 힘은
자신의 내부에, 여러가지의 형태로, 곳곳에
있으며 때때로 나타나는 것이라고 믿는다.
나는 내가 지금부터 짊어지고 갈 슬픔의 무게가
얼마만 한 것인지는 모르지만 그것을 감당해 낼
힘이 나의 內部에, 그리고 나와 함께 있는
수많은 사람들 속에 풍부하게, 충분하게 묻혀있다고
믿는다.
슬픔이나 비극을 인내하고 위로해주는 기쁨,
작은 기쁨에 대한 확신을 갖는 까닭도.
진정한 기쁨은 대부분의 사람들과의 관계로부터
오는 것이라 믿기 때문이다. 그것이 만약
밖에서 오는 것이라면 작은 기쁨에 대한 믿음을
갖기가 어렵겠지만 사람과, 사람과의 관계로
부터 오는 것이라면 믿어도 좋다.
수많은 사람을 만날 것이기 때문이다. (1969. 11. 12.)

뱁새가 어찌 황새의 뜻을
알랴 봉황은 오동나무가 아니면
깃들이지 않느니,

베개를 높이고 아직도
잠이 부족한 자는 누구뇨?

Warte nur balde
Ruhest du auch!

Ich habe in dein Leben eingegriffen
ohne zu denken wie auch leiser
Hauch oft eine Blume entblättert.

Ich glaube nicht, daß ein armes
leidendes Wesen, wie ich, dir
mehr als Mitleiden einflößen
könne.

감옥에서 쓴 詩

밤하늘을 흘러서
나팔소리는
복 쏜 가슴으로부터 그토록 서러운 餘韻을 끌고
어디로 가는 것입니까.
기러기가 발을 씻고간 銀河의 차거운 물살위에
별빛처럼 흩어집니까.
아니면, 불밝은 어느 소년의 창에서
하루의 안식과 보람으로 익어갑니까.
아니면, 도시의 꼭대기
높은 교회당의 십자가에
누군가의 애끓는 소망으로 매달립니까.
나는 밤마다 푸른 옷자락을 날리며
표적처럼 가슴에 囚番을 붙이고
그 서러운 여운이 머무는 곳을 찾아갑니다.
허공에 발이 빠져가며 헤매다가
다시 빈 몸으로 돌아오면
獄房에는 곤하게 잠든 내가 누워있읍니다.
나는 내옆에 지팡이처럼 나란히 나를
눕히고,
고달픈 하루를 잠재웁니다.

(감옥에서 쓴 詩)
殘風歲月 (Ⅲ)

봄철은 꽃이 익는 時節
나는 人生의 어디쯤인가
검은 중절모자를 벗고
고른 숨결로 부풀은
풍선을 띄운다.

풍선은
높이 붕어같이 하늘을 헤어
내 생각의 지붕위

박처럼 열리는
이토록 하얀 속의 소망을 두고
훌훌 훌러버린 女人.

창밖에 눈은 내리고
눈처럼 세월도 쌓여

이미 옛날이 된 오늘,
무심히 時計의 태엽을 감다가

문득
생각은 氷못에 선다.
가슴에 젖는
회중시계 소리.

1969. 12.

70년대의 벽두

바깥에 서는 70년대의 大闢에 모두들 가슴이 부풀고 희망찬 설계가 한창인 모양이지만 감옥에 갇혀 앉아있는 내게는 고속도로도, 백화점도, 휴일도, 연말도, 보너스도, 친구도 없이 쇠창살이 질러 있는 창문하나만 저만치 벽을 열어주고 있을 뿐이다.
展望이 없는 이 창문을 향하며 나는 나의 가족과 나의 사랑과 나의 청년을 읽으려 하고 있는 것이다.
나의 70년대는 이 창문에서 부터 밝아 왔다.

  ☓   ☓

아침 6시 기상나팔이 불면 잠에서 깬다. 혹 꿈에서 깰적도 있다. 한달전 까지만 하더라도 기상 30분 전쯤에 깨어서 천정을 보거나, 벽에 걸린 옷이나, 방구석의 책, 신발들을 둘러보면서 여기가 감옥이라는 사실을 확인하기도 했었는데 요즈음은 나팔을 불어야 깬다. 아마 일광욕시간에 축구를 하기 때문인지도 모르겠다.
기상나팔소리보다 조금 일찍 깨어나는 편이 덜 고달프지만 그게 요즈음은 상당히 어려운 일이 아닐 수 없다.
아침 6시 나팔소리에 잠에서 깬다. 나른한 몸을 따뜻한 이불 속으로 부터 선뜻 몸을 빼내고 살짝 앉아 눈을 감은 채 누워 있으면 관구와 형모가 먼저 일어난다. 이들이 옷을 거의 입을때 쯤 그제야 나는 머리말의 빠스코를 집어서 보고 일어나 바지, 양말, 덧버선, 바께쓰 순서로 챙겨입는다. 내가 옷을 입는 동안 관무, 형모 그리고 현우 셋이서 침구를 갠다.
방을 한번 쓸고 메트레스를 깔고 그위에 담포를 포며 자리를 만들어 놓으면 나는 방 안쪽 구석에서 맨손 체조를 하거나 식구통에 매달려 팔다리 굽히기 운동을 하고나서 제일 구석 자리인 내자리에 앉는다. 그리고 대개 앉은채로 조끼 (수길이가 출감기념으로 주고간 것으로 양전 잠바의 내피에 쟈크를 달아서 만든것) 와 잠바를 입는다. 이때 쯤 복도에는 후앙(환기장치) 돌아가는 소리가 윙윙거리는 가운데, 동형초반장의 욕지꺼리가 들린다. 「이 새끼들 변소 나오지 마!」 「씨발놈들아 웅성거리지 마라!」 「낮똥가에 서는 놈들은 통빼야?」 하루의 일과가 여김없이 이런 폭설에서부터 시작된다. 후앙소리가 그치고 이내 「점호 5분전!」을 알리는 동필기의 고함소리가 들리고 「중앙에서부터 점호 보고가」 들려오고. 각호실의 번호소리가 들리면서 점점 8호 감방쪽으로 옮겨온다. 드디어 「8호 13명 번호!」 구령이 떨어지면 1호실에서부터 번호를 부른다. 「한, 둘, 세, 네, 다, 여, 금, 들, 홉, 열----」 나는 대개 「넷」을 부른다.

점호를 취하러 오는 근무헌병이나 동대기 선임하사는 감방안을 들여다보는 일이 없이 그저 「대가리 숫자」만 맞으면 그만이다. 점호가 지나가면 또 모포를 쓰고 드러눕는다. 메트레스를 깔고 앉거나 모포를 뒤집어 쓰는 것은 금지 되어있다. 1동 8호를 제외한 다른 감방에서는 감히 엄두도 낼수 없는 일이다. 8호는 사형수, 무기수 들이 웅치고 있어서 근무자들이 감히 간섭하지 못하는 편이다. 이 영광스러운(?) 전통이 수립되기까지 겪은 투쟁사는 실로 굉장한 것이 아닐수 없다.

8호 승원들은 대개 세 편시간 까지 다시 취침을 하시는 것이 보통이다. 나는 이 시간에 책을 읽는다. 요즈음은 충무공의 난중일기를 읽는다. 책이 귀하여 읽는다기 보다 거의 외우다시피 읽고 또 읽는다. 읽을만한 그런데 약 일주일 전부터 낯 갖지않은 출님이 이 시간에 찾아온다.
「안녕하십니까? 예배시간입니다」 어제 공부한 것을 복습하곤
성경구절을 봉독하고 설교, 그리고 주기도문으로 약 5분에
끝난다. 매주 수요일저녁마다 예배를 드리고 있는데도
또 아침마다 「전도」를 보내서 예배를 보게 하는 까닭은
나마 사형집행이 확실시되는 「김태수」를 안정시키기
위해서라고 생각된다. 몇사람을 제외하고는 이 예배를
귀찮아 하지만 그래도 이 「전도」의 말씨가 지극히
공손하고 (이 「전도」도 수감자의 한사람이다)
「얼마나 추우십니까」 「안녕히 주무셨읍니까」 등의 살뜰한
말씨는 다른 사람한테서는 결코 들을 수 없다는 점에서
지극히 「마음에 든다」는 것이다.
예배가 끝날 무렵이면 다른 호의 세면 및 용변이 끝나고
8호 차례가 된다. 8호 총원이 세면장이나 변소에 나올
때 다른 호의 인원이 얼쩡거리다간 「쥐어 터진다」
그래서 8호 문따면 다른 호의 인원은 자취를 감춘다.
갇혔던 짐승들이 우리에서 풀려나오듯 우글 우글 세면장
으로 나가면 우리들을 보는 시선도 그리고 우리 스스로도
짐승같이 여겨진다. 걸음걸이도 일부러 어슬렁 너슬렁
한다. 내가 복도에 나오는 때는 인사하는 친구들이 상당히
많다. 근무헌병으로부터 「교도」 동청소반장, 수풀베,
똥 펄기, 배식반장, 등 소위 열외급(例外級) 동료들이
더러는 진심에서, 더러는 「8호 실장님」에 대한
정치(?)로 「사이 사이」 (아 점)를 놓는다.
나는 세면과 용변이 끝나자마자 난롯가에 앉는 법이없이
곧장 감방에 들어앉는다.

그리고 8호의 다른 방에 있는 김태일랑 과 박상은의 영어공부를 도와준다. 문을 따놓는 동안이라야 지껄이라도 내왕이 가능하기 때문이다. 밤이 들어오면 각방으로 다시 어슬렁거리며 들어가서 아침식사를 한다. 김치찌개가 겨울 추위를 달래 주는 유일한 메뉴이다. 8호에서만 먹을수 있는 것이다. 김치에 고추장, 뼈다귀, 간장, 때로는 콩나물까지 국에서 건져넣어 난로에 끓인 것이다.
국도 아닌것이, 찌개도 아닌 것이다.
식사 마치고 숭늉(누룽지를 넣고 주전자에 끓인것)까지 마신 날이면 배고프지 않는 도야지들의 행복(?)이 腹中에 묵직하다. 식사 중이나 식사후에도 나는 많은 사람의 인사를 받는법이다. 1동입구의 1호에 있는 장기수, 때로는 7동의 45호 장기수, 사형수들까지 놀러(?) 와서 잠깐 보고간다. 불행은 불행끼리 위로가 된다.
식사후 얼마 지나지 않아 다시 문을 채운다. 아침 세면때 부터 식사후 문을 잠글때 까지의 시간은 약 1시간, 길어야 1시간 30분이며, 이것은 아침, 점심, 그러고 저녁, 세번 거의 같은 풍경이 반복된다.

오전에 내가 하는 일은 주로 책을 읽는 일이다. 오후에는 점심식사가 끝나기 무섭게 곧 일광욕 나갈 준비를 한다. 진눈깨비가 슬슬 뿌리는, 일광이 없는 날에도 악착같이 일광욕을 하겠다고 우겨댄다. 모포를 짊어지고 일렬로 야외동 운동장으로 나간다. 요즈음은 거의 축구로 시간을 다 채운다.
운동장이래야 보통운동장의 눈 정도 크기 밖에 안돼 지만 1시 30분에서 2시까지 제한된 일광욕 시간을 대개 30분 초과해서 「더 찾아먹는다」 8호의 장기수들끼리 편을 갈라 1,2호실 (6명) 대 3,4호실 (7명) 의 시합이다.

과자 한봉, 또는 미원 한봉 내기를 한다. 대개 우리편(1,2호)이 이긴다. 가끔 다른 호인원과 시합하는 경우도 있다. 8호는 지금까지 全勝無敗의 기록을 가지고 있다. 사형수, 무기수들을 봐 주어서 그런 것이 아니다. 1동 1호 와의 시합에서 4대 2, 4중호와의 시합에서 1대 0, 1동의 간부(?)들과의 시합에서 4대 1, 그때 0, ---- 시합때 결승골은 거의 내가 골인 시키고 있다. 보통 3명 정도의 수비수가 나한테 달라 붙는다. 과분한 칭찬에 제법 쑥해지기도 한다. 「신중위는 공부는 않고 운동만 했나봐」 8호실 장에 대한 칭찬 만은 아니다. 일광욕이 끝나면 세면장에서 세면, 냉수마찰을 하고, 다시 문을 걸어잠그고 들어 앉는다. 축구시합의 品評茶會를 벌이듯, 식구통에 달라붙어서 2, 30분 떠들썩 하다, 책을 손에 들거나, 형모와 관묵가 터러 주물러 주며 끄시는데 넘어가 이야기를 하거나, 세 사람에게 영어, 수학을 가르치기도 한다. 과자가 있으면 빼먹기 놀이(올 마이티)도 하며 오전보다는 각 방마다 다소 활기를 띤다. 일광욕, 이것은 갇혀 있는 사람에게는 유일한 낙이다. 오후시간은 이 「일광욕」으로 시작해서 그 뒤풀이로 떠들다가 저녁밥을 맞는 셈이다.
저녁식사가 오면, 또 찌게를 만드느라 변기통을 비우느라, 세탁을 하느라 번호 불러 가느라 문 따 놓는 동안에 할 일도 많고 일 없이도 우글우글 모여 떠든다. 저녁식사가 끝나면 다시 문 잠그고 들어 앉는다. 최근에 내가 읽고 있는 책은 "Analytic Geometry and Calculus" "난중일기" "베드로 옥중서간 집"등이다. 감옥에 들어 오기 전에도 한번 씩 읽은 책이지만 책이란 자기가 (독자가) 변하면 내용도 변하는거 커트 느낌을 받는다. 8호 감방은 낮이나 밤이나 같은 照明 이지만 저녁시간이 더 아늑하다.

이것은 내게 밤을 기다린다는 갈아 앉은 마음 때문일 것이다.
저녁식사 후부터 취침때까지 수감자들이 치러야하는 공식적인
행사(?)는 동인원파악 과 취침점호의 두가지인데 이것은
아침 기상 후의 점호와 마찬가지로 그저 「대가리 수를 세어
보는 것이다」. 다른 호에서는 하루에도 여러수십번 번호파악을
하는데도 8호 항상 열쇠를 채워두고, 또 작업출동이 없기
때문에 하루에 세번밖에 번호를 하지 않는다. 아침 점고호,
취침점호, 그리고 취침점호 그 2,30분 전에 실시하는 동인원파악
의 세번 뿐이다. 저녁 취침 점호가 끝나면 잠자리를 편다.
출입문을 북쪽으로 두고 문쪽으로부터 헌우, 나, 판무, 형모의 순서로
나란히 눕는다. 1호실의 식구도 그동안 참 많이 바꾸었다.
많을때는 8,9명까지 북적대기도 하다가 한동안은 나혼자
이 어두운 공간을 다 짊어지고 앉아 있기도 하였다.
대부분은 형이 확정되어 민간 교도소로 이송 가기도 하였고
또 개중에는 원심이 파기되어 사단 군법 회의로 환송되어
사단 영창으로 가는 사람도 있었고, 예비사단으로 가서 사형
집행되기도 하였다.
지금은 단촐한 네식구다. 우리가 덮는 이불은 모포같은
물론이다. 솜여불이 그립지만 군대에 이불이 있을리 없다.
군용담요를 두장 연결 하였기 때문에 네명이 한이불을 덮는다
이것이 담요 다섯겹이기 때문에 거의 추운 줄을 모른다. 밑에는
매트레스 위에 또 담요 두장을 깐다. 누우는 대개 잠자리에
들면 30분정도 쉴없는, 이야기를 나누는 버릇이 있는데
나는 금새 골아 떨어지는 잠꾸러기이다. 다른 녀석들처럼
낮잠을 자는 일이 없기 때문이다.
취침 나팔이 밤하늘을 울리면 수감자들은 습관처럼
고향을, 부모를, 바깥을 상상해본다. 꿈에나마 그리운곳,
그리운 사람을 만나보기를 바라는 마음이 된다.
이 시간이 하루의 가장 행복한 시간으로 생각되고 있다.

무엇보다 이불속에 발 뻗었고 편안히 눕혔기 때문이며 고달픈 하루가 지나갔다는 이른바 「세월」을 보낸 느낌 때문이라 생각된다. 이리하여 이튿날 아침 기상나팔이 불면 어제와 똑같은 오늘이 시작되며 또 똑같은 내일이 반복되는 것이다. 이 무의미하고 단조로운 나날의 반복속에서 수감자들은 모두 동작과 사고가 기계처럼 습관화되어 버린다. 더군다나 이 남한산성 육군교도소는 6각(六角)이라는 별명에서 알수있듯이 중앙을 중심으로 6개의 긴 사동(舍棟)이 6개의 방향으로 뻗어 있는데 6개 사동중의 어느 사동도 동,서,남, 북의 正方向이 아니라는 사실이, 실은 매우 중요하다.
한마디로 이 6각 속에서는 어느새 방향감각이 흐려진다. 이점을 노려 계획된 설계인지 우연인지는 알수 없지만 동서남북 중의 어느 하나도 확실하게 방향을 가늠할수가 없게 되고 만다. 이러한 방향감각의 상실 때다 기계처럼 단조롭고 습관화된 나날들 실로 힘든 하루하루가 아닐수 없다. 무엇인가 새로운 의욕과 창의, 이런것들이 무척 아쉬워지며, 점점 더 어려워 지는 것이다.
그러나 이것은 수형생활의 내면이고, 다른 한편 수형생활의 단조롭고 무료한 것이 결코 아니다. 모든 것이 좌절된 위치에서 최소한의 필요를 충족하려는 아귀다툼과 투쟁, 응어리진 불만과 불선과 분노가 빽빽히 경합철되어 있는 것이다.
「밥이 났는데 왜 개새끼 근무자는 문을 안 따냐!」에서부터 시작하여 국에 몽건이(건데기)가 없다. 「죽 당번 나와!」 배식반장을 끌고 와서 「이 새끼 김치가 왜 이렇게 적어!」 죽몽으로 쪼지고 발로 까는가 하면 「수품계 새끼!」 비누가 100% 안나왔다. 「다른 호엔 50% 나왔다고 이 새끼 야 우리호엔 50%를 줘?」 「세수도 않고 총맞으란 말이지?」 「당장 100% 안 가져 왔다간 깨지는 줄로 알아!」

「난로 당번 한탕 시키자, 이새끼 요즘 좀 삐딱해」
「식사시간 만 줄 번회 알맞어 탄을 갈아 넣어?」
「쩌개도, 물도 못 끓이게 꼰조부리는 거야?」···「죽나게 까!」··· 하루에도 수십번 「8호 당번 나와라!」
문을 쾅쾅 하며 물 가져오라, 수건 좀 적셔 오너라,
양말 말려오라, 동네의 세탁 좀 하자, 백지 구해 오너라,
빠다에 건빵 좀 볶아 오너라, 장기판 만들게 마분지
어디서 좀 뺏어 오너라, 어디 있는지 말만 해! 내가
가서 뺏어 올테니까, 설사 환자 있으니 문 좀 따!
곤무자가 없어? 곤무자 나와어! ···, ······.
어쩌면 사형수는 물론이고 장기수들은 모두 인생을 포기하고
있는지도 모른다. 그러나 실은 누구보다도 약하고 서러운
자이기 때문에 그 표현이 처절하고 극성인지도 모른다.

괴롭고 서글픈 하루의 마지막을 알리는 취침 나팔 소리마저
잦아들어지고 나면 이 8호 감방에도 어느고 무덤 속 같은
정적이 찾아 든다. 가끔 악몽에 시달리는 잠꼬대가
이 정적을 깨트리기도 하지만 내일아침 기상 나팔소리
가 칼끝같이 이 정적을 조갤 때까지 여기 이
감방은 그대로 하나의 무덤이 된다.

수 길 아,

제일 처음 내가 너를 만났을때, 너는 무척 조용하고 말이 없었다. 그리고 제일 마지막 너와 헤어질 때도 너는 역시 별로 말이 없는채 떠나 갔다. 그후 너의 편지에서 너는 나를 「형」이라고 불렀다. 이 「형」이라는 너의 음성에서 나는 네가 남겨두고 간 「眞實」과 「情」을 다시 회상해 보는 것이다. 이 회상은, 네가 남기고 간 그 뜨거운 「情」에도 불구하고, 내게는 또 하나의 「슬픔」이 아닐 수 없다. 「슬픔」이라는 낱말은, 식어버린 나의 가슴에서, 그 의미를 상실한지 이미 오래지만, 어딘가 다소 차거운듯한 너의 모습을 기억 할때마다 가슴 한쪽이 젖어오는 슬픔, 이것이 네가 남기고 간 그 「情」이라는 것인지도 모른다.

×　　　　×

쇠 창살이 질려있는 「반달」창문에서 나의 기인 대 눈 밝아 왔다. 冬土에 묻힌 한알의 씨앗도 열매를 얻을수 있다는 확신, 이것이 지금의 나로 하여금 책을 들게하며, 이름에 해서 잡은 책에서 다소 위안을 받고 있는것도 사실이다. 너를 포함한 몇명 되지 않는 내 주변의 모든 사람들이 나의 「비극」을 끝까지 슬픈 것으로만 이해 하지 않기를 나는 바라고 있다.

×　　　　×

나는 네가 짊어지고 살아가야 할 무거운 너의
고뇌를 행 대강은 알고 있다. 그리고 너의 예리한
理性과 명석한 판단력은 충분히 그러한 고뇌들을
스스로 처리해 나갈 수 있으리라고 믿고 있다.
그렇기 때문에 나는 네게 더 많은 이야기를
할 필요를 느끼지 않는다.

　　　　　×　　　　　×

벌써 너 한테서 세 통의 편지를 받았다.
그리고 란 과 대화에 까지 찾아주고 있음을 알았
을때 새삼 혈육의 정 같은 감회를 금치 못한다.
너가 떠나던날. 무거운 얼굴로 「정을 두고 가고싶지
않았다던 너의 모습이 잔잔히 되살아 온다.
가장 어두운 곳에서 만난 너와 나의 이야기는
이제 높은 담벽을 사이에 두고 이어질 수밖에 없는
셈이다. 나는 너와 술잔을 나누고 싶은 생각보다는
같은 방에서 함께 자면서 밤새껏 이야기를 하고싶다.
그러고보니 우리는 같은 방에서는 한번도 잔적이 없구나.

　　　　　×　　　　　×

배만이는 수길이 보다는 머리가 잘 돌아가지 않지만,
수길이 보다는 더 시원시원한 성격이라는 것이 대체적인
여론(?)이다. 백만이는 사호 영근이와 함께 약 200명
이 순천, 광주, 목포 중 어디론가 떠나 갔다. 형일이가
태수와 같이 있고 그래서 그런지 태수는 요즈음 훨씬
하느님께 의지하고 있다. 총원 13 (장교2), 미식기3, 국식기3,
일광욕도 순조롭고 바가지도 전보다 친절한 편이다.

물은 수시로 떠주며, 온수 세면에 끓이고 볶고 말리는등 난로사용이 거의 제한받지 않는다면 말이 풀린셈이라 할 수 있지 않을것 느냐. 너 이후에 샌타오휘에 장기알 하나 주간여성 한권만이 빼앗긴 우수한 성적(?)이다.

×　　　　　×

잘 지내고 있다. 아픈 곳 없이 잘 먹으며, 모든 불편에 익숙하여 찾는것이 없으니, 이제 나를 걱정하는 단계는 이미 지난 것이라 말해도 좋을 것이다. 다만 세월이 너무 매득한 것인가.

×　　　　　×

대화에도 「가끔」 들려주기 바란다. 가난하지만 선량한 사람들은, 대부분이 정을 쏟을 줄도 또 정을 받을 줄도 아는 사람들인 것이다. 너의 강인한 실천력과 분명한 판단력은 그들에게 상당히 큰 힘이 되어 줄 수 있다고 생각된다. 인간은 다른 사람을 위한 일속에서 오히려 자기를 실현할 수 있는 것이며 그러한 일속에서 우리는 「이익」이 아닌 진실한 「기쁨」을 얻게 되는 것이다.

×　　　　　×

답장 한 번 없다고 불만 비슷한 말을 하고 있는데 너의 편지를 받고도, 자주 또 곧 답장하지 못하는 나를 너는 충분히

이해하고 있떠으면서 우정 그래본 것이라고
믿는다. 사실이지 이 편지도 어떻게 보낼까
좀 막연하다.
이제 나도 자야겠다. 잘 있거라.

     1970. 1. 15 형.

추신: 오늘(17日) 또 너의 엽서를 받았다.
   이 편지를 빨리 부쳐야 겠는데.

〈山城 밑에서 띄우는 글〉

오늘은 비가 내리고 있읍니다. 비는 이 流刑地의 어두운 분위기를 더욱더 축축한 것으로 만듭니다. 저마다 권태로움에 젖어드는 자신의 마음을 구하려 하지만 이미 수렁에 떨어진 바퀴처럼 마냥 밑으로 밑으로 沈下하기만 합니다. 세상의 가장 낮은 바닥에 쭈그리고 앉아있는 처지에 다시 더 밑으로 떨어진다는 결국 假想이고 "아이러니"가 아닐 수 없읍니다. 그러나 이 허무한 가상 속에서 상당한 분량의 위로를 얻고 있는것도 사실입니다. 가상에 의탁한 위안이 허무한 것임은 말할 필요가 없읍니다. 하나의 假想이 무너질때, 허황한 착각에서 깨어날때, 퍼뜩 제정신이 들때, 우리는 다시 침통한 마음이 됩니다. 이를테면 자물쇠 채우는 금속성의 마찰음이 귓전을 칠때 또는 취침나팔의 긴 여운이 울먹일때, 또는 잠에서 막 깨어 그것이 꿈이었다는 것을 알았을때‥‥ 이런때에는 여감없이 현실의 땅바닥에 떨어져 버린 한마리쯤의 깃이 젖은 햇닭처럼 풀죽은 꼴이 됩니다. 이렇게 하루에도 몇번씩 하늘과 땅사이를 배회하는 假想 속에서 오히려 목숨이라는 고통과 위로를 혼동하며, 고통이든, 위로든 그것을 애매하게 만들어 놓습니다.
그러나 오늘같이 비가 내리는 날이면 자꾸만 밑이 꺼지는 공허를 어쩔 수 없읍니다.
진흙바닥에 발이 박혀서 신발마저 뽑아내지못한채 끝내 울음을 터뜨리고 말았던 국민학교시절의 기억‥‥‥

       x   x

이제 한달 안으로 이 山城을 떠나게 될것같습니

작년 1월 22일. 하얗게 눈에 덮힌 이 산성으로
실려 온지 벌써 1년 5개월. 그동안 나는 많은 것들을
여기 이 땅속에 묻어두었읍니다. 어쩌면 이 편지가
남한산성에서 쓰는 마지막 편지가 될지도 모릅니다.
이 편지 역시 이 땅속에 묻는 편지이기도 합니다.
이 곳은 나 한사람만의 사연이 묻혀있는 곳이 아니라
민족의 수난과 치욕이 얹든 비극의 땅이기도 합니다.
이조 16대 임금 인조가 청나라 태종의 말아래 무릎을
꿇고 항복한 곳도 바로 이곳입니다. 그것이 약 300년전의
일이고 보면 나 적도 이곳 어디엔가 묻혀있을 血痕을
파낼 수 있을지도 모를 일입니다.
창문에서 보이는 산의 가장 높은 봉우리에는 큰 소나무가
다섯 그루 서 있읍니다. 나는 노태욱과 함께 저
소나무 밑에 앉아서 이쪽을 굽어보며 술한잔 기울일
것을 약속해 두었읍니다.

　　　　　×　　　　　　　　　×

지금 막 취침나팔이 울리고 있읍니다. 요즈음은 취침나팔
을 스피커를 통하여 녹음방송 하기 때문에 이 소리마저도
나무 토막처럼 감동이 없읍니다. 하나 믿을 없읍니다.
좀 전까지만 하더라도 수갑자 나팔수가 옥상에 올라가서
설레는 가슴으로 불었었는데 지금은 모두 출감해버리고
불만한 사람이 없나 봅니다. 며칠전 중앙에 들렸더니
거기 벽 구석에 그 나팔이 걸려 있었읍니다. 나는 조심스
럽게 잠시 쓰다듬어 보았읍니다. 오랫동안 쓰지 않아서인지
윤기도 없고 군데군데 엷은 녹이 앉아 있었읍니다.
사형수의 신발처럼 쓸쓸한 행색이었읍니다.
인제는 모두들 곤한 몸들을 누이고 잠들어버린듯 주위는

무덤속 정적입니다. 송현모, 하종연, 김태일랑 이 세 명도 내 옆에서 고이 잠들고 말았읍니다.
오늘저녁에는 꼭 이야기 하나 들려달라고 그리도 졸라대더니……

비가 많이 내렸읍니다. 와우아파트가 무너지고, 축대가 깨져 판자집이 내려앉고, 태풍 「올가」호가 휩쓸어 산이 무너지는등 숱한 재산, 인명이 또 한번 액운을 당하고 있는데도, 이곳에서 비닐우산 한자루 없이도 태무심으로 걱정하나 없이 앉아 있읍니다.

감옥의 벽은 태풍에도 꿈적않을 만큼 견고하고, 높고 작은 반달 창은 해가 떴는지 별이 떴는지도 가르쳐 주지 않습니다. 이런 상황속에서 얻은 평정함이란 도대체 무엇인가, 이러한 평정함이 도대체 나를 무엇으로 만들어 갈 것인가. 주룩주룩, 그치지 않는 빗소리는 이런 나의 심경을 축축하고 무거운 곳으로 끌어내리고 마침내 질펀한 진흙바닥에 나앉게 합니다.
어깨가 젖고 가슴이 젖는듯한 무거운 상념에 젖어들며 이처럼 빗소리에 새삼스레 무거운 마음이 되는 까닭은 아직도 내게 숱한 미련이 남아 있기 때문이라 생각됩니다.

×　　　　　×

과거를 회상하는 것은 미래를 창백하게 만드는 일입니다. 사실 요사이 나는 지난 일들을 자주 떠올리고, 또 그것들을 美化하는 짓을 자주 하는 편입니다.
과거가 가장 찬란하게 미화되는 곳이 아마 감옥일 것입니다. 감옥에는 과거가 각박한 사람이 드뭅니다. 감옥을 견디기 위한 자위인 경우가 대분입니다만, 이 자위는 참혹한 환경에 놓인 생명이 자신을 보호하기 위한 생명운동 그 자체라고 생각됩니다.

자위는 물론 엄한 자기성찰, 자기비판에 비하면 즉자적(即自的)이고 감성적인 생명운동임에는 틀림없습니다만 그것이 갖는 의미와 필요에 대하여 나무 심하게 폄하할 생각이 없습니다.
不毛의 領土마다 자리잡고 있는 과거라는 이름의 숲은 실상 한없이 목마른 것입니다. 그늘도, 샘물도, 기댈없을 따뜻한 바위도 없습니다. 머물수 있는 곳이 못됩니다. 나는 벽 앞에 正坐하여 瞳孔을 나의 内部로 돌리기로 하였습니다. 内部란 과거와 미래의 中間입니다. 과거를 미화하기도 하고, 현재를 자위하기도 하고, 미래를 전망하기도 합니다. 그러나 이 모든 사색이 머리속의 관념으로서만 始終하는 것이고 보면 앞뒤도 없고, 선후(先後)도 없어 전체적으로 공허한 것이 되고 맙니다. 그렇지만 나는 나의 내부에 한그루 나무를 키우려 합니다. 숲이 아님은 물론이고, 정정한 상록수가 못됨도 사실입니다. 비옥한 토양도 못되고 거두어 줄 손길도 창백합니다. 염천과 폭우, 엄동한설을 어떻게 견뎌 나갈지 아직은 걱정입니다. 그러나 단 하나, 이 나무는 나의 내부에 심은 나무이지만 언젠가는 나의 가슴을 헤치고 외부를 향하여 가지 뻗어야 할 나무입니다.
이 나무는 과거에다 심은 나무이지만 미래를 향하여 뻗어 가야할 나무입니다. 더구나 나는 이 나무에 많은 약속을 해두고 있으며 그 약속을 지킬 열매를 키워야 하기 때문에 당장은 마음 아프더라도 자위 보다는, 엄한 자기 성찰로 스스로를 다그치지 않으면 안됩니다.

　　　　×　　　　×

오늘은 유난히 햇빛이 밝은 날입니다. 어제 내린 비가 온갖 먼지를 씻어낸 자리에 오늘은 일제히 햇빛이 내려쪼이고 없습니다. 멀리 산림과 눈앞의 벽돌담이 다 함께 본래의 색깔로 빛나고 있습니다. 나는 이 눈부신 햇빛속에서 가끔 우렁찬 아우성 소리를 듣는 때가 있습니다. 낮은 소리에서부터 서서히 음계를 높여가서는 가장 높은 꼭대기에서 폭발하여 합창으로되는, 아니 소리가 빛이 되는 그런 순간이 있습니다. 오늘도 씻은 듯 맑은 산림과 벽돌담에 은총처럼 쏟아지는 햇빛이 방금이라도 우렁찬 아우성으로 비약할듯 합니다. 自然의 위대함에 경탄하다가 창가에 목을 빼고 있는 나 자신에게로 돌아보면 광막한 자연으로부터 지극히 사소한 나의 京獄으로 돌아오면 순간 고적감이 송곳같이 파고듭니다.

고독한 상태는 일종의 버려진 상태입니다. 스스로 나아간 상태와는 동일한 조건이라고 하더라도, 그 의미는 전혀 다릅니다. 「創造의 産室」로서 고독을 선택하는 사람도 있겠지만 고독은 무엇을 창조할수 없는 상태가 되지 않을것 같습니다. 지금 내가 처하고 있는 이 어두운 옥방의 고독이 창조의 산실이 될수는 없는 것입니다. 찬란한 햇빛 아래 산과 들과 숲과, 건물과······ 모든 것이 저마다 생동하는 우람한 합창속에서 내가 저 키고 있는 이 고독한 자리가 대체 어떤 의미가 있으며, 도대체 무슨 이름으로 불러야 할것인가.

고독은 고독 그것만으로도 가까스로 한점낱뿐 무엇을 창조할수는 없는 것이다. 어떤 형태로든지 이 고독을 깨트리지 않고는 이룰수 있는 것은 없으리라 믿는다. 우렁찬 저 햇빛 찬란한 합창을 향하여 문열고 나아가지 않으면 안되리라 믿고 있습니다.

앉아있는소 1970년

아버님 膝下書.

어머님께옵서도 安康하시리라 믿습니다.
저는 몸성히 하루 하루 성실하게 지내고 있읍니다.
이번 가을에는 아버님께서 낚시를 가시든가.
登山 또는 멀지 않은 旅行 등, 바깥으로 몸과 시간을
내시는 편이 훨씬 나으리라고 생각 합니다.
日常의 골목을 잠시 벗어나서 自然 속에, 특히
山 河에 묻힐때 自然의 그 유유한 安息은
우리의 모든 것을 용납 함으로써 우리를 醇化해주기
도 하는 것입니다. 제가 아버님께 새삼스레
登山을, 낚시를 말씀 드리는 것은, 其實
저의 가슴을 찔러오는 "不孝에의 自覺" 때문인지
도 모릅니다. 이 自覺은 저로하여금 항상
괴로운 상념에 빠지게 하는 것이지만 저는
이 침통한 自覺에서 오히려 저의 忍耐를,
저의 覺悟를 求하고 있는 바입니다.
이곳에 온후로는 줄곧 혼자서 반성하고 생각할수
있는 기회가 주어져서 저로서는 무척 귀중한
하루 하루를 보내고 있읍니다.
마침 天高의 계절.... 저는 이 가을의 한가운데
를 잡고 앉아서 조용히 默想하고 있읍니다.
가장 낮은 바닥에서 更生과 새로운 達成을 향하여
이제 막 첫걸음을 딛는 저의 마음은 훨씬
밝은 것입니다. 正然한 자세와 밝은 勇氣로
일어서면서 우선 아버님께 이 글월을 드리는
바입니다.
건강합니다. 그리고 충실합니다.

　　　　　　　　　　　불효자식　영복 올림.

〈영석아 보아라〉

오랫만에 띠운다. 그동안 편지를 보내고 싶었지만 무어라 할말이 없다. 입을 열고 싶지 않는 마음이야 지금도 마찬가지다. 별로 즐거운 이야기가 없기도 하려니와 설령 즐거운 것이라 하더라도 네가 그렇게 받아들이지 않을 것이기 때문이다. 지금으로서 내가 네게 해두고 싶은 말은 나를 「불행한 兄」으로 看做하지 마라는 것뿐이다.

×　　　　×

獨房은 孤獨한 個人이 創造되는 領土이다. 방하나 가득한 重壓, 그 한복판에 正座하여 呼吸을 調攝하면 둥실 몸이 뜨는 無重力의 순간이 있다. 無重力狀態……, 이것은 10원짜리 만원빠쓰에서도 쉽게 얻던 體驗이지만 不時에 달려드는 悲感도 浮力을 받으면 흡사 月面步行처럼 喜劇的이다.

×　　　　×

年末이, 새해가 닥아왔다. 有長한 時間의 大河 위에 패말을 박아 年月을 區分하는 것은 아마 그 標的 앞에서 스스로의 옷깃을 여미어 바로하자는 하나의 작은 「約束」인지도 모른다. 그 約束의 流域을 向하여 너도 또 나도 걸음을 옮기고 있는 것이다. 새해에는 네게 새로운 進境이 열리리라 믿는다.

×　　　　×

형님의 결혼에 대하여 네가 몇가지 客觀的 條件에 있어서 不滿을 가지고 있는듯한 인상을 받았다. 그러나 나는 人間을 어떤 旣成의 形態로 이해하는 것은 옳지 않다고 생각한다. 그 個人이 이룩해놓은 객관적 「達成」보다는 主觀的으로 노력하고 있는 「指向」을 더 높이 사야 할 것이라고 믿는다. 왜냐하면 너도 알고 있듯이 人間이란 不斷히 成長하는 責任歸屬的 存在이기 때문이다. 더구나 人間関係는 相対的 性格이 강하게 나타나는 一種의 動態関係(dynamic relation)인만큼 이제부터는 그것의 醇化를 위하여 네쪽에서 긍정적인 노력을 경주해야 될것이다.

×　　　　×

아버님, 어머님 安家하시리라 믿으며 이만 그친다.

형으로부터

대전으로 한번 와주시기 바랍니다
시간이 없어 이만 그칩니다.

2월 10일

영복 올림

〈五月에 형님께.〉

형님의 結婚은 저에게도 무척 기쁜 일입니다.
그러나 지금의 제가 할수있는 유일한 일은 다만 한장의 엽서를 드리는 것입니다.
저는 이 한장의 엽서를 앞에놓고 허용된 餘白에 비해서 너무나 많은
생각에 잠시 아픈 마음이 됩니다. 이 아픔은 제가 처하고 있는 狀況의
表出인 동시에 또 제가 浮上해 볼수있는 기쁨의 上限이기도 합니다.
또 이것은 형님의 결혼식에 결석한 동생이 뒤늦게 엽서를 적음으로써
처음으로 느끼는 그런 아픔이 아닙니다. 이것은, 서울의 外廓, 비탈진 貧家를
살아 오면서도 내내 격려하고 격찬해주시던 一切의 配慮에 생각이 뻗칠때마다
「兄」이라는 日常의「이미지」를 넘어서 濃密한 감정을 비집고 올라오던 뜨거운
悔恨인 것입니다. 제가 뜻페生活을 통하여 새로이 지니게 된 습관이 있다면
그것은, 흡사「셋달다」의 그것처럼, 동일한 문제를 여러차례에 걸쳐서 거듭
생각하는 버릇입니다. 어머니 아버지를 비롯하여 형님과 동생 그리고 제가
겪었던 많은 사람들을 곰곰이 생각해보는 것입니다. 대개의 경우 그것은
面壁이나 不眠의 無聊함을 달래기위한 回想의 형식으로서 그저
돌이켜보는 것에 불과하지만 저는 이러한 것에 의하여 一聯의 새로운 판단을
가지게 된 것을 매우 다행스럽게 생각합니다. 형님에 관한 記憶들 중에서
우선 여기서 말씀드리고 싶은 것은, 이를테면 저와 형님과의 關係도, 다른
대부분의 兄弟들의 경우에서 볼수 있듯이 거의 기계적이고 습관화된 대화에 의해서
형성되어 왔다는 사실입니다. 이러한 경향은 비록 애정과 이해의 기초위에서
비로소 가능한 하나의 美德이라고 하더라도 그것은 創意와 노력이 欠如되고
있다는 점에서 별로 바람직한 것은 아니라 믿습니다. 기계적이고 습관화된
대화는 人間關係의 停滯를 가져오며 인간관계의 정체는 關係 그 自體
의 退化를 가져오며 필경은 兩当事者에게 오히려 부담과 桎梏만을
안겨 주게 되는 것입니다. 저와 형님과의 관계가 지금 말씀드린 것과 같은 정도로
심각한 것이었다고 하는 것은 결코 아닙니다. 여기서는 단지, 기계적이고 습관화된
대화 그리고 그것의 발전된 형태로서의 정체는 특히 경계되어야 한다는 점을
말씀드리고자 할 뿐입니다. 더욱이 夫婦라는 가장 기본적인 관계에 있어서는 항상
意識的인 노력에 의해서 이것이 排除되어야 하리라 믿습니다. 만일
中庸과 寬容을 비교적 重視하는 편인 형님의 그 長子的 성격속에
그럴 가능성이 없지 않다고 말씀드린다면‥‥? 그러나 형님에게는 원만하고
밝은 가정을 영위해 나감에 충분한 理解가 있다고 확신하고 있습니다.
뿐만 아니라 이번 형님의 결혼은 비단 형님에게만이 아니라 家庭全体에
있어서도 현저한 발전을 가져오는 계기가 되리라 믿습니다. 勿論, 이 발전(近代化
라면 좀 서투른 表現입니까?)의 質과 量 그리고 速度는 형수님의 力量에
크게 의존되리라 생각합니다. 이 편지는 형수님께서도 열람하시리라 짐작됨
니다만 다음에 형수님앞으로도 서신을 드리겠습니다. 형수님께 드리는 뜨거운
人事를 여기에 적는 바입니다. 형님의 건강과 노력을 기원합니다.
　　　　　　　×　　　　　×
저 역시 건강합니다. 그리고 부지런히 살아가고 있습니다. 窓 밖에는
그런대로 五月의 綠香이 섭섭치 않습니다. 어머님께서 편찮으시지나
않으신지 꿈에 보이시기도 합니다. 이만 편을 놓겠습니다.
　　　　　　　　　五月 25日　　동생 드림.

〈長霖과 暑天, 七月에 띠우다〉

凄然한 밤빗소리 속에서 잠자다가, 가끔 淸楚한 七月의 하늘이 말끔히 개인 새벽에 깨어날때, 나는 문득 칠월이면 청포도가 익는다던 「陸史」의 故鄕을 그리워해 본다. 그러나 그리움이란 것도 褪色이 되는 것인지 아니면 마음에 이미 더 높은 돌담을 쌓았기 때문인지 그저 그럴뿐 오히려 물밑같이 조용해지기만 한다.

× × ×

사진 두장을 同封한다. 벌써 三年, 박경호君의 出所를 앞두고 비록 맛笑는 아니라 하더라도 은근히 웃어 본것이다. 또 한장은 같은 工場 사람들이다. 경호군의 옆이 송영치君의 부친이시고 좌측 제일뒤가 너도 잘알겠지만 김희숙씨이다. 그리고 구태여 내가 지적하지 않더라도 내가 결코 看過하지 않으리라 믿지만 내가 입은 옷은 제법 풀까지 먹여서 빳빳하게 줄이 섰다는 사실을 특히 강조해두고 싶다. 깨끗한 옷으로 은근히 웃고있는 사진은 그만큼 나의 心身이 건강하다는 것이 된다.

× × ×

지난 9월부터 제5工場(염색공장)에 出役하고 있다. 近 三年만의 出役이라 좀 어색하기도 했지만 全工程이 완전히 機械化 되어 있기 때문에 특별히 힘들여 할일이 없는 셈이다. 다만, 염색에 전혀 門外漢인 내가 作業部署에 좀 서투르게 흠이지만 이것도 곧 熟練 되리라고 생각된다. 또 잘아는 사람들이 같이 일하고 있기 때문에 新參인 내가 자연히 여러가지로 편의를 받고 있다. 工場 앞에는 팔이 긴 버들이 서 있고 널찍한 화단에는 잎넓은 칸나 그리고 잘익은 꽈리도 숨지어 있기도하다.

× × ×

나는 내가 너의 일에 대해서 걱정한다든가 또는 아버지 어머님 형님, 형수님등 집안식구들의 일을 걱정한다는 것이 격에 맞지않음을 잘 알고 있다. 그렇기 때문에 나는 나자신의 生活을 보다 알찬 것으로 이끌어 감으로써 어머님 아버님의 나에 대한 걱정을 먼저 내쪽에서 덜어 드리고자 할 따름이다. 너는 이러한 나를 잘 이해하리라 믿는다. 그리고 너는 어머님과는 좀 다른 방향에서 나를 걱정해 주리라고 믿는다. 바로 이점에 限한 限, 너와 형님께서는 나를 걱정하지 않아도 좋을 정도로 나를 신뢰하리라 생각한다. 오늘은 이만 쓴다. 건강하여라.

7월 27일 영복.

〈낙엽을 쓸며 아버님께〉

벌써 仲秋, 저희 工場 앞에는 밤새
낙엽이 제 잖게 쌓입니다.
낙엽을 쓸면 흔히 그 凋落의 哀傷에
젖는다고 합니다만, 저는 낙엽이 지고 난
가지마다에 드높은 가지들이 뻗었음을
잊지 않습니다.
아우성처럼 뻗어간 그 수많은 가지들의
合唱 속에서 저는 낙엽이 결코 대상의
대상이 될 수 없음을 알겠습니다.
잎새 보다는 가지를, 凋落 보다는 成長을
보는 눈, 그러한 눈의 明澄이 귀한
것이라 믿고 있습니다.

가을에 읽을 책을 형님께 몇 권 부탁하였
습니다. 가을이 讀書의 계절이고 독서가
思索의 伴侶라면 가을의 독서와 사색은
하나로 통일되어 한 묶음의 볏단 같은 수확을
안겨줄 듯도 합니다.

형님 편에 방한화를 부탁하였습니다만
當所 規則이 변경되어 신발류는 들여주지
않게 되었습니다. 이곳에서 제가 구입하여
사용하겠습니다.

어머님께옵서도 평안하시며 영석이도
건강하리라 믿습니다.

오늘은 이만 각필하겠습니다.

10月 7日 영복 올림.

〈 봄철에 아버님께 〉

아버님께서 그처럼 걱정해주시던 겨울도 다하고 우수·경칩을 지나 이제는 「엽서한장에 넘칠만큼」 春色이 짙어졌습니다. 오늘은 이글을 쓰기도 하려니와 그간 모아두었던 아버님의 편지를 한장한장 되읽어 보았습니다. 오늘은 아버님의 편지에 관하여 말씀드리고 싶습니다.

× ×

제가 아버님의 편지를 받아들때, 대개의 경우 편지의 사연을 읽기전에 잠시나마 생각하는 마음이 됩니다. 이 짤막한 생각 속에 서서 저는 "子息은 五寸에 들지 않는다"시던 어머님의 말씀을 상기하게 됩니다. 저의 이러한 감정은 부모님의 빈발을 더하게 한 제가 제자신의 不孝를 자각함으로써 갖게되는 하나의 고통이기도 합니다.

이상과같은 기본적인 감정과는 별도로, 제가 편지의 내용에서 받는 느낌은 다음의 두가지로 요약할수 있습니다.

첫째는, 저는 아버님으로부터 별로 理解되고 있지 않다는 일종의 소외감같은 것입니다. 저에게는 아버님으로부터 아버님의 「아들」로서가 아니라, 하나의 독립된 사상과 개성을 가진 한사람의 「靑年」으로서 理解되고싶은 욕심이 있습니다. 둘째는, 아버님이 보내주신 편지의 대부분은 "집안걱정 말고 몸조심하여라."는 말씀입니다. 물론 지금의 저에게 건강이 가장 중한 일이며 또 아버님께서도 가장 걱정되는 것이 아닐수 없습니다. 그렇더라도, 저는 아버님으로부터 좀 다른 내용의 편지를 받고 싶습니다. 例하면 近間에 읽으신 書·文에 관한 所見이라든가, 최근에 겪으신 生活周邊의 이야기라든가 하는 그런 구체적인 말씀을 듣고 싶은 것입니다. 「염려의 편지」가 「대화의 편지」로 바꾸어진다면 저는 훨씬 가벼운 마음으로 아버님의 편지를 받을수 있을것 같습니다.

× ×

어머님의 편지에서 형수님에 관한 말씀이 있었기에 문득 문득 마음이 쓰이기도 합니다만, 관여할 계제가 못될뿐더러, 모르는대로 지나는 편이 옳을듯하여 침묵하겠습니다.

× ×

정자편에 말씀 드렸습니다만 영치금과 편지 다 잘 받았습니다 어머님 형님 건강하시리라 믿습니다. 이만 각필하겠습니다.

3월 16일 영복 드림.

〈아버님께 —古詩와 처-칠—〉

五月은 立夏 小滿 節氣인가 하면, 「新綠의 달」 「季節의 女王」이라 命名하기도 합니다. 계절의 表情을 거의 읽을수 없는 우리들의 이 城에 있어서도 5月은 춥지도 덥지도 않아 참 좋은 달이라 생각됩니다. 그러나 지난 〈어머니날〉에는 적적해 하실 어머님 생각에 잠시 송구스런 마음이었읍니다.

×   ×

「한국명인시집」을 보면서 느끼는 것은 우선 그 詩의 世界가 너무 단조롭고 무기력하다는 사실입니다. 山水, 江村, 秋月, 白雲, 松, 鶴…… 등등이 詩域의 전부를 점하고 있읍니다. 이것은 대부분의 東洋畵가 山水圖인 것과 軌를 같이하고 있는 경향으로서 이는 이를테면 自然과 田園生活을 賞讚함으로써 농촌 사람들의 가난과 고통을 잠시 잊도록 하는 鎭靜劑의 역할을 해온 것이라 할수 있을 것입니다. 그러나 이러한 가난과 고생이 鎭靜의 대상이 아니라, 解決의 대상이 되어야 하는 것이라면, 그런 의미에서 한국고전시도 단지 吟風詠月에만 멎지 않고 나아가 自然과 人間의 관계, 자연에 대한 인간의 協同, 즉 人間關係 (社會)를 올바르게 세워나가는 丁史的 노력에 의당 한팔 거들어야 함에도 불구하고 오히려 이를 外面해온 것이라 할수 있을 것입니다.
물론 伍中에는 그렇지 않은 것도 없지 않으며, 漢詩를 잘 새기지 못하는 제게도 句節 곳곳에 번뜩이는 詩才가 놀랍기도 합니다.

×   ×

有名人의 著述을 대할때 대개 그러하듯이 처칠의 오차대전사 에서도 저는 몇가지의 불편을 겪고 있읍니다. 그중의 한둘을 들어보면—. 화려한 單語, 또는 기교를 부리는 表現方法 때문에 文脈과 論理가 적잖이 歪曲되고 있으며, 또 자기의 입장이 지나치게 변호되고 있으며 또 자기가 관여한 사건이 불필요한 장소에서 자주 言及되는 등등 전체적으로 무척 소란스럽다는 느낌을 받게 되는데 이러한 느낌은 비단 위에서 지적한 이유때문이 아니라 도리어 史體의 不備에 더 깊은 까닭이 潛在하고 있는듯 합니다. 여하튼 저는 이책에서 많은 새로운 史實에 接할 수 있게 된 것을 매우 다행스럽게 생각합니다.

×

형님편에 말씀드렸읍니다만 우송해주신 책과 돈 모두 요긴하게 받았읍니다. 필요한 책은 또 말씀드리겠읍니다. 그리고 누구든 다음 접견 오시면 책을 찾아가시기 바랍니다. 읽은 책은 영치 시켜 두었읍니다.

아버님, 어머님의 안녕을 기원하며 오늘은 이만 각필합니다.

五月 二五日   대전에서
                영복 올림.

〈어머님께 드리는 글〉

영석이가 이제 집에 없어서 좀 덜 적적하시리라 생각됩니다.
노쇠하신 부모님만을 實家에 둔채, 큰 아들은 「처가살이」를 가고,
둘째 녀석은 「감옥살이」를 하고, 셋째 녀석은 「직장살이」로 또
어머님 곁을 떠났으니 세 아들이 모두 떠나버린 형국이 되었습니다.
그 위에 出家하여 이미 外人이 된 누님들의 일까지 아울러 생각해보면
"父母의 一生"이란 결국 아들딸을 길러서 어디에다 빼앗기는 과정에
불과한 것이 아닌가 생각됩니다. 지척에서 朝夕으로 부모님을 모시고 있는
경우라 할지라도, 치마 끝에 매달리는 어린 시절과는 달리, 점차 장성해서
성인이 되어 감에 따라 부모의 影響圈을 벗어나 버린다는 점에서
이 경우 역시 아들을 빼앗긴 것과 별로 다를 바 없을 것입니다.
제가 이러한 말씀을 드리는 것은 다른 사람의 예를 들어 저를 변호하려 함이
아닙니다. 다만 자기 스스로를 옳게 세워 가는 길이 곧「孝의 道」(孝之終
立身揚名也)라고 말씀드리던 제가 어머님의 理解를 받지 못한 채
지금의 처지에 이른 제 자신의 문제에 문득 생각이 멈추었기 때문입니다.

× ×

立秋에 이은 어제 오늘의 비 뒷끝은 흡사 가을 늦색입니다.
그동안 더위를 피하느라고 책을 피해 왔읍니다. 이를테면 避書로
避暑해 온 셈입니다. 하기는 평소에도 독서보다는 사색에 더 맘을 두고
지식을 넓히는 공부보다는 생각을 높이는 노력에 더 힘쓰고 있읍니다.
銀河의 물결 속 드높은 별 떨기처럼……。

× ×

보내주신 大學·中庸은 精讀하고 있읍니다. 처칠의 二次大戰史는
당분간 더 읽지 않을 생각입니다. 二, 三권은 제가 필요하면 말씀드리겠
습니다. 아버님께서 보내주신 서신과 영치금, 그리고 정자가 수송한
소포와 편지 모두 받았습니다. 늦게서야 알려드립니다.

× ×

좀처럼 傷心하시지 않는 어머니, 더 强한 어머님이 되어 주시길
바라면서 오늘은 이만 그치겠읍니다.

8月 10日 대전 교도소에서.
영복 올림

아버님 전상서

사명당 관계 자료를 整理·執筆하고계신다는 아버님의 편지는 저에게 여간 자랑스럽고
흐뭇한 소식이 아닐수 없읍니다. 저는 아버님의 그 원고가 한권의 훌륭한 책으로 출판되기
원할뿐 아니라 저도 그 작업과정에 어떤 형식으로든 참여하고싶은 생각이 간절해 집니다.
더욱이 지금처럼 不字한 처지에 있는제가 조금이나마 아버님을 도울수 있게 된다면
그것은 (참가의 의의를 넘어서) 제게 참으로 근사한 일이 아닐수 없읍니다.
그래서 며칠 곰곰히 생각에 적어보고 다음과 같은 참여방법을 생각해 내었읍니다.
첫째, 그 책의 題目을 제가 써드렸으면 하는 것입니다. 제호에 관한 이야기라면,
저는 우선 아버님의 전번 著書인 「發音辭典」의 제호를 제가 썼다는 사실을
想起시켜 드리고 싶읍니다. 물론 이것이 발음사전의 제호가 썩 훌륭하다든가 또는
무슨 緣故权 (囯有林 採下에서나 사용되는 말입니다만)이나 그때의 공로(?)에 온근히
기대어보자는 심사가 전혀 없다고 한다면 이것은 오히려 덜 솔찍한 태도인지 모르겠읍니다만
저로서는 이러한 과거의 일보다, 그때보다 조금은 더 筆体가 流麗해졌고, 조금은 더
眼目이 높아졌다는 현재의 사실을 고려해주실수 있지 않습니까 라는 그런 심정입니다.
둘째, 아버님의 원고를 제가 一讀 하였으면 하는 것입니다. 이것은 아버님의 글 속에
혹시 社会科学的 論理가 逸失된 곳이 있지 않은가 그래서 논리의 飛躍이나,
근거가 충분치 못한 결론이나, 꼭 필요한 분석이 행하여지지 않고있는 곳이나 반대로
論旨에서 벗어난 논의가 한동안 계속되는곳이 있지 않는가 등등을 살펴봄으로써
논리의 骨格이 좀더 반듯하도록 補充할수 있으리라고 생각하기 때문입니다.
그리고 다소 지엽적인 문제이긴 합니다만 제 생각에 아버님의 文章은 대체로
너무 길고, 표현이 늘 直說的이고, 速度가 지나치게 완만한 경향이 있다고
믿고 있는데 이런 점들도 아울러 추고 될수 있으리라고 생각합니다.
그러나 제가 가장 마음이 쓰이는 곳은 지금까지 말씀드린 題目의 書体나,
논리의 曲直이나 表現上의 技巧에 앞서 아버님의 소위 「史的事実에 대한
認識方法의 문제입니다. 이쪽의 좋은지면으로서는 아예 논의하지 않음만 못할지
모르겠읍니다만 아버님의 脫筆以前에 꼭 드리고 싶은 말씀은, 하나의
史的事実(人物의 경우도 포함하여)은 그것만을 따로떼어 孤立的으로 인식할
때, 그것은 歪曲되지 않을수 없다는 것입니다. 史実은 여하한 경우라 할지라도
반드시 ① 어떠한 契機에서 발생하였으며 ② 어떠한 樣相으로 存在하다가
③ 어떠한 方向으로 발전해 갔는가 하는 史的関係内에서 파악되어야 하는
동시에 또 그것을 당시의 사회구조, 당시의 価値規準에 照応시켜 당시의
社会構造가 갖는 必然的 限界를 늘 그것의 인식 기초로 삼아야 한다는 사실입니다.
물론 사명당에 대하여 거의 상식적인 견해마저 허술한 제가 무어라고 말씀드릴
수 있겠읍니까만 적어도 사명당의 우국적 면모나 종교적 근엄성 때문에 그의 史的 및
社会的 限界나 그 短所가 看過되는 일이 있어서는 안되리라고 믿읍니다. 아무튼
지금으로서는 (저의 간절한 생각과는 관계없이) 과연 제가 어떤 형식으로 또 어느정도로
아버님을 도와 드릴수 있을런지 거의 알수 없읍니다. 아무쪼록 아버님의 健筆을
기원하여 마지 않는 바입니다.

×   ×

보내주신 논집·월보·편지 모두 받았읍니다. 필요한 책은 다음에 또 말씀드리겠읍니다.
아버님께서 말씀하신 한문공부는 내년쯤 시작할 작정 입니다.
저의 眼疾은 "도라옴"인 것 같읍니다. 설파劑, 오레오 마이신, 테라마이신 등
좋은 약이 없는 모양입니다. 의사선생님과 한번 상의 하셔서 적당한 약을 보내 주셨으면
합니다. 그리 급하지는 않습니다. 어머님, 형님, 형수님께 따로 편지드리지
못하여 저도 서운합니다. 항상 부지런히 그리고 환절기 일수록 더욱 건강하게
생활하고 있읍니다. 대전에서 9월 24일
   不孝 영복 올림.

〈겨울 다음은 봄입니다〉

차츰 겨울이 되어 갑니다.
해마다 겨울이 가까워 오면 제게는 저를 염려하시는
아버님의 걱정이 걱정스러워 집니다.
그러나 겨울 다음은 봄입니다. 그리고 속옷이나 양말등 겨울준비가
충분할 뿐만 아니라 저는 전보다 훨씬 겨울에 강해져 있습니다.

「大學」을 읽고 느낀 점이 여럿 있읍니다.
以前에도 더러 읽어보긴 했읍니다만 이번처럼 시간을 가지고
찬찬히 읽기는 처음입니다. 느낀 점을 자세히 말씀드릴 수 있는
기회가 없기는 합니다만 우선 제일 먼저 떠오르는 것은 역시 이것은
封建社會의「官學」이라는 느낌입니다. 즉 大學之道란
「封建的 支配秩序를 위한 政治學」그 以上이 되지 못한다는 사실입니다.
따라서 그것은 어디까지나 봉건체사회의 정치권력의 侍女에
불과하지 않는가 싶습니다. 그리고 天道, 人倫, 明德 등 이른바
大學思想의 基礎에는 非時間的이고 超歷史的인 價値를
前提하고 있는데 이것이 다름아닌 觀念的인 虛構가 아닐 수 없다는
것입니다. 이러한 기본적인 불만(?)에도 불구하고 군데 군데에서
理路整然한 學的 達成을 보기도 합니다. 특히「格物致知」와 같은
높은 哲學的 認識論에서는, 先人의 慧眼에 놀라기도 합니다.
저는 이러한 여러 점에 관하여 아버님과 언젠가는 더 많은 말씀을
나눌 수 있으리라고 생각합니다.

정자 편에 말씀드린 바와 같이, 가족좌담회가 예년보다 좀 앞당겨
새달 초에나 있을지도 모르겠읍니다만 확정되는대로 기별이 갈 것입니다.
저는 아버님과 어머님께서는 일부러 먼 걸음을 해서 오시지 않기를
바라고 있읍니다.

李基白의「韓國史新論」은 차후라도 구하시는대로 천천히
보내 주시기 바랍니다. 그리 바쁘게 필요한 것은 아닙니다.

어머님 아버님의 평안하심을 빌면서 이만 각필합니다.

10월 26일   영복 올림.

< 봄철에 아버님께 >

이번 겨울은 매우 따뜻한 겨울이었읍니다. 우수.경칩.춘분‥‥,
어느새 春色이 완연한 봄입니다. 봄은 그간 忍苦의 冬眠을 깨어나,
울창한 여름의 成長을 거쳐, 가을의 結實로 향하는 「出帆」의 계절입니다.
그리고 아버님 어머님께서는 징역살이의 추위를 걱정하시지 않아도 되는
계절입니다.

그동안 아버님께서 보내주신 中庸을 여러번 읽어보았읍니다. 물론 제가
그 깊이를 깨닫지 못하는 대목도 많이 있었읍니다만. 역시 그 重厚한
古典的 價値에 새삼 경탄하였읍니다. 앞으로도 東洋古典 과 한국의
근대 사상에 관한 독서를 하고 싶습니다. 孟子, 春秋 그리고 율곡의
公論, 許筠의 豪民論, 実學 등, 시간이 나는대로 精讀해 보려고
합니다. 그래서 우선 東洋哲學 과 한국의 近代思想에 관한 概說書를
먼저 읽고 독서계획을 세워서 체계있게 섭렵하였으면 합니다.
앞으로 제가 필요한 책은 아버님께 말씀드리겠읍니다만 우선 概說書로
사용할만한 것을 문의해 주셨으면 합니다.

엊그제 장수가 다녀갔읍니다. 장수 편에 소식 들으셨을 줄 알고
있읍니다만 아버님께서 육송해 주신 인감과 인감 증명으로
미불 봉급을 수령하였읍니다. 지난번 정자한테 보낸 편지에
자세히 적었었읍니다만 편지가 반송되어 왔읍니다. 그간
궁금하셨을줄 압니다. 그리고 이번에 수령한 돈으로 入齒하였
읍니다.

어머님께서는 편찮으신곳 없이 평안 하신지 궁금합니다.
형님 숙부초도 경영이 순조로운지, 명석이도 일 잘하는지
누님과 누님댁 꼬마들 모두 잘 있는지. 이따금 생각이 납니다.

이곳 벽돌담속의 異邦地帶에도 봄은 어김없이 찾아옵니다.
유록빛의 山陵線, 움이 돋은 수양버들 그리고 무엇보다도
고마운 것은 薰風과 陽光입니다.
적당히 독서하고 적당히 운동하고 늘 건강합니다.
오늘은 이만 그치겠읍니다.

3월 22일   영복 올림.

＜ 아버님 전상서 ＞

어제 아버님의 서신 받았습니다. 그리고 우송해주신 신문은 다행히 열독이 허가되면 아버님의 글을 읽어 보겠습니다. 무엇보다 아버님께서 몹시 바쁘시다니 참 다행스럽게 생각됩니다.

사명당관계 자료는 계속 모우고 계시리라 믿습니다만 특히 金應瑞장군에 관한 것을 자세히 수집할 필요가 있으리라 믿습니다. 김응서는 日兵의 한국 高僧에 대한 畏敬을 이용하여 僧兵의 궐기가 크게 효과 있으리라는 것을 먼저 주장하였을 뿐 아니라. 행주대첩, 평양탈환 등의 군사적인 역할을 비롯하여, 小西行長과 加藤淸正間의 알력을 이용하여 적의 내부를 전략적으로 약화시키는가 하면, 壬亂後에는 滿浦鎭의 萬戶로 있으면서 中國의 정세, 특히 明, 淸에 대한 정확한 정세를 보고하여 광해군의 外交정책을 성공적으로 이끌었던 점등 그의 역량과 역할은 多大하였던 것으로 연구되고 있습니다. 특히 사명당에게 대하여는 항상 그 전략적 지침을 제시한 것으로도 알려지고 있습니다.

검열필

아직 原文解讀에는 부족을 느끼고 있습니다만, 中国哲學史는 꾸준히 읽고 있습니다. 비록 그 表現이 單調하기는 하지만 近代思想의 萌芽와 그 뿌리가 역력히 보이는듯 합니다.

아버님께 부탁드린 小事典은 천천히 구하시는대로 보내주시기 바랍니다. 전에도 말씀드린바와 같이 저는 많은 것을 읽으려고 하지는 않습니다. 오히려 많은 것을 버리려고 하고 있습니다.

어머님께서도 평안하시길 빕니다. 영남, 영석이 모두 건강하리라 믿습니다. 오늘은 이만 그치겠습니다.

        5. 25.   영 복 올림.

〈어머님. 아버님 전상서〉

그동안 아버님의 서신과 책을 여러차례 받고도 즉시 회신을 드리지 못하여 무척 궁금하셨으리라 생각됩니다. 문화사와 조사월보는 읽고 있습니다만 「다이제스트」는 열독이 허가되지 않고 있습니다. 차후로는 송부하시지 않도록 미리 말씀드립니다.

그리고 월보나 논집류와 같이, 같은 책을 여러권 보내실때는 묶어서 한권으로 철해주시기 바랍니다. 왜냐하면 저희들은 5권이상 책을 소지할수 없기 때문에 권수를 줄여야 할 필요가 있습니다.

치아는 보내주신 약과 맛사지 등으로 일단 나았습니다만 아마 根治는 어려운 듯 합니다. 한동안 나았다가도 일정한 潛伏期(?)가 경과하면 週期的으로 재발하곤 합니다. 그러나 증세가 그리 심한 편은 아닙니다. 너무 심려하시지 않기 바랍니다.

지난 달에는 약 한주일 간 지방을 다녀오셨다니 비록 閑遊는 아니라 하더라도 다소 心機가 轉換 되셨으리라 믿습니다. 日常의 軌道에서 잠시 몸을 뽑는다는 것은 우선 그것만으로서도 흡사 桃園에 들리는 마음이 되기도 할 것입니다. 「佛敎思想」에 아버님의 글이 게재되었다고 들었습니다. 빌려서 읽어볼 생각입니다.

이제 더위도 지나가고 結實과 收穫의 가을입니다. 저는 물론 씨를 뿌리지 않았기 때문에 또한 거두어 들일 것도 없습니다. 그러나 높아져 가는 하늘 밑에서 묵묵히 思索의 結實은 가능하리라 생각해 봅니다.

어머님께서는 일복이 많으셔서 늘 바쁘시겠지만 금년 김장철에도 손을 개고 앉아 계시지는 못하실 듯 생각됩니다.
형님, 영석이 건강하리라 믿습니다.
추석때 모일 꼬마들, 누님, 매형께도 안부 전해 주시기 바랍니다.
오늘은 이만 그치겠습니다.

검열필

9月 4日. 영복 드림.

< 賀正一葉 >

아버님,

섣달그믐 이튿날이 바로 정월 초하루이고 보면, 1月 1日이란 실상 12月 32日이나 다름 없을 것입니다. 그럼에도 불구하고 해마다 歲暮나 正初가 되면 저마다 자기자신을 정돈하고 성찰하게 됨은 오히려 다행한 일이라 하겠읍니다. 저는 지난 한해동안에 받은 아버님의 편지를 한장한장 다시 읽어 보았읍니다. 역시 「염려와 걱정의 편지」가 가장 많았읍니다만, 그중에 「한숨의 편지」도 적잖이 있어서 무척 흐뭇하였읍니다. 금년에는 「대화의 편지」, 「理解의 편지」가 더 많았으면 싶읍니다. 知子는 莫如父란 말이 있듯이 이미 아버님께서는 염려와 걱정 속에서 대화하시고 이해해오신 줄로 생각되기도 합니다.

어머님,

세배 대신 드리는 이 몇줄의 글월이 도리어 어머님을 마음아프게 하지나 않을까 붓끝이 머뭇머뭇 합니다. 그러나 어머님께서는 이미 오래전에 「울지않는 어머니」, 「강한 어머니」, 「웃는 어머니」가 되신 줄을 저는 알고 있읍니다. 아버님께서 보내주신 책, 영치금 편지 모두 받았읍니다. 요즈음의 소한 대한은 그리 대단치 않습니다. 걱정하시지 않기 바랍니다.

형님,

아무려면 형만한 동생이 있겠읍니까.
모든 것을 형님께 짐 지운채, 한해 두해 그저 헛나이만 먹고 있는 것이 아닌지 되새겨 봅니다. 그러나 비록 응달진 凍土이긴 하지만 제나름의 精進을 위한 참담한 노력을 기울이고 있는 것입니다.

형수님,

온 장 편지를 받고도 뒤늦게야 엽서의 작은 구석을 빌어 답신을 드리면 말로 받고 되로 갚는 격이 됩니다.
시부모님을 비롯한 시갓집의 곳곳에 걸친 아주머님의 노력을 계속 기대하고 있읍니다. 우용이가 삼촌을 닮은데가 있다니 어차피 한번 人事를 해야 겠읍니다.

영석,

내가 있는 감방의 벽에, 누군가가 「청년은 다시오지 않고 하루는 두번 새벽이 없다」고 적어 놓았다. 나는 이 때에 적지들은 「落書」를 네게 전하고 싶다. 흥미있는 일과 가치있는 일의 差異는, 곧 향락과 창조의 차이이며, 결국 消·長의 차이가 되리라 생각한다.

누님들, 누님댁 꼬마들께도 기쁜 새해를 기원하며 이만 그치겠읍니다.

1月 12日 영복 올림.

〈 겨울과 봄 사이, 아버님 전 상서 〉

여느 사람들보다 더 추운 겨울을 살아, 겨울을
더 잘 아는 저희들은, 겨울이 아무리
훈훈하다 한들 필경은 심술을 부리고야 마는 것이
제 버릇인 줄을 결코 모르고 있지 않았읍니다.
이제 남은 추위야 西山 落日인 터에
자라목이 걸어 봐야 강건너가랴 싶습니다.

어제 아버님 서신 받았읍니다.
지난 번에 보내주신 약은 계속 사용하고 있읍니다.
어머님 형님 영석이 모두 편안하리라
믿습니다.

燃黎室記述은 꼭 읽고 싶지는 않습니다.
그보다는 영석이한테 부탁한 東洋近世史(日版)와
漢文敎本(文庫版)을 구해보시기 바랍니다.
漢文読解 때문에 한문교본을 한번 읽었으면
합니다. 문고판으로 刊行되었단 말 들었읍니다.
천천히 보내주셔도 됩니다.

머잖아 진달래 필 듯합니다.
겨울은 봄을 준비하느라 그리도 추웠던 모양입니다.
감기 앓지 않고 건강합니다. 아버님의 건강하심을 빌며
이만 그치겠읍니다.

　　　　　2月 20日

　　　　　　　　　　영 복 올림.

〈아버님 전상서〉

꽃을 시새움하는 풍설에도 아랑곳없이 봄은 어김없이 찾아옵니다.
春水滿四澤, 봄風物의 特徵을 花에 구하지 않고 水에서 찾은 陶淵明의 그 卓絶한 詩情이 이해될듯 합니다. 눈녹은 자리에 물고이고, 물위에 내리는 早春의 陽光은 冬眠한 마음마다 그냥 꿈이라 하겠읍니다.

보내주신 서신과 영치금 잘 받았읍니다.
내내 몸건강하게 잘 있읍니다. 어머님께서 자주 꾸중하셨듯이 전에는 몸 간수에 무던히도 게을렀읍니다만 징역사는 동안 몸 간수만은 늘 탈만치 부지런해 졌읍니다. 그래서인지 이번 겨울은 감기 앓지 않고 넘겼읍니다.

오히려 어머님 아버님의 건강이 가끔 걱정되기도 하고 적적하시겠다 마음 쓰이기도 합니다.

漢文解讀은 역시 아버님의 말씀 같이 文章을 多讀하여 文理를 攄得하는 방법이 正道이자 捷徑임을 알겠읍니다. 요즈음은 千字文 註解를 읽고 있읍니다. 典據를 일일이 밝힌 자상한 해설이 매우 도움됩니다.
東洋史와 漢文冊은 보내시지 않기 바랍니다.

비염증에 쓸 연고와 운동화(흑색 10문7)를 보내주시기 바랍니다.
형님 영석이 모두 편안하리라 믿습니다.
이만 각필 하겠읍니다.

3月 13日 영복 올림.

〈 아버님 전상서 〉

지난번에 보내주신 편지와 약, 운동화 모두
받았읍니다. 액티피드를 복용하고 프레마이신 연고를
발랐더니 거의 완치된 것 같습니다.
그러더라도 계속 치료하고 있읍니다.
코 안이 충혈되면서 조금씩 허는 정도의
극히 가벼운 症勢입니다. 염려하시지
않기 바랍니다.

몸건강히 잘 지내고 있읍니다.
春來不似春. 아마 閏四月 때문에
이렇듯 봄이 느린지도 모르겠읍니다.
그러나 저희들은 벌써 겨울철의 두꺼운
털내의들을 벗어서 세탁해두고 한결
가벼운 마음으로 책을 마주하고 있읍니다.
旣耕亦已種 時還讀我書. 문득 故人의
詩句가 생각납니다. 검열필

저는 전에도 말씀드렸듯이 결코 많은 책을
읽으려 하지 않습니다. 一切의 實踐이 排除된
條件下에서는 책을 읽는 시간보다 차라리
책을 덮고 읽은 바를 되새기듯 생각하는
시간을 더 많이 가질 필요가 있다 싶습니다.
지식을 넓히기보다 생각을 높히려 함은
思沈하여야 思無邪 알 수 있다고 생각되기
때문입니다.

환절기 일수록 더욱 건강에 유의하고
있읍니다. 어머님 형님 영석이 모두 평안
하시길 빌며 이만 그칩니다.

4月 3日 영복 올림.

〈美女만 고르는 동생에게〉
— 너의 결혼을 바라며 —

「美」字는 「羊」「大」의 會意로서 양이 크다는 뜻이다. 우리의 선조들은 큼직한 양을 보고 느낀 감정을 그렇게 나타낸 것이다. 그 고기를 먹고 그 털을 입는 양은 당시의 物物的 生活의 基本이었으며, 양이 커서 생활이 풍족해질때의 그 푼푼한 마음이 곧 美였고 아름다움이었다. 이처럼 모든 美는 生活의 表現이며 具體的 現實의 緖情的 整頓이다. 그러므로 우리의 생활 바깥에서 美를 찾을수는 없다. 더우기 생활의 임자인 人間의 美에 있어서는 더욱 그렇다. 容貌나 脚線등 造形上의 構圖만으로 인간의 아름다움을 판단할수 없음은 마치 空間을 피해서 달아나거나 時間을 떠나 存在하거나, 쉽게 말해서 밑바닥이 없는 구두를 생각할 수 없음과 마찬가지 이다. 그러므로 너는 먼저 그녀의 生活目標의 所在를 확인하고 그 生活의 姿勢를 관찰하며 나아가 너의 그것들과 비교해 보아야 할 것이다. 사랑이란 서로 같은곳을 바라보는 것이다.

「아름답다」는 것은 「알만하다」는 熟知, 可知의 뜻이다. 이것은 우리에게 美意識의 形成과 美的 價値判斷의 훌륭한 열쇠를 주고있다. 이를테면 너의 머리속에 들어앉은 이러저러한 女人像이 바로 너의 美女判斷基準이 되고있다. 其實 너는 私製의 度量衡器로서 測定하고 있을 뿐이다. 그래서 네게 아름다운 (可知) 女子가 어머니께는 모름다운 (非知) 女子가 되는 差異를 빚는다. 여기서 말해두고 싶은 것은 너의 여성미 기준이 혹시 메쓰·컴이나 浮沈하는 流行의 浸潤을 당하고 있지나 않는가 하는 의문이다. 스스로의 窄小한 視野에 대한 반성이 있다면 人生의 어려움을 몸소 체험한 老人들의 達視과 그 親照의 眼目을 낡았다고 비양하지는 못할 것이다.

美는 또한, 新鮮美 즉 美의 持續性을 그 本質로 한다. 花無十日紅이란 말이 있거니와 부단히 自己를 更新하지 않는限 美는 持續되지 않는다. 停滯性은 美의 反語이며 倦怠의 同意語이다. 그러므로 너는 그녀가 어떠한 女子로 變化·發展할 것인가를 반드시 料量해 봐야 한다. 착한 아내 고운 며느리 친절한 엄마 인자한 시어머니 자비로운 할머니 등 肯定的 미래로 열려있는 여자인가 현재속에 닫혀있는 여자인가를 살펴야 한다. 이것은 현재를 고정불변한 것으로 完結하지 않고 과거와 미래의 연관 속에서 변화발전의 부단한 과정으로 인식하는 철학적 태도이며 現實性 보다는 그 可能性에 눈을 모으는 動態的 視角이다.

나는 이 편지로 네게 女子를 고르지 말라거나 美女를 피하라는 것이 아니라 결혼에 임하여 美의 의미를 새로이 하는 기회를 갖도록 하잘 뿐이다. 사실이지 사람이란 사과와 같은 선택의 대상이 아니라 人生의 伴侶이며 生活을 통하여 同化·形成 되어간다는 점에서 우리는 면밀한 선택으로부터 좀 대범해져도 좋을 것이다. 「父母나 兄弟를 선택하여 出生하는가」라는 質問 앞에서는 답변이 없어진다.

너는 아직도 「같은 값이면 다홍치마」라 하겠지만 요즘 세상에는 같은 가격이면 그 염색료 만큼 천이 나쁜 치마이기 십상이다. 너 쨋든 금년에는 네가 결혼 하기 바란다.

× × ×

아버님 어머님 平安 하시리라 믿는다. 지난달에 보내 주신 편지와 영치금 잘 받았다고 여쭙고, 창작과 비평 겨울호는 부치지 않도록 하여라. 치염 비염은 이제 거의 나은 셈이다. 再從弟 다녀 갔다.

1. 13. 대전에서

형 씀.

〈 아버님·어머님 전상서 〉
— 어버이날을 이틀 앞두고 —

형님 편에 소식 잘 들었읍니다.
저도 건강하게 지내고 있읍니다. 형님께서도
거듭 당부하였읍니다만 제자신 특히 換節期를
당하여 健康에 倍加의 각별한 관심을 기울이고
있읍니다. 己身의 健康이 孝之始라 읽었읍니다.

이곳의 저희들은 단지 건강만을 걱정할뿐 아니라
징역살이가 그저 虛送歲月로만 끝나지 않도록
저마다의 達成을 위하여 꾸준히 애쓰고 있기도
합니다. 이러한 노력이 과연 얼마큼의 結實을
가져올런지 의문이 없지 않읍니다만 어려운 條件
속에서 固執하는 그 姿勢만은 높이 사야
하리라 믿습니다.

저는 언젠가 아버님께 말씀드린 바와 같이,
「무엇을 익힐 것인가」 라는 自己伸長의 立場 보다는
「무엇을 버릴 것인가」 라는 自己改造의 立場을
더 重視해 왔으며 「넓은 知識」이라는
知的 成就 보다는 「높은 생각」이라는 品性의 陶冶를
先行시키고자 노력해 오고 있읍니다. 立身行道 孝之終也.

지난 달에는 비록 鉄網을 隔하긴 하였읍니다만
아버님 어머님을 나란히 뵈옵고 훨씬 마음이 가벼워
진듯 하였읍니다. 내내 건강하시길 빕니다.
보내주신 서한과 책 잘 받았읍니다.

이제 그 무거운 솜옷도 벗고 겨울내의 들도 빨아서
넣었읍니다. 바야흐로 여름채비를 시작하고 있읍니다.

　　　5月 6日.　　대전에서
　　　　　　　　　영 복 올림.

새해에 어머님께
— 좋은 시어머님을 바라며 —

그간 아버님께서도 안녕하시며 가내 두루 평안하시리라 믿습니다.
내일이 대한이니 추위도 지금이 한창입니다.
지난해에는 이사에다. 영석이 결혼에다.
거푸 대사를 치루시느라고 무척 바쁘셨을 줄 알고 있습니다.

지난 정초에는 교도소의 접견실 유리창을 격하고서 제수씨를 처음 인사하였습니다.
그 딱한 장소에서 더구나 깜짝하는 짧은 틈에 무슨 인사가 되기나 하겠읍니까만, 저로서는 이제 우리 집 사람이 한사람 더 늘었구나 하는 다소 봉건적인(?) 생각으로 마음이 흐뭇하였읍니다.

결혼하고 곧 집에 와서 어머님을 모시고 있다니 어머님께서도 매우 흡족하시리라 생각됩니다.
저는 이따금 시어머님이 되신 어머님을 상상해 봅니다.
그리고 어머님께서는 그 다감하신 성정이, 비록 젊은시절에는 더러 잔소리로 나타나기도 했지만, 지금은 무척 인자한 시어머니가 되게 하리라 믿습니다.
종일 시부모님을 곁에서 모시지는 못하지만 직장을 가진 며느님을 더욱 대견해 하시며, 며느리 뒤치닥거리를 조금도 귀찮아 하시지 않으며, 자식이 상전이라며 더욱 아껴 주시는 좋은 시어머님이 되시리라 믿고 있읍니다.
그리고 아버님께서는 아마 어머님보다 더 자상한 시아버님이 되시리라고 생각합니다. 형수님께 한문과 붓글씨를 가르치시려던 그 자부에 대한 사랑은, 생각하면 지금도 큼직한 감동이 되어 안겨옵니다.
제가 어머님께 바라고 싶은 것은 젊은 사람한테 자꾸 배우시라는 것입니다. 옛날같지 않아 이제는 점점 젊어 가는 노인이 되셔야 합니다. 진정 젊어지는 비결은 젊은이들로부터 새로운 것을 배우는 길밖에 없는 것입니다.   어머님의 건강을 빕니다.

                                   1. 19. 영복 올림.

〈弟嫂氏께〉
— 겨울을 넘기며 —

囚人들은 늘 壁을 만납니다.
通勤길의 市民이 「stop」을 만나듯, 사슴이 엽사를 만나듯
囚人들은 懲役의 到處에서 늘 벽을 만나고 있읍니다.
가련한 自由의 時間 — 꿈 속에서마저 벽을 만나고 마는 것입니다.
무수한 벽과 벽사이, 運身도 어려운 角진 空間에서,
우리는 부단히 思考의 壁을 헐고자 합니다. 생각의 지붕을
벗고자 합니다. 胸懷灑落. 光風霽月. 그리하여
이윽고 「曠野의 목소리」를, 달처럼 둥근 마음을 기르고 싶은 것입니다.

    ×

아버님 서한에 六年來의 酷寒이라고 하였읍니다만
그런 추위를 실감치 않았음은 왠 일일까.
深冬의 氷寒, 溫氣 한점 없는 冷房에서 우리를 덮어준 것은
동료들의 体溫이었읍니다.
추운 사람들끼리 서로의 체온을 모우는 동안, 우리는
冷房이 가르치는 「벗」의 의미를, 겨울이 가르치는 「이웃의 体溫」을
조금씩 조금씩 이해해 가는 것입니다.
이제 立春도 지나고 머지않아 江물이 풀리고 다사로운 春風에
이른 꽃들이 필 무렵, 겨우내 우리의 몸속에 심어둔 이웃들의 체온이
송이송이 빛나는 꽃들로 피어날런지. 人情은 꽃들의 웃음소리.

    ×

旧正 때 보낸 편지와 영치금 잘 받았읍니다. 염려하는 사람이
한 사람 더 늘었다는 기쁨은, 흡사 少年들의 그것처럼 친구들에게
자랑하고 싶고, 보이고 싶고……
弟嫂와 媤叔의 사이가 「어려운 관계」라고들 하지만, 그것은
우리 時代의 것은 아니라고 믿습니다.   현재로서는
勿論, 동생을 가운데 둔 관계이며, 「生活의 共有」를 기초로 하지
않은, 또 그만큼 人間的 理解가 不足한 관계라는 사실을
없는 듯 덮어두자는 것은 아닙니다. 그러나, 앞으로는 어차피
가족의 일원으로서 생활을 共有하지 않을 수 없다는 장래의 紐帶를
미리 假構하기도 하고, 또 편지를 쓰면 「消息의 共有」쯤 당장부터도
가능하다는 점에서 「어려운 관계」의 그 어려움이 차차 가시리라
생각합니다. 서로의 건투를 빕니다.
이 편지는 병원으로 보내려 합니다.

        2.11 대전에서 「작은 형」 씀.

〈 아버님 전상서 〉
— 봄철에 뛰어든 겨울 —

가는 척 하던 겨울이 라면 역습해 왔읍니다.
겨울의 심사를 잘알고 있는 우리는 기다리던 사람을
맞이 하듯 조금도 당황하지 않습니다.
어디서 철모르는 蛙公이,
성급히 고름을 풀던 꽃잎이
이 눈발에 얼지나 않는지.
해마다 봄은 피다가 옅은 꽃을 들고.

冬嶺 넘어 아픈 걸음으로
늦어서 수줍은 걸음으로
그렇지만 配達夫 보다 먼저 오는 것입니다.

　　　　×　　　　　×

이달 초순께 둔가 영석이 전주로부터 다녀갔읍니다.
아버님의 편지 잘 받았읍니다.
어머님께서 다소 적적 하시겠읍니다만 가내 두루
평안 하시리라 믿습니다.
저도 건강하게 잘 있읍니다.
봄철, 가을철은 징역살이로도 좋은 계절입니다만
이곳에서는 봄가을이 바깥보다 유난히 짧아서
「춥다」에서 바로「덥다」로, 「덥다」에서 바로
「춥다」로 直行 해 버립니다.
징역속에는 「춥다」와 「덥다」의 두계절만 存在 합니다.
直截한 思考, ○×式 問題 처럼
모든 中間은 陷没하고 없읍니다.

　　×　　　　×

아버님께서 감기 뒤가 잘 조리 되시기를,
그리고 어머님께서 내내 건강 하시길 빕니다.

　　　　　3. 25　　대전에서
　　　　　　　　　영　복　올림

〈아버님、어머님 앞으로 書〉
― 어버이 날의 所懷 二端 ―

接見 때 마다、애써 아픈 마음을 누르시고
될 수록 담담하게 이야기 하시는、아버님 어머님의
그 각별하신 배려 앞에서 저는 훨씬 밝은 마음이
됩니다. 了史의 골목골목에는「눈물을 보이지 않는 어머니」가
혼히 강한 아들을 만들어주는、별처럼 반짝이는
이야기가 군데군데 살아 있읍니다.
애써 지으시던 담담하신 모습.
그 속에 담긴 엄한 가르침을 저는 모르지 않읍니다.

          ×   ※   ×

「修身·齊家·治國·平天下」
이 大學章句의 眞意는 그 時間的 順次性에
있지 않고、오히려 그 各各의 相互연관성、그 전체적
통일성에 깊은 뜻이 있으리라고 생각 됩니다.
齊家 바깥의 修身을 생각 할 수 있겠읍니까. 있다면
그것은 수신이 아니라 其實 小乘의 木鐸이거나 아니면
한낱 제 몸의 소라껍데기에 불과한 것이 아니겠읍니까.
治國 앞선 齊家란 결국 富豪의 猛犬과 그 높은
담장을 연상케 합니다. 平天下를 도외시한 治國. 이것은
日帝의 침략과 횡포를 그 본보기의 하나로 하고 있는 것입니다.
제 비가 날아오니 봄이 되는 것이 아니라 봄이기 때문에
제 비가 날아 오는 것일 터입니다. 朝中之氷 이
歲暮를 이끄는 것이 아니라 歲暮의 寒氣가 氷을 만든다는
그 明白한 이치를 상기 하며 저는 이따금 大學章句와
함께 孝經의 孝之始終 句節을 黙誦해 봅니다.

     5 月 3 日   대전에서
                    영 복 올림.

아버님 전상서
── 五月의 金요일을 기억하며 ──

五月의 金요일, 오랫만의 자리였읍니다.
아버님 어머님 곁의 그 자상하신 배려 속에
앉았던 기억이 지금도 신선하게 남아 있읍니다.
이 기억은, 아버님의 서한을 받고, 매번 겉봉에 쓰신
붓글씨의 제 이름을 읽을 때의 느낌과 함께,
제 자신의 成長을 위하여
자칫 결여되기 쉬운 人間的 眞實을
그 바닥에 깔아 주고 있읍니다.

雜草를 뜯어서 젖을 만드는 소처럼
저는 간고한 경험일수록 그것을
成長의 자양으로 삼을까 합니다.

　　×　　　　　×

生日宴을 다녀가신 뒤 부송해 주신
필묵과 샤쓰, 그리고 서신 받았읍니다.
그날 말씀드린 岩波新書, 映畵の理論
(岩崎 昶), 民象と演芸(福田定良),
두권을 한번 찾아 주시기 바랍니다.

　　×　　　　　×

여름더위 속에서는 책도 힘들어 집니다.
여름은 역시 「避書」의 계절입니다.

　　×　　　　　×

어머님의 건강과
부군의 누님께도 평안하시길 빌면서
이만 그칩니다.

　　　5월 31日　　영복 올림.

季嫂氏께

하늘의 비행기가 속력에 의하여
떠 있음에서 알수 있듯이,
生活에 指向과 速力이 없으면
생활의 諸側面이 一貫되게 整頓될수가
없음은 물론, 자신의 力量마저 금방 風化되어
無力해지는 법입니다.

나는 季嫂氏의 편지를 읽고 문득
季嫂氏께서는 "일"을 갖는 편이 좋겠다고
생각하였읍니다. 가정에도 물론 家事라는
이름의 상당한 일거리가 없지 않습니다.
그러나 그것은 대부분이 美化된 消費行為
일뿐, 能力과 価値를 創造하는
生産 그 自体 와는 구별되는 것이라 믿습니다.

얼마전에 읽어본 "女性解放의 理論과
現実"(李効再編, 創批新書)을 추천합니다.
이 책은 이 時代의 女性들이 무엇을 추구하고
있는가에 대하여 매우 新鮮한 視点을
제공해 주리라는 것을 의심치 않습니다

5. 20日付 편지와 돈 잘받았읍니다.
(5. 6日付 편지와 돈도 받고 답장 드렸읍니다.)

6월 2일 대전에서
작은 형 씀

〈 아버님께 칠월에 〉
— 글씨와 그림과 人間 —

비가 내려 며칠째 시원하게 지내고 있읍니다.
유월 중에는 여러번 접견이 있어서 소식을 잘 듣고
있읍니다. 아버님께서 보내주신 화선지와 편지 받았읍니다.
그리고 지난 주에는 동생이 접견 와서 油畵具 일체를
넣어 주었읍니다. 李 嫂씨 편에 말씀들어서서 아시리라고
믿습니다만 저는 그동안 새로 구성된 書畵 班로 옮겨와서
月餘째 그림과 글씨를 공부하고 있읍니다.
            ×   ×

글씨를 쓰고 그림을 그리고 있다고는 하지만 저로서는 옛 선비들이
누리던 그 悠悠한 風流를 느낄 수 있는 입장도 못되며, 그렇다고
자기의 모든 것을 들인듯 바칠만큼 芸術에 대한 집념이나 소질이
있는 것도 아닐 것입니다.
이것은 제 자신의 姿勢가 확립되지 못하고, 아직은
어떤 애매한 「可能性」에 기댄 채 머뭇거리고 있음을
나타내는 것이기도 합니다.
그러나 저는 훌륭한 作品을 만들려 하기에 앞서, 붓을 잡는
자세를 성실히 함으로써 먼저 뜻과 品性을 닦는,
오히려 「먼 길」을 걸으려 합니다. 그리고 이러한 뜻과
품성이 비로소 훌륭한 글씨와 그림을 가능하게 하리라고
믿고 있읍니다. 人道는 芸道의 長葉을 뻗는 深根인 것을,
芸道는 人道의 大河로 향하는 시내인 것을, 그리하여
最高의 芸術作品은 결국 「훌륭한 人間」,
「훌륭한 丁夫」라는 사실을 잊지 않으려 합니다.
            ×   ×

금년도 벌써 반 넘어 칠월입니다.
이 각박한 토양에도 雜草들은 여기 저기, 심지어
벽돌담 꼭대기에도 그 질긴 생명의 뿌리를 박아 놓고
있읍니다. 역시 여름인 줄을 알겠읍니다.
            7. 5.   대전에서   영 복 올림

< 아버님 전 상서 >
— 新行紀念 旅行을 기뻐하며 —

그간 가내 두루 무安하시리라 믿습니다.
우송해 주신 엽서들과 편지 잘 받았습니다.

 ×   ×

지난번 편지에서 자세히 말씀해 주신
「53回 新行紀念 旅行」(?)은 흐뭇한
마음으로 읽었습니다.
伴侶와 行先地가 있는 旅行을 흔히
人生에 비유하기도 합니다마는,
칠십 평생을 돌이켜 보시는 아버님의 여행을 읽고
저는 그것이 단지 史蹟이나 勝地의 玩賞이기에
앞서 「人生」에 대한 어떤 肅然한 觀照가
아니었을까 하는 느낌입니다.

 ×   ×

겨울이 또 다가오고 있지만
이곳의 저희들은 여전히 건강합니다.
다만, 「如前한」 생활속에 「如前한」 內容이
담기면 담긴채 굳을까 걱정입니다.
고인물. 整頓된 물. 그러나 썩기 쉬운 물.
명경같이 맑은 물. 얼굴이 보이는 물,
그러나 작은 돌에도 깨어지는 물입니다.

 ×   ×

겨울이라고 따로 內衣나 양말을 보내지
마시기 바랍니다. 필요한 것은 편지로
말씀드리겠습니다.

9. 13.   영 복 올림.

아버님 전상서

그간 家內 두루 무고 하시리라 믿습니다.
日前에는 제수씨가 內衣, 양말, 수건 등을 소포로
보내와서 마침 요긴하게 쓰고 있읍니다.

×　　　　×

겨울이 유난히 이른 이곳의 저희들도 벌써 겨울옷들을
찾아 놓고 다가올 추위에 대비하고 있읍니다.
書臺 태로은 工場 보다 독서할 시간이 많아서 이번 가을겨울은
例年보다 많은 책을 읽을 수 있을 것 같습니다.
요즈음은 역사책을 자주 읽게 됩니다. 丁맛 책에서는
심지어 같은 책인 경우에도 매번 새로운 視角을
얻게 됩니다.   서말 구슬처럼 많은 史實을 실에 꿰어
하나의 念珠로 整頓할 수 있다면 좀처럼
史森의 迷兒가 되지는 않을 것입니다.

×　　　　×

글씨와 그림도 꾸준히 하고 있읍니다.

日休畵幅裏
時坐墨香中.

그림 속에서 이따금 피곤한 마음을
쉬기도 하고, 墨書 앞에서는 산만한 생각을
여미어 바로 잡기도 합니다.

×　　　　×

어머님께선 이번 가을에도 한차례 바쁜 일을
하시게 되겠읍니다. 김장, 간장....
내내 건강하시길 빕니다.

　　　　9월 28 대전에서
　　　　　　　영 복 올림.

아버님 전상서
— 黎明, 봄은 窓門만큼 —

어머님을 비롯하여 家內두루 春安하시리라 믿습니다. 서신, 영치금 그리고 책 모두 잘 받았읍니다.

얼마전 開港期以後를 다룬 李瑄根氏의 著書를 읽었읍니다. 勿論 硏究論文도 아니고 史實의 選擇에 史觀이, 羅列에 體系가, 그리고 敍述에 深度가 不備된채 史談같은 것이었읍니다. 그러나 그속에 풍부한 素材를 담고 있어서 当時의 狀況을 迫眞하게 알도록 해줍니다. 「史」에 있어서 素材는 評價에 앞서 充分히 涉獵되어야 한다는 점에서 매우 有益하였읍니다.

「開港期의 商業硏究」는 그 商業的 性格, 外生的 動因, 및 植民地的 特質이 韓國資本主義 發達過程에 어떠한 歪曲을 주는가를 이해하는데 하나의 效果的인 接近이 되리라 생각합니다.

어제 오늘 흙뿌리는 雨脚에는 아직도 春寒이 스산하게 느껴집니다만 이내 줄기를 타고 올라 유록빛 잎새로 빛날 생명같은 것이 번뜩입니다. 아무튼 봄은 창문가득 만큼 다가앉읍니다.

3月 24日   대전에서
          영 복 드림.

〈아버님께 드리는 글〉
― 堂狗가 風月을 咏하듯 ―

제가 畵道를 云謂하다니 堂狗의 吠風月 짝입니다만
葉書 위의 수다(잡담)으로 보면 條理가 빈다고 허물이겠습니까.

일껏 붓을 가누어 조신해 그은 畵이 그만 비뚤어 버린때, 저는 우선 그 부근의
다른 畵의 위치나 모양을 바꾸어서 그 失敗를 救하려 합니다.

이것은 물론 지우거나 改漆하지 못하기 때문이기도 하지만 실상
畵의 成·敗란 畵 그 자체에 있지 않고 획과 획의 「關係」속에 있다고
이해하기 때문입니다. 하나의 畵이 다른 畵을 만나지 않고 어찌 저 혼자서
「字」가 될수 있겠습니까. 畵도 흡사 사람과 같아서 獨存하지 못하는 반쪽인듯
합니다. 마찬가지로 한 「字」가 잘못된 때는 그 다음 字 또는 그 다음다음 字
로서 그 결함을 보상하려고 합니다. 또 한 「行」의 잘못은 다른 行의 配慮로,
한 「聯」의 실수는 다른 聯의 構成으로서 감싸려 합니다. 그리하여 어쩌면
잘못과 실수의 累積으로 이루어진 ── 失敗와 報償과 欠陷과 謝過와
努力들이 얽綴된, 그러기에 더 愛着이 가는, 한 폭의 글을 얻게 됩니다.

이렇게 얻은 한 폭의 글은, 畵·字·行·聯 들이 大小 强弱·太細,
遲速, 濃淡 등의 여러가지 형태로 서로가 서로를 의지하고, 양보하며
실수와 결함을 감싸주며 간신히 이룩한 成就입니다. 그중 한 字,
한 畵이라도 그 생김생감이 그렇지 않았더라면 와르르 열개가 전부
무너질뻔한, 심지어 落款까지도 전체속에 융화되어 均衡에
한 목 참여하고 있을 정도의, 그 피가 통하듯 濃密한「相互連繫」
와 「統一」속에는 이윽고 墨과 餘白, 黑과 白이 이루는 대립과 조화,
그 「對立과 調和」그것의 統一이 創出해 내는 드높은 「質」이 가능할
것입니다. 이에 비하여 규격화된 字, 字, 字의 단순한 量的 集合이
우리에게 주는 느낌은 줄 것도 받을것도 없는 남남끼리의 그저 냉랭한 群棲
일뿐 거기 어디 악수하고 싶은 얼굴하나 있겠습니까.

유리窓을 깨트린 잘못이 유리 한장으로 보상될수 있다는 생각은,
사람의 手苦가 人情이 排除된 一定額의 貨幣로 代償될수
있다는 생각만큼이나 쓸쓸한 것이 아니겠습니까.

畵와 畵 間에, 字와 字 間에 붓을 세우듯이, 저는 墨을 갈적
마다 人과 人 間의 그 뜨거운 「連繫」위에 서고자 합니다.

　　　　　×　　　　　×

춥다가 아직 덥기 전의, 四月도 한창때, 좋은 時節입니다.
다음 접견때 책들 차입하도록 해주시기 바랍니다. 수속이 간단히
끝날수 있도록 따로 포장해 두었습니다.
전에 구해 두셨다는 맹자(孟子) 보내주셨으면 합니다.
이만 각필하겠습니다.

　　　　　四月 十三日　　　영복 드림.

〈 아버님 前上書 〉
― 五月의 新綠을 바라보며 ―

보내주신 서한과 孟子, 그리고 韓國近代史硏究 잘 받았읍니다. 어머님을 비롯하여 家內두루 平安하실 줄 믿습니다.
저는 이달부터 行狀級數가 2級으로 進級되어 書信과 接見이 매월 4회씩 허용됩니다.
자주 편지드리겠읍니다.

義兵關係文獻의 번역을 도운다면서 겨우 저의 漢文工夫나 하고 있는 정도입니다만, 義兵日記 속에는 많은 사람들과 그들의 生活이 敍述되고 있어서 여태껏 추상적으로 이해해온 「義兵」에 대한 그 觀念性이 除去되고, 마치 當時를 방문하여 그들을 만나고 온듯한 「現場性」을 얻게 됩니다. 만약 丁史現象이 化石처럼 그 생명력(人間)이 枯渴된 몇組의 「觀念」으로서 받아들여진다면, 丁史는 剝製처럼 「外形」만 남겠다는 생각을 禁할 수 없읍니다.

孟子는 精讀해 보려고 합니다. 論語보다 長文이라 文理를 터우는데는 더 낫다고 들었읍니다. 저는 古典解讀에 우선 漢字의 語彙가 달리기도 합니다만 字訓의 多岐함에 더 애를 먹습니다. 물론 讀解의 絕對量이 많아지면 지금 느끼고 있는 隘路들 중의 상당한 부분이 解消될 수 있으리라고 믿습니다. 그저 愚直하게 외곬으로 읽어나가는 것만 못한줄 알고 있으면서도, 무슨 便法이나 捷徑이 없나 자주 살피게 됩니다. 이것은 關心의 浪費가 아닐 수 없읍니다.

五月. 窓 밖의 몇점 新綠에 이따금 피곤한 視線을 기대어 쉬곤 합니다.

4월 27일
영 복 올림

유월에 아버님께.
— 토요일 오후 종이 타는 냄새 —

5月 25日付 서한 잘 받았습니다. 歸路에 온양을 둘러 현충사 境內를 돌아보셨다는 글월을 읽고 저도 同乘한듯 기뻤습니다.
6月. 여름 더위가 시작되는 달입니다. 제게는 또 避暑의 季節이기도 합니다.

×　　　　　×　　　　　×

어느 화창한 토요일 오후쯤 마침 밀린일도 끝나고 지킬약속도 없는 — 담배 한개피 정도의 여가가 나면, 저는 곧잘 그동안 어지러워진 책상설합을 쏟아놓고 웬만한 것이면 죄 마당에 내다 태우곤 하였읍니다.
都會地 一隅에서 종이를 태우는 냄새, 이것은 비록 낙엽에다 견줄수는 없지만, 가지런히 정돈된 설합의 개운함과 함께 제게는 簡易驛 같은 작은 休息의 記憶, 새로운 일이 시작되는 「創意의 産室」같은 記憶으로 남는 것이었읍니다.
징역살이 속에는 물론 토요일 오후의 그 상쾌한 餘裕가 있을리 없읍니다. 그러나 無期懲役이라는 길고 어두운 挫折속에는 햇빛날을 기다리는 묵직 장한 思索의 鑛床이 原始대로 묻혀 있음을 발견하였읍니다. 저는 우선 제 思考의 설합을 엎어 전부 쏟아 내었읍니다. 그리고 버리기 시작 하였읍니다. 아까울정도로 과감히 버리기로하였읍니다. 지독한 「知識의 私有慾」에, 설푼 「觀念의 野積」에 놀랐읍니다. 그것은 늦게 깨달은 저의 恥部였읍니다. 事物이나 認識을 더 복잡하게 하는 知識, 實踐의 指針도, 실천과 더불어 발전하지도 않는 理論은, 분명 榾栳이었읍니다. 이 모든 질곡을 버려야 했읍니다. 蹟驕擔簽 —— 언제 어디로든 가뜬히 떠날수 있는 최소한의 소지품만 남기기로 하였읍니다. 그래서 저는 하나씩 조심해서 하나씩 챙겨 넣기 시작하였읍니다. 그러나 이 取捨의 作業은 책상설합의 경우와는 判異해서 쉬이 버려지지도 쉬이 챙겨지지도 않았읍니다. 秦王의 焚書나 坑儒의 徒勞를 聯想케하는 참담한 失敗를 되풀이 하지 않을수 없었던 까닭은 버려야할 「것」, 챙겨야할 「對象」이 둘다 설합속의 「物件」이 아니라 보다 그 자체인 「行」이기 때문이라 생각되었읍니다. 그럼에도 그나마 정돈 할수 있었던 것은, 무엇보다 징역살이라고 하는 浴湯속같이 赤裸裸한 人間關係와, 全生活의 公開, 그리고 禪僧의 話頭처럼 이것을 은밀히 反芻할수 있었던 面壁十年의 瞑想에 커다의 恩宜를 돌려야 하리라고 생각 합니다.
十年. 저는 많은 것을 잃고, 또 많은 것을 버렸읍니다. 버린다는 것은 아무래도 조금은 서운한 일입니다. 그러나 한편 생각해 보면 버린다는 것은 상처를 쏟아내는 —— 더 큰 것을 키우는 손길이기도 할 것입니다.

六月 八日　　대전에서
영 복 올림.

《 아버님께서 자주 출장가셔서
더 적적한 어머님께 》

17日付 아버님의 下書와 「創作과 批評」
잘 받았읍니다. 그간 家內 평안하시리라
믿읍니다.

× ×

저의 눈은 오른쪽의 視力이 약하고 자주
充血이 되고 있읍니다. 25°정도의 眼鏡을
사용하도록 권유를 받고 있읍니다만 저는
책을 볼때만 사용할 안경이 하나 있으면
합니다. 왼쪽 눈은 아무 이상이 없기 때문에
이런 경우에도 안경을 사용하는 것이 좋은지,
또 사용한다면 左右의 度數가 각각 다른
것이라야 하는지, 등을 저는 알지 못합니다.
아버님께서 알아보신 다음에 조처해 주시면
좋겠읍니다.

× ×

지난달에 어머님을 가까이서 뵈오니
어머님께서는 이제 완연한 「할머니」 였읍니다.
칠십 老人이 아무려면 할머니가 아닐 리 있겠
읍니까만, 저의 마음에는 항상 젊은
어머님이 계십니다. 아마 제가 늘 그전 마음
으로 있기때문일지 모르겠읍니다.

어머님이 「할머니」가 되셨다는 이 당연하고
새삼스러운 事實이 도리어 제게 참 많은
생각을 안겨 줍니다.

유월 이십이일

영복 올림.

〈유월에 아버님께〉
── 여름도 봄인줄 알고 ──

우송해주신 돈 어제 入金되었습니다. 同封된 下書는 오늘 내일 받게 됩니다. 家內 두루 평안 하시리라 믿습니다.

늘 반복되는 生活 속에서 그나마 변함없이 변하는 것은 계절 뿐이라지만 그것도 실상은 春夏秋冬의 「反復」이거나 기껏 「변함없는 變化」에 불과 하다는 생각에 이르면 우리는 다시 답답한 듯한 마음이 됩니다.

이렇듯 답답한 마음에 큼직한 문하나 열어주듯, 지난 24일 하루는 「처소」(저희들은 담 바깥을 그렇게 부르고 있읍니다. 이를테면 사회사람, 사회김치, 처소製~등) 에 다녀왔읍니다. 희덕에 있는 産業基地開發公社를 둘러 大淸댐工事場을 견학한 優良囚社會參規이 있었읍니다.

우리가 가장 놀랐던 것은 엉뚱하게도 「바깥」은 봄철이 아니라 뜨거운 여름이었다는 錯覺의 發見이었읍니다. 季節의 寒暑에 아랑곳 없이 우리의 머리속에 그리는 바깥은 언제나 「따스한 봄 날」이었던 것입니다. 囚人들의 해바라기 같이 키운 憧憬 속에서 「바깥 처소」는 계절을 어겨가면서까지 한 껏 美化 되었던 셈입니다.

더위에 후줄건한 길가의 쇠비름이며, 工事場의 남포소리와 풀썩이는 먼지, 시골 아낙네들의 걷어붙인 옷자락……, 바깥은 한더위의 한 복판이었읍니다.

다만 直進의 高速道路위 그 鮮明한 白線과, 商店에 陳列된, 마치 紀念寫眞속의 아이들 같이 단정한 果實들의 隊伍만이 유독 여름을 拒否하는 어떤 「秩序」의 表情 같았읍니다.

돌아와 所門을 들어올때, 우리는 잠시 거기 接見室 부근을 서성이는 가족들의 마음이 되었읍니다.

6. 29.   영 복 드림.

〈아버님 전 상서〉
— 장마 끝나고 다시 여름입니다. —

7月 9日付 下書와 郵送해주신 眼鏡 잘 받았읍니다. 度數와 크기도 꼭 맞읍니다.
약한 돋보기 안경은 40代에 쓰는 것이라 하여 흔히 40鏡이라고 한다는 말을 듣고 저는, 저에게 40鏡을 보내 주시는 아버님의 심정이 어떠하셨을까 생각해 봅니다.
眼鏡 알을 닦을때 거기 어른거리는 얼굴을 만나게 됩니다. 40을 不惑이라 합니까.

　　　×　　　　　×

오늘은 周易을 보다가 슬며시 稚氣가 動하여 國語辭典의 페이지를 筮草삼아「雜卦火」의 占卦를 얻었읍니다.
象傳에 是以 畜牝牛吉也라 하여 암소처럼 柔和해야 吉하다고 했읍니다. 周易의 卦辭 爻辭가 어느것 하나 耳懸鈴鼻懸鈴 아닌것이 있겠읍니까만 東洋思想을 西洋의 그것과 구별케 하는 것중의 하나가 바로 이 柔를 剛보다 選好하는 態度, 이를테면 愚公移山과 같이 우매할 정도의 宏遠한 器量이 그런 것이 아닐지 모르겠읍니다.

　　　×　　　　　×

저희들이 있는 居室 바로 窓 바깥에 百餘盆의 菊花場이 있읍니다.
　　開花不倂百花叢　獨立疎籬意無窮
　　寧可枝頭抱香死　何曾吹墮北風中
봄 여름 내내 눈감고 있다가 더디 霜降에야 꽃을 피우는 菊花는 古人의 말처럼 隱者임에 틀림 없읍니다. 땡볕에서 밀짚모자 하나로 꽃 가꾸기에 정성인 園藝夫의 일손을 보고 있노라면 수유리로 이사오던 누님이 생각납니다. 貰家에 들면서도 먼저 花草부터 심고 가꾸던 누님의 마음씨 —— 그 花盆같은 마음속에서 꽃처럼 자라던 꼬마들이 생각납니다.

　　　　7. 18.　　　영복 올림.

< 칠월 말 아버님께 >
— 두개의 鐘소리 사이에서 —

새벽마다 저는 두개의 鐘소리를 듣습니다. 새벽 4시쯤이면 어느 절에선가 梵鐘소리가 울려오고 다시 한동안이 지나면 敎會堂의 종소리가 들려옵니다. 그러나 이 두 종소리는 서로 커다란 차이를 담고 있읍니다. 敎會鐘이 높고 연속적인 金屬声임에 비하여, 梵鐘은 쇠붙이 소리가 아닌듯, 누구의 나직한 音声 같습니다. 교회종이 새벽의 靜寂을 휘저어 놓는 闖入者라면, 꼭 스물아홉맥박마다 한번씩 울리는 범종은 「僧敲月下門」의 「敲」처럼, 오히려 寂寞을 深化하는 것입니다. 빌딩의 숲속 鐵製의 높은 鐘塔에서 뿌리듯이 흔드는 교회종소리가 마치 반갑지 않는 사람의 독촉 같음에 비하여, 이슬이 맺힌 山寺 어디쯤에서, 땅에 닿을듯, 地心에 傳하듯 울리는 梵鐘소리는 山이 부르는 목소리라 하겠읍니다. 교회종소리의 餘韻 속에는 플래쉬를 들고 손목時計를 보며 종을 치는 守衛의 바쁜 동작이 보이는가 하면, 끊일듯 끊일듯하는 梵鐘의 餘韻 속에는 不動의 修道者가 서 있읍니다.

梵鐘소리에 이끌려 도달한 思索과 靜謐이 敎會鐘소리로 유리처럼 깨어지고 나면 저는 주섬주섬 생각의 파편을 주운 다음, 제3의 전혀 엉뚱한 소리 ── 起床나팔소리가 깨울때까지, 내쳐 자버릴 때가 많습니다. 그러나 고달픈 囚情들이 잠든 새벽녘, 이 두개의 종소리 사이에 누워 깊은 생각에 잠길수 있다는 것은 작지만 기쁨이 아닐수 없읍니다.

저는 佛弟子도 基督徒도 아닙니다. 이것은 제가 「믿는다」는 思考形式에는 도시 서툴기 때문이라고 생각 됩니다. 제게도 사람을 믿는다거나 어떤 法則을 믿는 등의 소위 「믿는다」는 思考樣式이 없는 것은 아니지만 그런 경우의 믿음은 어디까지나 그 사람의 人格이나 客観化된 経験에 대한 理解와 評価의 綜合的 表現일뿐 결코 「理解에 基礎하지 않은 믿음」을 일방적으로 受容하는 태도와는 別個의 것이라 생각됩니다. 결국 梵鐘과 敎會鐘에 대한 褒貶이 저의 宗敎的 立場과는 因緣이 먼 것이며 그렇다고 일시적인 好惡나 感情의 傾斜에도 관계가 없는 것입니다. 이것은 아마 지금까지 저의 內部에 形成된 諸意識의 한 表出이 있는지 모르겠읍니다. 그렇기 때문에 저는 이 두개의 종소리 사이에 누워 저의 의식속에 潜在해 있을 몇개의 종소리에 귀기울여 봅니다. 外來文物의 渦中에서 성장해온 저희 世代의 意識속에는 필시 꺼야할 異質의 鐘소리들이 錯綜하고 있음에 틀림 없읍니다.

7. 27.   영복 올림.

〈立秋에 아버님께〉
―― 벼룻집속의 매직펜과 붓 ――

오늘이 立秋. 기승을 부리던 더위도 어제밤에 폭우를 맞더니 정말 오늘부터는 가을로 접어들려는지 아침 햇살이 뜨겁지 않습니다. 우송해주신 먹과 화선지 그리고 아버님의 下書 모두 잘 받았습니다. 어머님께옵서도 안녕하시고 가내 두루 평안하실줄 믿습니다.

× ×

저는 주로 붓으로 글씨를 쓰고있습니다만 가끔「매직·펜」으로 줄을 긋거나 글씨를 쓸 일이 생깁니다. 이 매직·펜은 매직잉크가 든 작은 병을 볼째 펜처럼 들고 사용하도록 만든 편리한 文房具입니다. 이것은 붓글씨와 달라 특별한 숙련이 요구되지 않으므로, 初步者가 따로 없습니다. 마치 피아노의 鍵盤을 아무나 눌러도 정해진 音이 울리듯, 매직펜은 누가 긋더라도 정해진 너비대로 줄을 칠수 있습니다. 먹을 갈거나 붓끝을 가누는 수고가 없어도 좋고, 筆法의 修鍊같은 귀찮은 노력은 더구나 필요하지 않습니다. 그뿐만 아니라 揮發性이 높아 건조를 기다릴 것 까지 없고 보면 가히 인스탄트時代의 寵兒라 할만합니다. 그러나 저는 이 모든 便宜에도 불구하고 이것을 좋아 하지 않습니다. 종이위를 지날때 내는 날카로운 摩擦音. —— 기계와 기계의 틈새에 끼인 文明의 悲鳴같은 소리가 좋지 않습니다. 달려들듯 다가오는 그 자극성의 냄새가 좋지 않습니다.

붓은 결코 소리내지 않습니다. 어머님의 약손같이 부드러운 감촉이 수줍은듯 은근한 그 墨香이, 墨의 깊이가 좋습니다. 秋毫처럼 가늘은 획에서 筆管보다 굵은 글자에 이르기까지 흡사 피리소리처럼 이어지는 그 幅과 柔軟性이 좋습니다. 붓은 그 사용자에게 상당한 量의 노력과 수련을 요구하지만 그러기에 그만큼의 愛着과 사랑을 갖게 해줍니다. 붓은 좀체 호락호락하지 않는 매운 지조의 선비 같습니다.

매직·펜이 実用과 便宜라는 西洋的 思考의 産物이라면 붓은 東洋의 精神을 담는 것이라 생각됩니다. 저의 벼룻집속에는 이 둘이 共存하고 있습니다만, 이것은 제가 소위「東道西器」라는 折衷의 論理를 首肯하는 뜻이 아닙니다.

折衷이나 綜合은 흔히 隱蔽와 糊塗의 다른 이름일 뿐, 丁史의 特定한 時点에서는 그 社會, 그 時代가 당면하고 있는 客観的 諸條件에 비추어, 비록 상당한 진리를 내포하고 있는 主張이라 하더라도 그 輕重, 先後를 峻別하고 하나를 다른 하나에 從属시키는 実践的 派黨性이, 도리어「時中의 真意」이며 中庸의 本道라고 생각됩니다.

저는 역시 붓을 選好하는 쪽입니다. 주로 도시에서 교육을 받아온 저에게 있어서 붓은 단순한 취미나 餘技라는 공연한 奢侈로 이해될 수는 없는 것입니다.

8월 8일.   영복 올림

＜아버님 전상서＞
― 비오는 구월 초하루에 ―

우송해 주신 책과 돈 잘 받았습니다.
同封하셨으리라고 여겨지는 下書는 오늘쯤 서신검열이 끝나는 대로 받게 될듯 합니다. 그간 어머님을 비롯하여 家內 모두 平安하실 줄 믿습니다. 저도 몸성히 잘 있습니다. 계수씨가 매월 잊지 않고 送金해주고 있어서 약도 사고 책도 몇 권 구입하여, 저는 비교적 넉넉히 생활하고 있습니다.

이번에 보내주신 책 세권은 전번에 우송해 주신 近代經濟史 관계의 책과 마찬가지로, 주로 李朝後期 社會에 관한 論文들로서 그간 제가 接해온 義兵關係資料들에 대하여 一定한 社會經濟的 土台를 제공해 주리라고 생각합니다.

어느 特定期에 관한 持續的인 關心과 系統的인 讀書는, (勿論 정강이 위에 책 한 권 달랑 얹어 놓고 따르르 읽어내리는, 그리고 시루에 물 빠지듯 쉬이 잊어버리는 징역 속의 '독서'와는 아예 인연이 먼 이야기이지만) 대부분의 讀書가 失足하기 쉬운 그 破片性, 衒學性을 除去해 준다는 점 하나만으로도 매우 유익한 것이라고 생각됩니다.

최근, 李朝後期 社會에 대한 부쩍 높아진 史學界의 關心은 이 조 후기가 ― 李朝初期의 君强·開創의 時期나, 中期의 臣强·黨爭의 時期와는 달리 ― 民衆이 무대 복판으로 성큼 걸어나오는 이른바 民强·民亂의 時期로서 從來의 王朝史를 止揚하고 民衆史를 定立하려는 이들에게 이 시기는 大변같은 뜻을 갖기 때문이 아닐지 모르겠습니다.
「土地」의 평사리 농민들, 「客人마을의 春山」, 「들불」의 여삼 등 이 시대를 살던 민중들의 얼굴을 찾아내려는 일련의 作家的 努力들이 傾注되기도 하는 듯합니다.

作家自身의 力量과 丁史認識의 차이가 反映된 各各 다른 表情의 얼굴들이 提示되고 있음은 오히려 당연한 結論이라 할 수 있겠습니다. 더욱이 이 시대의 延長線上 멀지 않은 곳에 가혹한 식민지 時代를 앞두고 있었던 우리의 丁史를 안다면 民衆의 表情이 결코 均一할 수 없음도 無理가 아니라 하겠습니다.

9월 1일

영 복 올림.

〈아버님 전상서〉
―― 人間의 溪谷을 오르내리며 ――

제가 편지를 올린 바로 그날, 아버님의 下書 두통을 함께 받았읍니다. 아버님의 「太白山 登攀記」를 읽고 저희들은 아버님의 登山 實力에 경탄을 금치 못하였읍니다. 海拔 1,546m의 망경봉을 4시간의 short간 등반으로 오르셨다니 놀라지 않을수 없읍니다. 젊은 이들의 번뜩이는 젊음과 더불어 太白의 峻嶺에 올라 東海의 日出을 굽어 보시는 아버님의 矍鑠하신 氣力과 「젊음」이 日出인듯 鮮然 합니다.

이곳의 저희들은 浩然한 登攀과는 대조적으로, 열리지 않는 方形의 작은 空間 속에서 內密한 思索과 省察의 깊은 溪谷에 沈潛하고 있는 셈입니다. 「一年은 짧고 하루는 긴 生活」, 그렇게 힘들게 살아온 나날도 돌이켜 보면 몇년전이 바로 엊그제 같이 허전할뿐, 무엇하나 담긴 것이 없는 生活, 손아귀에 쥐면 한줌도 안되는 솜사탕 부푼 구름같이, 생각하면 약소하기 짝이 없는 생활입니다.
그러나 비록 한줌이 안된다 해도 그속에 귀한 經驗의 精髓를 담고 있다는 점에서 끝내 「弱小」할 수만은 없는 생활이기도 합니다.
그 속엔 우선 「他人에 대한 理解」가 담겨 있읍니다.
우리는 거개가 他人의 失手에 대해서는 냉정한 반면 自身의 실수에 대하여는 무척 寬大한 것이 사실 입니다. 자기자신의 실수에 있어서는, 그럴수 밖에 없었던 자신의 處地, 迂餘曲折, 불가피했던 여러 事情을 잘 알고 있음에 反하여, 他人의 그것에 대하여는 그 처지나 실수가 있기까지의 過程全部에 대해 無知하거나 설령 알더라도 극히 一部밖에 이해 하지 못하므로 자연 너그럽지 못하게 되는 것이 아닌지 모르겠읍니다. 그러나 징역속의 同居는 他人을 이해하게 해 줍니다. 같은 방에서 아침부터 밤 까지, 하루 24시간, 1년 365일을 꼼짝 마주 앉아서 심지어 상대방의 잠꼬대까지 들어가며 사는 생활이기 때문에 우리는 오랜 同居人에 관한한 모르는 것이 거의 없읍니다. 成長過程, 關心, 好惡, 기타 사소한 習慣에 이르기까지 손바닥 보듯할 뿐 아니라 하나하나의 側面들을 個別로서가 아니라 人間性이라는 全體 속에서 파악 할수 있게 됩니다. 우리는 도시의 아스팔트위 손시린 악수 한두번으로 사귀는 커피 몇잔의 市民과는 거리가 멉니다. 우리는 오랜 시간과 노력으로 모든 것을 열어 놓은 自己 속으로 他人을 받아들이고 모든 것이 열려 있는 他人의 內部로 들어갈수 있읍니다. 他人을 자신 만큼 알기에 이릅니다.
우리는 他人 에게서 자기와 많은 共通點에도 불구하고 아직도 남는 差異를 이해하게 됩니다. 이 「差異」에 대한 理解 없이 他人에 대한 이해가 充分한 것이 될수는 없으며, 그 사람에 대한 충분한 이해가 없이 그의 經驗을 자기 것으로 消化할수는 없다고 생각 됩니다.
저희들은 이 失敗者들의 群棲地에서 수많은 他人을 만나고, 그들의 수많은 「丁失」를 이해할수 있는 귀중한 可能性속에 몸담고 있음을 깨닫게 됩니다.

9월 7일 영복 올림.

〈아버님 전상서〉
―― 擧頭望窓月 ――

지난 12일 어머님께서 혼자 빗속을 다녀 가셨읍니다.
立席 汽車票를 끊고 「비가 오기에 생각 나서」
찾아 왔다고 하셨읍니다.

그제는 아버님의 下書 받았읍니다.

저는 여태 아버님 어머님의 生辰날을 모르고 있읍니다.
설령 안다한들 또 朝夕으로 모신다 한들, 어찌
제가 안겨드린 그 아픔에 값하겠읍니까.
저는 힘써 훌륭한 品性을 기르며 살아가겠읍니다.

형님. 형수님께서 서울로 오셔서 모시게 되었다니
무엇보다 반갑습니다.

가을이라 獄窓에 걸리는 달도 밤마다 둥글게
자랍니다. 가을은 「글읽기던 밤에 달이 떠 있는
우물물을 깨뜨리고 정갈하고 시원한 냉수를 뜨며」
잠시 시름을 쉬고 싶은 계절입니다.

9월 19일

영 복 올림.

〈李嫂氏 앞〉
— 사과와 양말과 민담 —

가게에 내놓은 사과알의 색갈과 굵기로 가을의 深度를 測定하던 記憶이 있읍니다. 풀빛의 어린 사과가 가게의 소반 위에서 가을과 함께 커가면 사과나무가 없는 出勤길에 평소 걸음이 바쁘던 都會人들도 그나마 사과 한알 만큼의 가을을 얻게 됩니다.

이곳에는 물론 사과나무도 또 가게도 있을리 없읍니다. 가끔 接見物에서 들어오는 작고 파란 사과를 보다가 며칠전 紅潮一色의, 풍만한 球積의 사과 한개를 받아들고 어느새 이만큼 다가선 가을에 놀라 부랴부랴 묵은 仲秋의 채비라도 서두르고 싶은 錯覺에 스스로 苦笑를 금치 못한 적이 있읍니다. 이곳의 우리들에게는 여름과 겨울, 덥다와 춥다의 極地가 존재할 따름입니다. 가을은 「제5의 季節」, 다만 추위를 予告하는 길 바쁜 傳令일뿐 더불어 享有할 시간이 없읍니다. 나는 사과를 文鎭삼아 畵宣紙 위에 올려놓고 사과와 墨, 赤과 黑의 芳香에 非赤非黑, — 靑衣의 心懷를 기대어 봅니다.

×　　　　×

李嫂氏께서 보낸 正六面体의 작은 소포꾸러미는 주사위처럼 궁금했읍니다. 양말 세 켤레. 秋夕이었읍니다. 먼저 손에다 신어 보았읍니다. 설빔 신발을 신고 연신 골목으로 나가고 싶던 예의 그 驛馬癖이 짜릿하게 動하여 옵니다. 나더러 驛馬살이 들었다던 친구들이 생각납니다. 역마살은 떠돌이 廣大놀이 들린 거라고도 하고 길신(道神) 씌운 거라고도 하지만, 아직도 꿈을 버리지 않은 사람이 꿈 찾아 나서는 放浪이란 풀이를 나는 좋아합니다. 하늘 높이 바람찬 연(鳶)을 띄워 놓으면 얼레가 쉴수 없는 법. 安居란 其實 꿈의 喪失이기 쉬우며 도리어 彷徨의 忍苦속에 상당한 分量의 꿈이 追究되고 있다고 생각합니다. 「보헤미아의 맑은 水晶」은 멀고 머언 流浪이 키워낸 열매라고 믿고 싶읍니다.

×　　　　×

요즈음은 民譚選集을 몇권 구하여 읽고 있읍니다. 민담은 어느 天才의 所作이 아니고 우리 民族이 오랜 歷史를 통해 공동으로 만들어내고 공동으로 承諾한 우리의 이야기입니다. 민담은 湯藥같고 숭늉같고 당나무 그늘 같읍니다. T.V.를 끄고 꼬마들에게 들려 주고 싶읍니다.

×　　　　×

짧은 편지에 드문 답장이 빚 같읍니다. 금년 가을에도 越等한 收穫을 빕니다.

10月 4日

「작은 경」 씀.

아 버 님 前上書
— 空房 滄浪의 물가에서 —

9일부 下書와 「創作과 批評」 잘 받았습니다. 어머님께서도 安寧하시고 家內 두루 無故 하실 줄 믿습니다. 저희들도 別故없이 지내고 있읍니다.

벌써 시월 중순, 첫매가 아프듯 첫추위가 시리다고 합니다만 그것도 처음 겪는 이들의 걱정일뿐 저희들은 累年의 體驗이 있겠다 그리 대수로울것 없읍니다.

저는 낮으로는 줄곧 工場띠들이 出役하고난 빈房에 건너와서 종일 붓글씨를 쓰며 혼자 지내고있읍니다. 방은 저희들이 있는 방과 조금도 다름이 없읍니다. 몸때 얼룩진 벽에는 고달픈 보따리들을 올망졸망 매달아 두었고 방 한쪽 구석에는 간밤의 體溫이 밴 寢具가 반듯이 개여 쌓고 있읍니다. 저는 이房의 주인들이 하루의 일과를 끝내고 들어 올때까지 이 작은 空間의 임자가 되는 것입니다.
空房의 靜謐은 淨土의 淸淨같은것.   어느때 滄浪의 물처럼 마음이 맑아지면 心魂을 다시 갓끈을 씻으려 할것인가. 생각은 空房을 다 메울듯 합니다.
부대끼는 징역살이 속에서 이나마 조용한 時空을 占有한다는 것은 흡사 옥담위의 풀처럼 「귀한 逆說」이 아닐수 없읍니다. 그러나 저는 혼자라는 것이 결코 사람의 處所가 아님을 모르지 않습니다. 숱한 사람들의 恩怨속 격려와 지탄과 애정과 증오의 渦中에서 비로소 바르게 서는 것임을 모르지 않습니다. 天雖高 不敢不局. 하늘이 비록 높아도 머리를 숙이지 않을수 없으며, 莫見於隱 莫顯於微. 아무리 육중한 壁으로 圍繞된 자리라 하더라도 더 높은 視點에 오르고 더 긴 歲月이 흐르면 그도 日食처럼 萬人이 보고있는 자리인 것을.... 저에게 주어진 이 작은 一隅가 비록 四面의 壁에 의하여 密閉됨으로써 얻어진 空間이지만, 저는 부단한 省察과 自己存定의 노력으로 이 닫힌 空間을 무한히 열리는 空間으로 만들어 감으로써 壁을 沈默의 敎卿로 삼으려 합니다.
必慎其独 —— 혼자일수록 더 어려운 생각이 듭니다.

10月 15日

不肖 영 복 拜.

아버님 전상서
— 十月念間素描 —

19日(水)
　수요일마다 네사람은 聖經研究集會에 가고 밤에는 두사람만 남게됩니다. 교도소內에 가장 많은 책이라면 아마 기독교 성경일 것입니다.

20日(木)
　운동시간에는 洗濯工場과 營繕工場이 매일이다 싶은 味元내기 拳球(野球흉내의 찜뿌) 시합을 벌이는데 저는 오늘도 審判이었읍니다. 심판은 특히 한쪽이 기울때 公正하기가 매우 힘듭니다.

21日(金) 오늘은 第3週 金曜日. 우리방의 두사람이 無期囚 生日宴에 다녀왔읍니다. 한사람은 30년만에 姑母를 만났읍니다. 20日字 아버님의 送金 받았읍니다.

22日(土)
　2工場(螺鈿工場)에 出張(?). 글씨를 몇자 써주었읍니다. 工場出張은 미니 旅行. 그곳에는 工場囚들의 人心 좋한 글씨 칭찬이 저를 뻥 두릅니다.

23日(日)
　장끼傳, 蟾同知傳을 읽었읍니다. 諷刺는 그自體로 이미 高次의 藝術的形象化라 하겠읍니다. 諷刺와 滑稽 뒤에 숨은 祖上들의 批判精神이 서늘이 푸릅니다.

24日(月)
　잠시 窓가에 서성이며 눈을 쉬다가, 우연히 거미란 놈이 몸피가 배나 되는 벌레를 산채로 옭이고 있는 現場을 目擊하였읍니다. 우리房에는 우리와 함께 살아가는 상당수의 벌레친구들이 있읍니다.

25日(火)
　아침나절 한벼루 가득 墨을 갈았더니 墨香이 室房에 充滿합니다. 오랫만에 大字를 써보았읍니다. 虎溪三笑. 碩果不食. 變形(déformation)은 能小한 熟練과 能大한 勇斷이 적절히 配合될때 떡)에 나오는가 봅니다.

26日(水)
　오늘 아버님의 下書(20日字) 받았읍니다.
　　　　26日　영복 올림.

아버님 · 어머님 전 상서
―― 이사간 집을 찾으며 ――

겉봉에 새 주소를 적었읍니다.
저의 엽서도 이제는 수유리의 낯익은 길을 버리고 모르는 아파트의 층계를 오르고 긴 복도를 지나 찾아 갈 것입니다. 온 식구들이 치루었을 그 엄청난 手苦가 눈에 선 합니다.

어른들의 수고와 아무 상관없던 어린時節에 우리는 移徙가 부러웠읍니다. 농짝뒤에서 까맣게 잊었던 구슬이며 연필토막이 굴러 나오기도 하고, 신발을 신은채 대청마루를 걷는둥 아이들은 부산스런 어른들의 사이를 누비며 저마다 작은 鹵獲者가 되어 부지런히 財産(?)을 늘렸던 것입니다. 어린 이들에게 移徙는 浪漫과 幸運의 新大陸이었읍니다.

서울에 올라온 후 10여 년간, 서울이 내두르는 거대한 遠心力에 떠 밀려나 묶어서 골목에 내면 더 작고 가난한 生活을 아부시고, 더 먼 外廓, 더 높은 비탈의 貰家를 찾던 그 작은 移徙는 이를테면 어린시절에 꿈키웠던 그 移徙의 幻滅인 셈이었읍니다.

이번의 이사는 물론 그런 것이 아니라 믿습니다. 乙亥年의 移徙처럼 송두리째 故鄕에서 뿌리를 뽑는, 모든 이웃과 共同體로부터 斷絶되는 「失鄕」도 아니며, 더높은 비탈의 貰家로 오르는 「登山」도 아니기 때문입니다. 더우기 원래 이웃이 存在하지 않는 서울살이고 보면 사람을 떠나는 아픔같은 것과는 아예 因緣이 없는, 단지 一定한 重量과 부피의 力學的 移動이 手苦의 대부분일지도 모르겠읍니다.

다만 가까이서 자주 들리던 수유리 누님 두분이 작은 惜別 이나마 감당해야 할런지······. 出嫁한 누님이 비록 外人이기는 하지만 血緣의 징검다리를 건너 변함없이 찾아 올 것입니다, 「어머님」은 客地를 사는 누님들의 故鄕이기 때문입니다.

저의 염려는 오히려 番地가 다른곳에 있는 것인지도 모릅니다. 企業體같은 高層 빌딩 속에서 대체 어떤 모양의 家庭이 可能한 것인지. 아버님께서는 수유리의 散步路를 잃고, 어머님은 장독대를 잃어 갈데없이 「TV 할머니」가 되지 않으시는지. 生活의 便宜와 利器들이 生産해 내는 그 餘裕가 무엇을 위하여 所用되는지. 그 수많은 層階, 싸늘한 돌 階段 하나 하나의 「높이」가 실상 흙으로부터의 「距離」를 의미하는 것이나 아닌지······. 생각은 思辨의 날개를 달고 납니다.

× ×

12月. 추위도, 다른 모든 苦痛과 마찬가지로 가을 짬에서 바라 볼때보다 정작 몸으로 부딪히고 보면 그리 대단한 것이 아닙니다. 아버님 무사히 上京하셨으리라 믿습니다.

12월 8일 영 복 올림.

계수씨 전

우리房 窓門 턱에
개미가 물어다 놓았는지
풀씨 한 알
싹이 나더니
어느새
한 뼘도 넘는
키를 흔들며
우리들을
가르치고 있읍니다.

　×　　×

庭菊秋秋黃
慈母年年白

8. 29. 작은형 씀.

〈아버님 전상서〉
— 洞窟에 사는 物神들 —

어머님께서 걱정하시는 겨울이 또
다가옵니다. 내일이 小雪. 門風紙도
해 붙이고 通氣口도 바르고, 겨울 내의에
타올을 목수건하고 防寒털신까지 신고나서는
이곳 因人들의 차림을 보면, 비계살이 얇아
과연 겨울이 추움을 알수 있습니다.

그래도 저는 겨울이 더 좋습니다.
그러나 그것은 겨울의 추위가 아니라, 그 추위가
수행해 내는 그「役割」입니다.

최후의 한닢마저 떨어버린 겨울의 樹木이
그 根幹만으로 뚜렷이 바람속에 서고

모든 형태의 所有와 衣裳을 벗어버린
징역살이는 마치 物神性이 剔抉된 論理
처럼 우리의 思考를 簡單明瞭하게 해줍니다.

그러나 겨울에는 자칫하면 周邊에 대한
관심을 거두어 제 한몸의 문제에 문닫고 들어앉아
蟄居해버릴 위험도 없지 않습니다.
이것은 새로운 所有欲이며 墮落입니다.
그러므로 겨울이 돌아오면 스스로 문을 열고
北風 속에 섬으로써만이 「洞窟의 偶像」을
극복 할수 있다고 믿습니다.

都市의 겨울을 사시는 어머님께서도 내내
평안하시길 빕니다.
　　　　11. 22.
　　　　　　　영 복 올림.

아버님 前上書
― 초春에 손님 ―

지난 달은 「行事」와 「손님」을 맞아 所内의 各種 付着物을 다시 써 붙이느라고 殘業까지 하는 騷乱을 치루었읍니다.

저희들은 가끔 「손님」이 오시니까 清掃와 整理整頓을 깨끗이 하라는 指示를 받읍니다. 저는 그럴때마다 그 「손님」이란 말에 담긴 ― 지금은 찾을길 없는 ― 가슴설레던 感動을 되살리곤 합니다.

모든 아이들에게 있어서 「손님」은 ― 어른들의 仔詳하지 않는 대꾸로 인하여 더욱 궁금해진 그 未知의 「손님」은、어린이들이 最初로 갖게되는 다른 세계에 대한 関心이며、어린아이들의 小王國을 온통 휘저어 놓는 「갈리버」의 上陸 같은 것입니다.
닫혀있던 日常의 울타리가 열리며 ― 부산한 준비와 장만, 어른들의 相議 그리고 술렁이는 所聞、그리하여 踏襲과 安逸의 때묻은 자리에 급속히 充滿되는 「새로움」과 「活気」.
이것은 어른이 되어 굳어진 모든 가슴에까지 메아리긴 感動으로 남는 것입니다.
모든 아이들에게 있어서 「손님」은 「憧憬」과 「驚異」、「새로운 開眼」의 순간이 되는 것이라 생각됩니다.

1月 26日 下書와 돈 받았읍니다.
窓 밖에는 그제, 어제 내린 눈이 차갑게 굳어 있읍니다. 그러나 오늘 초春입니다.

2月 4日   영복 올림.

아버님 前上書.
— 文明人의 都市와 未開人의 편지 —

8日付 下書 받았읍니다. 그간 어머님을 비롯하여 家內 두루 평안하시리라 믿습니다. 금년은 매우 따뜻한 겨울이었읍니다. 연일 봄비가 내려 주위가 축축합니다만, 春道生 萬物榮, 이 축축함이 곧 꽃이 되고 잎이 되는 것이 아니겠읍니까.

며칠 전에는 1885년에 아메리카의 한 인디언이 美聯邦政府에 보낸 편지를 읽었읍니다. 그 속에는 이런 구절들이 있읍니다. 「당신(白人)들은 어떻게 하늘을, 땅의 體溫을 賣買할수 있읍니까」, 「우리가 땅을 팔지 않겠다면 당신들은 총을 가지고 올 것입니다..... 그러나 신선한 공기와 반짝이는 물은 其實 우리의 所有가 아닙니다」, 「갓난아기가 엄마의 심장의 고동소리를 사랑하듯 우리는 땅을 사랑합니다」. 어머니를 팔수 없다고하는 이 인디언의 생각을, 私有와 賣買와 消費의 對象으로 모든것을 認識하는 白人들의 思考方式과 나란히 놓을때 거기 「文明」의 恥部가 선연히 들어납니다.
또 다음과 같은 구절도 있읍니다. 「땅으로부터 자기들이 필요하다면 무엇이나 가져가버리는 白人들은 (땅에 대한) 異邦人입니다」, 「당신네 都市의 모습은 우리 인디언의 눈을 아프게 합니다」 自然을 敵對的인 것으로, 또는 不便한것, 未開한 것으로 파악하고 人間生活로부터 自然을 遮斷해 온 成果가 文明의 內容이고, 차단된 자연으로부터의 距離가 文明의 尺度가 되는 「都市의 物理」, 철근 콩크리트의 벽과 벽사이에서 없어도되는 물건을 生產하기에 여념이 없는 — 欲望과 渴症의 生產에 여념이 없는, 生產할수록 더욱 궁핍을 느끼게 하는 「文明의 逆理」에 대하여, 야만과 미개의 代名詞처럼 되어온 한 인디언의 편지가 이처럼 통렬한 文明批判이 된다는 사실로부터 우리는 文明과 野蠻의 의미를 다시 물어야 하리라고 생각됩니다. 편지의 후예들은 지금쯤 그들의 흙내와 바람마저 잃고 도시의 어느 外廓에서 오염된 햇볕 한조각 입지 못한채 白人들이 만들어낸 文明(?) 의 어떤것을 分配 받고 있을지 모를 일입니다.

저는 이 짤막한 편지를 읽으며 저의 世界觀 속에 아직도 淸算되지 못한 植民地的 殘滓가 부끄러웠읍니다. 西歐的인 것을 普遍的인 原理로 首肯하고 우리의 것은 항상 特殊한 것, 偶然的인것으로 규정하는 「思考의 植民性」은 우리들의 가슴에 아직도 자국깊은 상처로 남아있읍니다. 저는 우리의 祖上들이 만들려고 하였던 世界가 어떠한 것이었는지 몹시 궁금해집니다. 우리는 오랫동안 우리의 것을 잃고, 버리고, 外面 해왔읍니다. 지금은 「老人」 마저 급속히 없어져 가고있는 풍토입니다. 그러나 우리의 丁艾, 우리의 生活속에는 아직도 祖上의 手澤이 尚新한 귀중한 정신이 새로운 照明을 기다리고 있다고 믿습니다.

그 편지는 다음과같은 구절로 끝맺고 있읍니다. 「당신의 모든 힘과 능력과 정성을 기울여, 당신의 자녀들을 위하여 땅을 보존하고 또 神이 우리를 사랑하듯 그 땅을 사랑해주십시오 ---- 백인들일지라도 공동의 運命으로부터 제외될 수는 없읍니다」.

二月 25일 영 복 올림.

〈아버님 前上書〉
―― 가장 견고한 健康 ――

玄默子의 旬五志에 소개된 健康法에는 一見 건강과는 無緣한 養生法이 大部分입니다. 이를테면 물욕을 탐하지 말라(淡泊物欲), 머물줄 알고(知止) 남모르게 남을 도우며(陰助) 생물을 살해하지 말라(絶勿殺生)는 구절들이 그런 것입니다.
이는 대체로 건강의 槪念을 安靜·溫和·平定 등의 정신적 高地에다 세워, 無病·精力 등의 身體的인 건강의 개념을 그 下位에 두거나 그것만으로서의 독립된 의의를 排除하는 것으로 이해됩니다. 따라서 榮養狀態가 良好하다든가 彈力있는 筋肉을 단련하는 대신에 욕심을 줄이는 것이 제일이라(節欲爲上)고 가르치며 각종의 冷暖房設備 대신에 춥지 않을 정도로 따뜻히 하고(以不寒爲溫) 한서에 순응함으로써 自然의 리듬과 조화를 이루도록(寒暑順序宜 大道抱天全) 가르칩니다.
이것은 언뜻 보기에 정신과 육체를 相互 對位 槪念으로 파악한 「건강한 신체 → 건강한 정신」이라는 圖式의 倒置로 速斷되기 쉽습니다만 적어도 玄默子가 소개한 祖上들의 생각은 그 思考의 地盤을 달리하는 것이라 믿습니다.
흔히 目的과 手段을 구분하고 다시 이 수단을 몇개의 단계와 要因으로 나누어 計算·測定하는 등 효과적으로 目的을 實現하려는 經濟主義的 思考에 젖어 있는 사람들로서는 얼른 납득하기 어려운 發想法인지도 모릅니다. 知足·安靜을 얻기 위하여는 知足·安靜을 닦으라는 가르침이 그 形式論理에 있어서는 循環論의 矛盾과 同形의 外皮를 입고 있지만 이는 쌀을 얻기 위하여는 벼를 심으라는 당연한 이치를 그 내용으로 담고 있다고 믿습니다. 틀린 것은 우리들의 생각, 즉 經濟主義的 思考의 惰性일 수도 있읍니다.
목적과 수단을 서로 分離할수 없는 하나의 統一體로 파악하고, 목적에 이르는 捷徑이나 능률적인 方便을 찾기에 戀戀하지 않고, 비록 높은 벼랑 앞이라도 마주 대하고 서는 그 對決의 意志는 그 막힌듯한 愚直함이 벌써 하나의 훌륭한 健康이라 할수 있을 것입니다.
"땅에 넘어진 사람은 虛空을 붙들고 일어날 수는 없고 어차피 땅을 짚고 일어설 수 밖에 없듯" 知足과 平定을 얻기위하여 다름아닌 知足과 平定을 닦음에서 부터 시작하는 굵고 큼직한 思考속에야 말로 가장 견고한 健康이 자리잡고 있음을 알듯 합니다. 布施善行, 思無邪를 가르치는 玄默子의 養生法은 그 自體로서 하나의 엄한 人間敎育임을 알 겠읍니다.
　4. 9.　　　　　　　　　　　영복 올림.

< 아버님 前上書 >
— 여름·避暑와 알몸의 季節 —

일찍 닥친 더위를 보면 올해는 상당히 긴 여름을 치루어야 할지도 모르겠읍니다. 저는 예년처럼 올해도 避暑함으로써 避暑하려고 합니다만은 눈에 띄는 책이 많아 막상 避暑하기도 쉽지 않읍니다. 그래서 오늘은 "책"이 무엇인가에 대하여 좀 생각해 보려고 합니다. 대개의 책은 實踐의 現場에서 멀리 떨어져 있는 너무나 흔손에 의하여 執筆된 経験의 間接 記録이라 할수 있읍니다. 그나마, 客觀的 觀照와 知的 濾過를 거쳐 現場人들의 体験에 붙이다가기 쉬운 経験의 一面性, 特殊性, 偶然性 等의 主觀的 側面을 止揚하여 高度의 普遍性을 갖는 体系的 知識으로 정리되기는 커녕, 執筆者個人의 関心이나 利害関係 속으로 逃避해 버리거나, 専門分野라는 이름아래 枝葉末端을 번다하게 誇張하며 根本을 흐려놓기 일쑤입니다.
그래서 책에서 얻은 지식이 흔히 實踐과 遊離된 観念의 그림자이기 쉽습니다. 그것은 실천에 의해 検証되지 않고, 실천과 함께 發展하지도 않는 虛無한 假說, 낡은 敎條에 불과할뿐 未來의 실천을 위해서도 아무런 도움이 못되는 것입니다. 秦始皇의 焚書를 욕할수만도 없읍니다.
비록 여름이 아니더라도 저는 책에서 무슨 대단한 것을 期待하지 않읍니다. 설령 책에서 무슨 知識을 얻었다 하더라도 그것은 事態를 옳게 판단하거나 일머리를 알아 순서있게 처리하는 能力과는 無関한 경우가 大半이라 할수 있읍니다. 그것은 知識人 特有의 知的 私有慾을 만족시켜 크고 복잡한 머리를 만들어, 事物을 보기 전에 먼저 자기의 머리속을 뒤져 비슷한 知識을 발견하기라도 하면 그만 그것으로 外界의 事物에 代置해버리는 習慣을 길러놓거나, 기껏 "혼돔 겁주는" 権威의 展示物로나 사용하면서도 그것이 그런 것인줄을 모르는 경우마저 없지 않는 것입니다. 우리가 이러한 것을 知識이라 불러온 것이 사실입니다.
出席簿의 名單을 저다 암기한다고 교실에 들어간 교사라 하더라도 学生의 얼굴에 대하여 無知한 限, 단 한명의 학생도 맞출수 없읍니다. "이름"은 나중에 붙는 것, 知識은 實踐에서 나와 實踐으로 돌아가야 참다운 것이라 믿읍니다.
지난번 새마을 研修敎育때 본 일입니다만은, 知識이 너무 많아 가방속에까지 담아와서 들려주던 안경낀 교수의 강의가 無力하고 迂疎한 것임에 反해 빈손의 작업복으로 그 흔한 졸업장하나 없는 이가 전해주던 작은 事例 한마디가 뼈있는 이야기가 되던 기억이 지금도 선연합니다.
그런 교수가 될뻔 했던 제 자신을 아찔한 뉘우침으로 돌이켜 봅니다. 아직도 버리지 못하고 있는 것들을 하나하나 찾아 봅니다. 지식은 책속이나 書架 위에 있는 것이 아니라 整理된 経験과 實踐 속에 — 그것과의 統一속 에 存在하는 것이라 믿읍니다.
바르게 살수 없는 동네가 없음과 같이, 우리는 어느곳에 몸을 두고있든 배움의 材料가 不足하다고 느끼는 일은 없으리라 생각합니다.
저는 이번 여름도 避暑의 季節, 더운 浴湯에 들어가듯 훌훌 벗어서 버리는 季節로 맞이하려고 합니다.

6月 12日字 下書 받았읍니다. 여름더위에 歲內 두루 평안 하시길 빕니다. 6. 20. 영복 올림.

〈아버님 前上書〉
── 장마철의 개인 하루 ──

지난 9日 하루는 書画班 일곱명을 포함한 10여명이 社会参観을 하고 왔읍니다. 그날은 마침 장마철속의 개인 날이어서 물먹은 盛夏의 闊葉樹와 清新한 공기는 우리가 탄 미니버스의 煤煙에도 아랑곳없이 우리들의 심호흡속에다 生動하는 活気를 대어주는듯 하였읍니다.

　　　　　×　　　　　×

우리는 먼저 錦山의 七百義塚을 찾았읍니다. 趙重峯先生과 霊圭大師 等 七百義兵이 무기와 병력이 압도적인 倭兵과 対敵하여 살이 다하고 창이 꺾이고 칼이 부러져 맨주먹이 되도록, 最後의 1人까지 壮烈히 鮮血을 뿌렸던 激戦地 ── 지금은, 날듯한 青瓦의 祠堂과 말끔히 剪定한 香木들의 둘러리, 그리고 잘 다듬어진 잔디와 잔디사이의 깨끗한 石階를 울리는 案内員의 정확한 하이힐 굽소리, 연못속을 浮沈하는 붕어들의 한가로운 遊泳 ……。 이 한적한 聖域의 정취는 그다지 멀지 않은 壬乱当時가 아득한 古代史의 一部가 된듯 隔世의 감회를 안겨주는 것이 있읍니다.

　　　　　×　　　　　×

오후에는 먼지가 일고 자갈이 튀는 신작로를 한참 달려서 申東曄의 錦江 上流까지 나갔읍니다. 실로 오랫만에 흐르는 물에 발을 담가보았읍니다. 저는 까칠한 차돌멩이로 발때를 밀어 송사리 새끼를 잔뜩 불러 모아 사귀다가, 저만치서 고무신짝에 송사리, 새우, 모래무치 들을 담고 물가를 따라 이쪽으로 내려오는 새까만 시골아이들 ── 30여년전 南川江 가의 저를 만났읍니다. 저는 저의 全財産인 사탕14알, 빵1개, 껌1개를 털어 놓았읍니다. "우리도 크면 農夫가 되겠지" 라던 李五德 先生의 아이들이기도 하였읍니다.

　　　　　×　　　　　×

돌아 올때는 매우 빨리 달려온 덕분에 저는 농촌과 도시를 거의 同時에 (30余分의 時差) 바라볼 수 있었읍니다. 도회지에는, 원래 農村에 있던것이 참 많이 와 있었읍니다. 큼직한 열매, 충실한 포기들이 都市의 市場에 씻은 얼굴로 商品이 되어 줄지어 있는가 하면, 볕에 그을고 흙투성이속에 잃어버린 농촌 아낙들의 "아름다움"이 도시女人들의 흰 살결이 되고 화사한 차림, 고운 몸매가 되어 舗道위를 거닐고 있었읍니다.

　　　　　×　　　　　×

15尺 벽돌담을 열고 오랫만에 잠간 나와보는 「参観」은 저로 하여금 평범하고 가까운 곳에서 人生을 느끼게 하는 「攄得의 순간」이 되기도 합니다.

7. 16.
영 복 올림.

季嫂氏께

꿈에 서방만난 홀어미가 이튿날 머리빗을 기력도 없이 뒤숭숭한 마음이 되듯이, 교도소의 꿈은 자고난 아침까지도 피로를 남겨놓는 꿈이 많습니다.

급히 가야겠는데 고무신 한짝이 없어 애타게 찾다가 깬다든가, 거울을 들여다보면 거울마다 거기 모르는 얼굴이 버티고 섰다든가, 다른 사람들은 닭이나 오리, 염소, 사슴같이 얌전한 짐승들을 앞세우고 가는데 나만 유독 고삐도 없는 사자 한마리를 끌고 가야하는 난감한 입장에 놓이기도 하고······.
교도소의 꿈은 대개 피곤한 아침을 남겨놓습니다. 뿐만 아니라, 양지바른 시냇가를 두고 入房時間에 늦을까봐 부랴부랴 교도소로 돌아오는 꿈이라든가······.
징역살이 십년을 넘으면 꿈에도 교도소의 그 묵직한 力을 벗지못하고 꿈마저 징역사는가 봅니다.

우리는 먼저 꿈에서부터 출소해야 하는 二重의 벽속에 있는 셈이 됩니다.

18日字 편지와 돈 잘 받았습니다.
겨울밤 단 한명의 거지가 떨고 있다고 할지라도 우리에겐 행복한 밤잠의 권리는 없다던 친구의 글귀를 생각합니다.
우리들의 不幸이란 그 量의 大部分이 가까운 사람들의 아픔으로 이루어져 있는 것이라 믿습니다.
함께 계신분들의 건강을 빕니다.

   2. 29.   대전에서
              작은 형 씀.

李 嫂氏 前

물 컵보다 조금 작은 비닐 화분에 떠온
팬지꽃 한포기를 얻어 作業場 창턱에
올려놓았습니다.
행복洞의 영희가 最後의 市場에서 사온
줄 끊어진 기타를 치면서 머리에 꽂았던
팬지꽃. 花壇의 맨 앞줄에나 앉는
키 작고 별로 화려하지도 않는 꽃이지만,
열두時의 나비 날개가 조용히 열려
水平이 되듯이, 팬지꽃이 그 작은
꽃봉지를 열어 벌써 여나문개 째의 꽃을
피워내고 있습니다.
한줌도 채 못되는 흙속의 어디에 그처럼
빛나는 꽃의 糧食이 들어 있는지·····.
흙 한줌보다 훨씬 많은것을 所有하고있는
내가 과연 꽃 한송이라도 피울수 있는지
五月의 창가에서 나는 팬지꽃이 부끄럽습니다.

×　　　　×

五月 5日字 편지와 돈 잘 받았습니다.
그리고 지난번 생일때는 어머님 아버님
으로부터 그동안의 소식들 많이 들었습니다.

5. 19.　　　작은 형 씀.

兄 嫂 님께

지난 생일에는 어머님 아버님 형님을
모시고 형수님께서 장만해 보내주신
점심을 먹으며 그동안 밀린 소식들을
많이 들었읍니다.
제법 긴 시간이었읍니다만
조개껍질로 바닷물을 퍼내다가 만듯
무척 짧은 시간이었읍니다.

요즈음은 연일 화창한 날씨입니다.
東向인 우리방에는 아침에 방석만한
햇볕 두개가 들어옵니다.
저는 가끔 햇볕 속에 눈감고
속눈섶에 무수한 무지개를 만들어봄으로써
화창한 五月의 한조각을 가집니다.

보내주신 돈 잘 받았읍니다.
우용이 주용이에게도 삼촌의 안부를
전해 주시기 바랍니다.

    5. 19   대전에서
                    삼촌 드림.

兄嫂님께上書

널직한 응달에서
꼬마들과 어울려
관운장과 장비가
말을 달리는
三國誌 얘기가
재미있을듯 합니다.

어머님께서
다녀가셨읍니다.
6月4日付 돈 받았
읍니다
그리고. 형님소식도
들었읍니다.

유월 십육일
 삼촌 드림.

兄 嫂 님 前上書

두어차례 단비가 내려 解渴하는가 여겼더니
그뿐, 내리 불볕입니다. 벼룻물이 번쩍 번쩍 마르고,
풀썩 풀썩 이는 먼지가, 땀차서 척척 감기는 옷이, 더위를
한층 지겨운 것으로 만듭니다.

작업장 창문턱에 "메리골드"라는 꽃 한 포기를 올려
놓았읍니다. 메마른 땅에 살고있는 제 族屬들과는 달리
이 엄청난 가뭄의 세월을 알지도 못한 채, 주전자의 물을
앉아서 받아 마시는 이 작은 꽃나무는 역시 땅을 잃은 연약함을
숨길수 없읍니다. 과연 지난 6, 7일 이틀 연휴를 지내고
출역해보니 물 길을 줄 모르고 길어올릴 물도 없는 이 꽃나무는
화분 언저리에 목을 걸치고 삶은 나물이 되어 늘어져 있었읍니다.
큰 땅에 뿌리 박지 못하고 10cm짜리 화분에 생명을 담은
한 포기 풀이 어차피 치러야 할 운명의 귀결인지도 모릅니다.
혹시나 하는 기대가 없지도 않았지만 차라리 葬送의 儀禮에
가까운 심정으로 흥건히 물을 뿌려 구석에 치워두었읍니다.
그러나 오래지 않아 저는 이 작은 일로하여 실로 귀중한 뜻을
깨달았읍니다. ─── 창문턱에서 내려와 쓰레기통 옆의
잊혀진 자리에서 꽃나무는 저 혼자의 힘으로 힘차게 팔을 뻗고
일어서 있었읍니다. 단단히 주먹 쥔 봉오리가 그 속에
빛나는 꽃을 준비하고 있었읍니다.

보내주신 돈 잘 받았읍니다.
형님 그리고 우·주용이 모두
여름의 健勝을 빕니다.

6. 19.
대전서
삼촌 드림.

兄嫂님前上書

볼 듯이라 아직은 더위가
기승을 부리지는 못하고 있읍니다.
보내주신 돈 잘 받았읍니다.
하는 일 없이 앉아서 땀만 흘리는
이곳의 여름이 몹시 부끄러운 것입니다만,
아무리 작고 하찮은 일이더라도,
새 손수건으로 먼저 窓유리를
닦는 사람처럼, 無心한 日常事
하나라도 자못 맑은 정성으로
대한다면 훌륭한 "일"이란
우리의 澄心 都處에서
發見되는 것임을 깨닫게 됩니다.
　　　×　　　　×
형님께서도 어려움이
많으시리라 생각됩니다.
저녁에 등불을 켜는 것은
어려울 때 더욱
지혜로워야 한다는 뜻이라
믿습니다.

우용이 주용이에게
그림 그렸읍니다.
　7. 7.　대전에서
　　　삼촌 드림.

〈아버님 前上書〉

해마다 칠월이 되면 어느덧 지나온 날을 돌아보는 마음이 됩니다. 금년 칠월은 제가 징역을 시작한지 12년이 되는 달입니다. 窮僻한 곳에 오래살면 見聞마저 자연히 좁아지고 치우쳐, 흡사 洞窟속에 사는 사람이 동굴의 아궁이를 東쪽이라 착각하듯이 저도 모르는 사이에 이러저러한 見解가 主觀쪽으로 많이 기운 것이 되어 있지나 않을가 하는 걱정이 있습니다.

서울을 가장 정직하게 바라볼수 있는 眺望台가 어디인가를 놓고도 南山八角亭이다, 市廳이다, 영등포工團의 어느 作業機 앞이다, 是非가 없지 않습니다. 훨훨 날아다니는 하늘의 仙女가 아닌다음에야 여러개의 眺望台를 한꺼번에 가질수는 없고 어디든 땅에 뿌리를 내리고 살수 밖에 없는 우리들로서는 제가 사는 터전을 저의 조망대로 삼지 않을수 없기 때문에 어차피 자신의 處地에 따른 강한 主觀에서부터 생각을 간추리지 않을수 없다고 믿습니다.

대다수의 사람들은 이 主觀의 量을 조금이라도 더 줄이고 客觀的인 見解를 더 많이 輸入하려고 합니다. 그러나 이러한 努力의 바닥에는 주관은 궁벽하고 객관은 平定한 것이며, 주관은 객관으로 발전하지 못하고, 객관은 주관을 基礎로 하지 않는다는 잘못된 前題가 깔려 있음을 알수 있습니다.

저는, 各自가 저마다의 삶의 터전에 깊숙히 발목 박고 서서 그「곳」에 固有한 主觀을 더욱 강화해가는 노력이야 말로 客觀의 地平을 열어주는 것임을 의심치 않습니다. 그러나 이경우 가장 중요한 것은 그「곳」이, 바다로 열린 시냇물처럼, 全體와 튼튼히 連帶되고 있어야 한다는 사실입니다. 그러므로 思考의 洞窟을 벗어나는 길은 그 삶의 터전을 選擇하는 문제로 還元될수 있다고 생각됩니다.

孟子에 "矢人惟恐不傷人 函人惟恐傷人 巫匠亦然 故術不可不愼也"의 一節이 想起됩니다. 스스로 時代의 복판에 서기도 어려운 일이 아닐수 없습니다만 時代와 歷史의 大河로 向하는 어느 가난한 골목에 서기를 주저해서도 안되리라 믿습니다.

×　　　　×

한창 더울때입니다만 하루걸러 내리는 비가 큰 扶助입니다. 지난접견때는 雨中에 돌아가시느라 어머님 발길이 더 무거웠으리라 짐작됩니다. 책 몇권 적었습니다.
高橋幸八郞 "資本主義發達史" (光民社 번역판)
趙泰一 "고여 있는 詩와 움직이는 詩" (傳芸苑 刊)
George Lichtheim " George Lukács " (viking社 刊).

7. 28.　　영　복　올림.

季嫂氏 前

15尺 옥담으로 둘린 교도소의 땅은 흔히들
挫折과 苦惱로 얼룩져서 화분에 담긴 흙처럼
흙내가 없다고 합니다.
이번 여름 沛然히 쏟아지는 빗소리를 듣다가
문득 창문가득히 물씬 풍기는 흙내에 깜짝
놀랐읍니다. 二層에서 보는 빗줄기는 더욱
세차고 길어서 장대같이 땅에 박혀 있었고
창문가득한 흙내는 그 장대 빗줄기 타고 오르는 —
— 맑은날 뭉게구름되려고 솟아오르는 흙내 였읍
니다. 地心의 깊음에 비하면 얼룩진
땅 한켜야 종이 한장 두께도 못되는 것이었읍니다.
아이들은 뱀을 죽이면 반드시 나무에 걸어
두었읍니다. 흙내를 맡으면 다시 살아나서
밤중에 이불속으로 찾아 온다고 믿었기 때문
이 였읍니다.
흙 내는 그런 것이었읍니다.
서울의 흙에 실망하는 사람이 있읍니까.
아스팔트와 콩크리트 밑에서도 서울의 흙은
필시 차거운 地下水를 가슴에 안고 생생히
살아서 숨쉬고 있음에 틀림 없읍니다.

×　　　　　×

18日 送金한 돈 잘 받았읍니다.
귀뚜라미가 방에 들어 왔읍니다.

8. 27. 대전서
작은 형 씀.

어머님 前上書

어제는 무사히 歸京하셨을 줄 믿습니다.
어머님께서 손수 장만하신 점심을 먹어서 그런지 오랫동안 잊고 있었던 옛날 일들이 되살아 나는듯 합니다. 어머님 앞에서는 모든 아들들이 항상 어린 마음이 되기 마련인가 봅니다.

어머님을 뵙고난 어제 밤에는 터무니 없는 생각이 들기도 하였습니다. 만약 제가 그때 죽어서 양지쪽 어느 묘지에 묻혀 있다면, 십년 歲月이 흐른 지금쯤에는 어머님의 아픈 마음도 빛이 바래고 모가 닳아서 지금처럼 수시로 마음 아프시지는 않고 긴 한숨 한번쯤으로 달랠수 있을 정도가 되었을지 모를 일입니다만, 그러나 어제처럼 어머님의 손을 잡고 이야기를 나누거나 어머님께서 손수 만드신 점심을 먹는 모습을 보실 수는 없었을 것입니다.

비록 秋夕에 마음 아프시고 겨울에는 추울까 여름에는 더울까 한 밤중에 마음 아프시기는 하지만 역시 징역 속이지만 제가 살아 있음이 어머님과 더불어 마음 흐뭇한 일이 아닐수 없습니다. 언제나 하시는 말씀처럼 부디 오래 사셔서 여러가지 일들의 끝을 보실 수 있기 바랄 따름입니다.

   ×   ×

두꺼운 카시미로 담요 한장 보내주시기 바랍니다. 색상과 무늬는 되도록 요란하지 않은 것이 좋습니다만 두겹으로 된 것은 받아주질 않습니다. 어제 말씀 드리려고 하였습니다만 깜박 잊었습니다. 소포로 우송이 가능합니다.

    10월 1일 대전에서
         영복 올림.

李 嫂 氏 前

28日付 편지와 돈 잘 받았읍니다.
"빠삐욘"은 이곳에 사는 사람들에게도 그리 낯선
이름은 아닙니다. 엊그제는 서너사람의 묽은 기억을
뒤적여 대강 그 영화의 줄거리를 얻어 보고는,
禪僧도 못되는 터수에 話頭 하나 얻은듯, 가을밤
생각은 길어 이곳 囚人들의 후진 人生들을 떠올려보았읍니다.
에스키모人들의 옷을 벗을수 있는 자유를 "自由"라 부르지
않는다면 肉盍한 執念이 각각 다른 外皮를
입었을 뿐 이곳 역시 수많은 빠삐욘의 現場이라
생각 됩니다.

×　　　　　　×

秋有黃色. 들국화가 겨울 옷매무새를 채비하느라
금빛단추를 여민다던 故人들의 秋情은 墨香 바랜
詩片에나 남았을뿐, 농약과 화학비료에 얼룩진
벌판에 허수아비는 비닐옷을 입어 風雨를 근심않는다던가···.
가까이 국화 한송이 없어도 가을은 다만 높은 하늘
하나 만으로도 日常의 비좁은 생각의 軌跡을
逸脫하여 창공 높은 곳에서 自身의 住所를 鳥瞰
하게 되는 계절입니다.
사과 장수는 사과나무가 아니면서 사과를 팔고, 정직하지
않은 사람이 정직한 말을 파는 世路에서, 撥波覓月,
강물을 헤쳐서 달을 찾고, 우산을 먼저보고 비를 나중
보는 어리석음이 부끄러워 지는 계절 ── 남들의 세상에
貰들어 살듯 낮게 살아온 사람들 틈사구니 신발 한켤레의
土地에 서서 가을이면 먼저 어리석은 지혜의 껍질들을
낙엽처럼 떨고 싶습니다. 君子如響, 종소리 처럼
묻는 말에 대답하며 빈 몸으로 서고 싶읍니다.

10. 10. 대전에서

작은 형 씀.

아버님 前上書.

10日付 下書와 毛布 잘 받았습니다.

家書를 받을때, 小包꾸러미를 받고
拇印을 찍을때, 接見 呼名을 받을때,
그리고 오늘처럼 봉함엽서를 앞에놓고
생각에 잠길때 -----, 저는 다시한번
永遠한 탯줄의 끝에 달린 제自身을
발견하게 됩니다.
사람들은 누구나 거미줄같이 수많은
関係 속에 서지 않을수 없고보면
「関係는 存在」라는 命題의 適実함에
놀라지 않을수 없습니다.
「혼자」라는 느낌은 観念的으로만 可能한
精神의 一時的 陷穽에 不過하다고
해야 할 것 같습니다.

"洛陽城裏見秋風 欲作家書意萬重"
시월중순, 客地를 사는 사람들이 仲秋의
깊은 하늘에 故郷을 떠올리는 時節입니다.
복도에 꾸부리고 앉아서 편지쓰는 사람들의
囚衣에 싸인 굽은 등이 스산합니다.

어머님께서도 초겨울 감기 조심하시고 내내
강건 하시길 빕니다.

      10. 14.   대전에서
              영 복 드림.

兄 嫂님께 上書

그동안 「새시대」의 口號와 標語로
갈아 붙이느라 몹시 바쁜 날들의 연속이었습니다.

사다리를 올라가 높은 곳에서 일할때의 어려움은
무엇보다도 글씨가 바른지 삐뚤어졌는지를 알수
없다는 것입니다. 코끼리 앞에 선 장님의 막연함
같은 것이 없지도 않았습니다마는 저는 낮은 곳에
있는 사람들에게 부지런히 물어봄으로써 겨우
바른 글씨를 쓸 수 있었습니다.

× ×

"푸른 과실이 햇빛을 마시고 제속의 쓰고
신 물을 달고 향기로운 즙으로 만들듯이" 저도
이 가을에는 하루하루의 아픈 경험들을
양지바른 생각의 지붕에 널어, 소중한
겨울의 良識으로 갈무리 하려고
합니다.

× ×

보내주신 돈 잘 받았습니다.
우용이 주용이 換節期에
건강하고 家內 두루 평안 하시길
빕니다.

　　　　.10.20. 대전에서
　　　　　　　　　삼촌 씀.

從嫂氏께

우리가 사는 그 舍 2.5房은 오가는 사람이 많습니다.
오늘도 滿期者 한 사람 떠나 갔습니다. "건강하시오" "성공하시오"
"다시는 이곳에서 만나지 맙시다" 우리는 이런 말로 간단히 헤어집니다.
집도 절도 없이 客地로 타관살러 가듯 떠나는 사람, 내일 저녁은
「치마 걸린 문돌방」에서 잘 사람……. 한 손엔 식기 3개 또 한 손엔 징역보따리
달랑 한개 들고 어느날 저녁 갑자기 轉房 가는 사람과 헤어지기도 하고
전방 간 사람과 비슷한 세간을 들고 취진 사람처럼 머뭇거리며 轉房
오는 사람을 맞기도 합니다. 닫힌 房은 떠나고 새로 드는 사람들로 하여
잠시 열리는 空間이 됩니다.
舍窄한 同居의 어느 어중간한 중도막에서, 바깥 사람이라면 別 若의
情恨이 자리했을 빈터에, 나는 그에게 무엇이었던가? 우리는
서로 어떠한 「關係」를 뜨개질 해왔던가? 하는 담담한 自省의 물음을
간추리게 됩니다. 슬픔에 커진 눈으로, 궁핍에 솟은 어깨로, 때로는 浴湯의
赤裸裸함으로, 때로는 멀쩡하게 발톱 숨긴 底意로, 한 목숨이
무거워 짐 추스르며, 몸 부대끼며 살아온 이 바랫트 위의 偶然 같은
混居 속에서 우리는 서로에게 과연 무엇이 되어서 헤어지는지……
숱한 사연과 곡절로 點綴된 內窓한 人生을 모른 체, 단 하나의
傷處에만 렌즈를 고정하여 줄곧 局部만을 擴大하는 春畵的
發想이 魚眼처럼 우리를 歪曲하지만 수많은 逢別을 담담히
겪어오는 동안, 우리는 各自의 人生에서 파낸 한덩이 묵직한 體驗을
함께 나누는 堅實함을 신뢰하며, 우리 時代의 아픔을 일찍 깨닫게
해주는 지혜로운 곳에 사는 행복함을 감사하며, "세상의 슬픔에 자기의
슬픔 하나를 더 보태기" 보다는 자기의 슬픔을 他人들의 수많은 비참함의
한 조각으로 생각하는 謙虛함을 배우려 합니다.
다시 만나지 말자며 묵은 사람이 떠나고 나면 자기의 인생에서 파낸
한덩이 체험을 둘러지고 새 사람이 문열고 들어옵니다.
"나의 친구들이 죽어서, 나는 다른 친구를 사귀었노라.
용서를 바란다". 모 블랑의 능후는 차라리 질긴 슬픔입니다.

×   ×

벌써 11월 중순. 바람과 함께 窓 옆에 서면, 저만치
높은 전신주가 겨울을 부르고 있습니다.
11月 1日 서 편지와 돈 잘 받았습니다.

11월 10일
작은 형 씀

〈 아버님·어머님께 兼床으로 드리는 上書 〉

"春夏冬冬" 아매 秋 대신 冬을 더 넣어서
금년의 이른 추위를 이렇게 表現하는가 봅니다.
원래 봄 가을이 없다시피한 교도소의 季節이 "夏夏冬冬"
이고보면 금년이라고 크게 다를것도 없읍니다.
추위와 더위, 피로와 졸림, 주림 같은 自然에서 오거나
몸으로 느끼는 고통은, 精神의 특별한 毁損이 없이
감내해 나갈수 있는 지극히 작은것, ── 고통이라기 보다
산다는 表示이고 삶의 구체적 條件같은 것이라 생각합니다.

　　　　×　　　　×

지난 달의 어머님 下書, 그리고 7日付 아버님 下書 모두
잘 받았읍니다. 어머님께서는 물론 年老하신 탓이라
믿습니다만 좋은 스승인 아버님을 곁에 두시고도 글씨가
많이 줄었읍니다. 그러나 저는 어머님의 서투른 글씨와
옛 받침이 좋습니다. 요즈음의 한글 書道는 대체로
宮中에서 쓰던 소위 "宮体"를 본으로 삼고 있읍니다만
저는 宮庭人들의 高級한 雅趣 보다는, 千字文의
절반인 "지게 호(戶)" "봉할 봉(封)" 까지만 외우시는
어머님께서 목청 가다듬고 두루말이 祭文을 읽으실때,
옆에 둘러 앉아서 共感하시던 숙모님들, 먼척 아주머니들처럼
순박한 農婦와 陋巷의 体臭가 배인, 그런 글씨를
써 보고 싶습니다. 누구든지 친근감을 느낄수 있고 나도 쓰면
쓰겠다는 자신감을 주는 수수한 글씨를 쓰고 싶습니다.

　　　　×　　　　×

스포츠 東亞는 가능하다면 서울에서 發送하도록 해주시기
바랍니다. 현재는 大田支社에서 우송해오고 있는데 배달이
늦고 더러 걸리기도 하기 때문입니다.
詳註된 詩經 한권 보내주시기 바랍니다.

　　　　×　　　　×

季嫂氏 편지에서 아버님 生辰 이야기 잘 읽었읍니다.

　　　11월 13일 　　대전에서
　　　　　　　　　영 복 올림.

兄 嫂님 前上書

새벽 참새가, 葉脫한 初冬의 枯木가지를 흔들며 폴폴 고쳐 앉기도 하다가, 어느새 처마끝 함석물받이에 올라 발톱소리 섞어 째액 거리기도 하다가, 무슨 맘인지 후닥 던져진 공같이 덜샌 하늘을 가르고 지붕너머로 사라지기도 하며, ……
조용한 아침에 최초의 活氣를 줍니다.
"엄마 없는 아이야 참새하고 놀아라" 참새의 친구는 원래 엄마없는 아이였던 모양입니다만 교도소의 참새는 새벽마다 그 작은 가슴을 창공으로 열어 우리의 닫힌마음을 깨우는 囚人들의 친구가 되고 있읍니다.

× ×

"들판의 아이와 도시의 아이 사이에는 산토끼와 집토끼, 江과 運河, 하늘과 창문의 차이가 있다"고 합니다.
都市가 文明의 中心임은 사실이지만 文明 가운데에는 그 必要는 사라지고 傳統만 남아 도리어 適應과 屈從을 요구하는, 사람이 그것을 위해 服務하는 그런 文明도 없지 않읍니다.
自然을 보러가서 人工을 만나고 오는 서울사람 속에서 우용이와 주용이는 얼마만큼의 자연과 더불어 자라고 있는지 궁금합니다.

× ×

보내주신 돈 잘 받았읍니다.
내의, 양말등 겨울채비가
충분합니다. 더 보내지
마시기 바랍니다.
형님과 家內 두루
평안하시길 빕니다.

11. 20.
　　대전서 삼촌 드림.

아버님 어머님 前上書

19日字 下書와 詩經 잘 받았습니다.
어머님 형님 동생 모두 무사히 墓祀 다녀 오셨으리라 믿습니다.
" 遙知兄弟登高處
  遍揷茱萸少一人 "
지난달 顯忠祠 參覲 때 떨어진 茱萸 한닢 주워 왔습니다.

   ×   ×

보내주신 詩經은 解義와 譯、註가 仔詳하여 그 奧義와 情懷에 어렵지 않게 臨할 수 있을듯 합니다.

「詩」는 故人들의 절절한 사연이 긴 세월, 숱한 人情에 의하여 共感되고 다듬어지고 그리하여 키워진 노래라 생각됩니다. 그러기에 " 이야기에는 거짓이 있어도 노래에는 거짓이 없다"고 하였던가 봅니다.
올 겨울에는 詩經에 담긴 無邪한 東方의 마음을 읽어보려 합니다.

   ×   ×

푹 한 날씨로 눈이 못된 비가 秋風에 실려 비닐 창문을 두드립니다.
어머님 아버님의 겨울 健康을 빕니다.

    11. 25.   대전에서
                    영 복 올림.

歲暮에 아버님, 어머님 前上書.

  벽에 기대어 앉을 때 저는, 결고 벽기대어 앉으시는
일 없으신 아버님을 생각합니다.
  簡潔한 対話, 節制된 感情으로 그 짧은 접견시간 마저
얼마큼씩 남기시는 아버님과 접견은, 한마디라도 더 실으려고 마지막
까지 매달리는 여늬사람들의 접견과는 대조적으로, 흡사 餘白이 넉넉한
한 폭 山水画의 분위기입니다.

  韓国의 近世를 읽으면서 저는,
가혹한 植民地의 時節을 한사람의 知識人으로
사셨던 아버님의 苦悩와, 지금은 기억조차 불가능한,
다섯살의 저에게 「抗日」을 가르치던 아버님의 知友들의
고뇌까지도 함께 읽게 됩니다.

  歲暮를 맞이하여 아버님의 下書를 다시 챙겨봅니다.
다른 사람들이 먼저 알고 가르쳐주는 붓글씨 피봉의 편지속에는
한해동안 기울여주신 어머님, 아버님의 염려와 복바라지가
고스란히 담겨있습니다. 修飾과 感傷 등 一切의 浪費가 排除된
그 淡淡한 文脈과 行間에서 저는, 저희들의 世代가
잃어가고 있는 것들에 대하여 번쩍 정신이 드는 순간순간을 경험
합니다.
          ×   ×

  한해가 저물녘이면 늘 어머님의 건강이 걱정됩니다.
그러나 젊으실때 자주 편찮으신 어머님의 잔병치례가
遐壽를 위한 액땜이 되시고, 지금까지도 줄지않는 타고나신
일 福이 건강의 秘訣이 되신것이 틀림없다고 믿습니다.
어머님께서는 지금은 참고 계신 말씀이 많으신 줄을 모르지 않습니다만
항상 너른 마음으로 견디시길 바랍니다.

  새해에는 家内에 기쁜 소식이 많으시길 빌며
절 대신 글올립니다.

            12월 15일
                영 복 올림.

歲暮에 李嫂氏께

起床시간 전에 옆사람 깨우지 않도록 조용히 몸을 뽑아 벽에 기대어 앉으면 써늘한 壁의 冷氣가 나를 깨우기 시작합니다.
나에게는 이때가 하루의 가장 맑은 시간입니다.
겪은 일, 읽은 글, 만난 人情, 들은 事情 …… 밤의 긴 터널속에서 濾過된 어제의 가닥들이 내 생각의 書架에 가즈런히 정돈되는 시간입니다. 금년도 며칠 남지 않은 오늘 새벽은 눈뒤끝의 매운 바람이, 세월의 아픈 채찍이, 不惑의 나이가 준엄한 음성으로 나의 現在를 묻습니다.
손가락을 베이면 그 상처의 痛症으로 하여 다친 손가락이 覺醒되고 保護된다는 그 아픔의 참뜻을 모르지 않으면서,
성급한 衝動보다는, 한번의 勇猛보다는, 結果로서 受容되는 智慧보다는, 綿綿한 企圖가, 매일매일의 約束이, 過程에 널린 愚直한 아픔이 우리의 깊은 內面을, 우리의 높은 정신을 이룩하는 것임을 모르지 않으면서,
스스로 충동에 能하고, 偶然에 乘하고, 아픔에 겨워하며 매양 매듭 고운 손 수월한 安居에 戀戀한 채 한마리 미운 오리새끼로 自身을 限定해 오지나 않았는지…….
何處秋風至 孤客最先聞, 겨울바람은 겨울나그네가 가장 먼저 듣는 법, 세모의 이 맑은 時間에 나는 내가 가장 먼저 깨달을수 있는 생각에 精一하려고 합니다.

×   ×

「겨울을 춥게 사는 사람들」의 이야기는 자신을 悲劇의 복판에 두기를 좋아하는 우리의 傲慢을 찌르는 글이었습니다.
화용이 민용이는 시골 아이같이 튼튼해 보입니다.
10日字 편지와 도 잘 받았습니다.

×   ×

새해에는 여러사람과 나누어야 할만큼 큰 기쁨이 있기 빌면서 賀正에 代합니다.

12. 16.

작은 형 씀

兄嫂님 前上書

눈이 오는 날은
눈사람 처럼 속까지 깨끗하게 되고싶다던
「無垢한 가슴」과,
모든 醜함 까지도 隱身 시키는 欺瞞의
白色에 둘리지 말자던 「冷徹한 머리」가
아울러 생각납니다.
그러나 눈이 오는날은 역시 후에 치러야 할
긴 寒苦에도 불구하고 우선은 상당한
感情의 上昇을 느끼지 않을수 없읍니다.

臘前三白 이면 풍년이 든다는데
初雪이 유난히 풍성한 금년은 벌써
二白 입니다.
새해에는 이웃과 함께 웃을수 있는 큼직한
기쁨이 있으시길 빌며 年賀에 대신 합니다.
보내주신 돈 잘 받았읍니다.
12. 22. 삼촌 드림.

謹賀新年

김유신의 말은
어제의 골목을
오늘도 답습하다가
천관녀집 문앞에서
목베이고
말았다.

季 嫂 氏 前

小寒 大寒 다 지났는데도
여전히 추운 겨울입니다.
書画班 作業場 19공탄 난로 하나 피웠읍니다.
나한테 묻는다면 겨울의 가장 아름다운 색깔은
불빛이라고 하겠읍니다.
새까만 연탄 구멍 저쪽의 아득한 곳에서부터
초롱 초롱 눈을 뜨고 세차게 살아오르는
주홍의 불빛은 가히 겨울의 꽃이고
深冬의 平和입니다.

천년도 더 묵은, 검은 침묵을 깨뜨리고
서슬푸른 불꽃을 펄럭이며 뜨겁게 불타오르는
한겨울의 연탄불은, 추위에 곱은 손을 불러모우고
주전자의 물을 끓이고, 젖은 양말을 말리고…
그리고 이따금 겨울 창문을 열게 합니다.

"불은 풍요하고 消盡되지 않는다. 새로운 화덕에
불을 피우기 위하여 이웃집들이 불을 빌어 갈 때에도
불은 꺼지지 않는 법이다"
「에니우스」의 불의 頌歌 와는 달리
아침에 불씨 얻기가 힘듭니다.

보내주신 돈 잘 받았읍니다.
家內 無故 하리라 믿습니다.

1월 31일

대전서 작은 형 씀

兄嫂님 前上書

하필이면 한겨울에 新年을 맞이하기 때문에 해마다 새해의 느낌은 그 新鮮함이 지나쳐 칼날 같습니다. 더우기 올해같은 혹한에는 더욱 그렇습니다.

꽃피는 어느 春三月 따스한 날을 正月 초하루로 잡았더라면 새해가 사뭇 다정한 것이 되었으리라 생각됩니다.

추위서 잔뜩 웅크린 겨울철은 아무래도 무엇을 맞이하고 어쩌고 하기에는 불편한 계절입니다.

春夏秋冬, 한해의 필두에 으레 봄을 앞장세워 歲月을 이야기함은 물론, 殘刑期를 손꼽는 이곳의 囚人들도 한결같이 "피고지고 1년", "피고지고 피고지고 2년" 이렇게 봄꽃으로 셈하고 있읍니다.

봄을 한해의 시작으로 삼으려는 것은 모두 살아있는 生命들의 마음인가 봅니다.

저도 새해의 이야기는 봄이 올 때까지 미루어 두기로 하겠읍니다.

×   ×

형님 편에 소식 잘 들었읍니다.
보내 주신 돈 잘 받았읍니다.

2월 4일
삼촌 드림.

아버님, 어머님 前上書

눈많고 추운 겨울이 였읍니다.
아직 김치독 깨트릴 추위를 남겨두고 있긴
합니다만, 이제는 어머님께서 한시름 놓으셔도
좋을만큼 풀린 날씨입니다.
냉수마찰을 하고나면 영하 20도의 겨울 아침도
훈훈하게 느껴집니다. 이 작은 경험은
겨울이 추울수록 봄이 이른 까닭을 깨닫게 해줍니다.

           ×   ×

겨울동안 詩經을 一遍하였읍니다.
마침 列國志를 倂讀할수 있어서 그 時代的
背景을 이해하는데 도움이 컸읍니다.
詩經에 담긴 詩들은 그 時代의 여러 苦惱와
그 社會의 여러 立場을 훌륭히 反映함으로써,
그 時代를 뛰어넘는 대신에, 오히려 그 時代에
充實하였음은 물론 當時의 哀歡이 오늘의 숱한
사람들의 가슴에까지 면면히 이어져 있다는 점에서
비로소 詩가 그 時代를 뛰어넘고 있음을 알겠읍니다.

           ×   ×

위로는 하늘에 달이 둥글고 아래로는 사람들의
마음이 원만하다는 정월 보름입니다.
명절날만기 중국집에다 음식을 시켜서 손님을 치루셨다던
어머님의 말씀이 생각납니다.
잠실 아파트의 모진 窓에 뜨는 달이 東山의 달과
같지 않은 까닭의 하나는 아들을 멀리두신 탓임을
모르지 않읍니다. 초승달을 키워서 보름달을 만들듯
어머님과 저와 그리고 마음이 아픈 모든 사람들도
스스로의 마음을 달처럼 조금씩 조금씩 키워가야
하리라 믿읍니다.

               정월 보름.
                     영 복 올림

兄嫂님 前上書

오늘은 春三月 陽光을 가득히 받으며
錦山의 七百義塚을 參觀하고 왔읍니다.
15尺 담은 봄도 넘기 어려운지 봄은 밖에 먼저 와
있었읍니다. 우리는 한나절의 봄나들이를 맞아
서마다 잠자던 感性의 눈을 크게 뜨고 봄을
들이 마시기에 여념이 없었읍니다.

" 나는 들판을 기웃거리다가 전에는 미처 몰랐던 것을
놀라움으로 깨달았다. 사람에게 봄기운을 먼저 가져
오는 것은 거두고 가꾸어준 꽃나무보다 밟고 베어냈던
雜草라는 것을. 들풀은 모진 바람속에서도 殘雪을
이고 자랄뿐 아니라 그렇게 자라는 풀잎마다 아쉬운
사람들이 나물로 먹어온 것도. ‥‥‥ "

「지금은 꽃이 아니라도 좋아라」의 이 一節은
스스로 잡은 섬에 몸을둔 우리들로 하여금,
봄이 늦다고 투정하는 대신에, 응달에.
버티고 선 겨울의 엉어리들 틈사이에서 이미
　　　와 있을지도 모를 봄싹을 깨닫게 하는
　　　　　　높은 채찍입니다。
　　　　　　　　　　×　　　　×

어머님 아버님 다녀
가신편에 소식 잘
듣고 있읍니다. 보내주신
돈 잘 받았읍니다.
형님, 우용이 주용이
건강을 빕니다.

3. 23.
대전에서
삼 촌 씀.

李 뽯 氏前

마른 나무의 까치도 집지어 조용히 알을 품었읍니다.
「더는 추위가 없겠지요」 봄인사를 뒤로 뒤로 미루어 오던
우리도 이제는 무사히 겨울을 지낸 安堵를 나눕니다.

×

우리는 악수하는 대신에, 상대방의 오른손과 나의 왼손을,
또는 반대로 상대방의 왼손과 나의 바른손을 잡는, 좀 독특한
악수를 곧잘 나눕니다. 악수의 흔한 형식을 파괴함으로써
우리들의 마음을 악수와는 다른 그릇에 담고 싶어 하기
때문입니다. 어떤 때는 우리의 할머니나
어머니들이 오래 전부터 해왔듯이 아예 상대방의
손이나 팔을 만져보기도 합니다.
몸 성함의 무사함의 원시적 확인 입니다.
내게도 물론 보통의 악수를 나누는 사람과 그런
악수로는 어딘가 미흡한 사람의 다소 어렴풋한
구별이 없지 않습니다.

금년 겨울의 酷寒을 실감케 해준 新田次郞의
「アラスカ物語」에도 極地의 에스키모인들이 그
모진 자연과 싸우는 동안에 만들어낸 독특한 文明들―
― 野蠻이라 俾稱 되기도 하는 ― 이 소상하게
묘사 되고 있읍니다.

사람은 누구나 몸에 맞는 옷이 편한 법.
나도 오랜 징역 살이에 틈이 들어 이젠 이곳의
文明들이 마음 편한가 봅니다.

×

보내주신 돈 잘 받았읍니다. 동생 다녀간 편에
소식 잘 들었읍니다. 징역 사는 형께 무언가 더
해주어야 되지 않을까 걱정하지 않도록 부탁드립니다.

4. 6.
작은 형 씀.

季嫂氏前.

人낯 살이도 그러하겠지만 더우기 징역살이는 언제든지 떠날수 있는 단촐한 차림으로 살아야겠다고 생각하였읍니다.
그러나 막상 이번 轉房 때는 버려도 아까울것 하나 없는 사질구레한 짐들로하여 상당히 무거운 이삿짐(?)을 날라야 했읍니다.
入房시간에 쫓기며 무거운 짐을 어깨로 메고 걸어가면서 나는 나를 짓누르는 또 한덩어리의 육중한 생각을 짐지지 않을수 없었읍니다.
내일은 「머―ㄴ 길」을 떠날터이니 옷한벌과 지팡이를 채비해두도록 童子더러 이른 어느 老僧이 이튿날 새벽 지팡이 하나 사립 앞에 짚고 풀발선 옷자락으로 꼿꼿이 선채 숨을 거두었더라는 그 고결한 臨終의 자태가 줄곧 나를 책망하였읍니다.
蹠屩擔簦、櫛風沐雨、나막신에 우산 한자루로 바람결에 머리빗고 빗물로 감던 옛사람들의 미련 없는 俗服은 감히 시늉할수 없는 것이라 하더라도 10여년 징역을 살고도 아직 빈 몸을 두려워하고 있었던 것은 아니었을까.
있으면 없는 것보다 편리한 것도 사실이지만 玩物喪志、가지면 가진 것에 뜻을 앗기며 물건은 방만 차지함에 그치지 않고 우리의 마음속에도 자리를 틀고 앉아 創意를 蠶食 하기도 합니다. 利器를 생산한다기보다 「必要」그 자체를 무한정 생산해내고 있는 現實을 살면서 傲然히 자기를 다스려 나가기도 쉽지않음을 알수 있읍니다. 그러나 그릇은 그 속이 빔(虛)으로써 쓰임이 되고 넉넉함은 빈몸에 고이는 이치를 배워 스스로를 당당히 간수하지 않는한, 척박한 땅에서 키우는 모든 뜻이 껍데기만 남을 뿐임이 확실합니다.

×　　　　×

10日字 편지 잘 받았읍니다. 화용이는 울음을 저 혼자서 감당하는 것이 도리어 대견스럽게 생각됩니다. 자전거로 울면서 동네를 도는 것이 무슨 「데모」라고는 할수 없지만.
아버님 다녀가셨읍니다. 박선생님도 뵙고 여러가지 이야기 들었읍니다. 家内 平安하리라 믿습니다.

4. 27.
작은 형 씀.

兄嫂님 前上書.

영치된 책들을 집으로 우송하려고 영치 창고로가서
저의 보따리를 끌러 보았읍니다.
수많은 보따리들이 번호순으로 어깨를 비비며 비좁은
시렁을 겨우 나누어 앉아 있는가 하면 보따리 마다에는
주인을 잘못만나 엉뚱한 곳에 온 물건들이 기맥힌
사연을 담은채 나프탈린 냄새속에 잠들어
있었읍니다.
저의 보따리 에도 삐뚤어진 신발과 삭은 옷가지에
10여년전의 세월이 그대로 고여 있었읍니다.
집으로 우송할 책만 따로 골라서 묶어 놓고
나머지는 폐기하였읍니다.
빈 보따리 달랑 걸어놓고 돌아 오면서
새해도 아닌데 찾아드는 무슨 新鮮함 같은
느낌에 잠시 의아한 마음이 되었읍니다.
항상 새로이 시작하는 마음가짐은 필요하고도
유익한 것이라 생각됩니다.

　　　　　　　　×　　　　×

　　　　　　보내주신 책과 돈 모두 잘
　　　　　　받았읍니다. 그리고 형님 편에
　　　　　　집안 소식 많이 들었읍니다.
　　　　　　우용이 주용이 와 함께
　　　　　　형누님 께서도 건강하시길
　　　　　　빌며 이만 각필합니다.

　　　　　　5. 13.
　　　　　　　대전의 삼촌씀.

아버님 前上書.

가뭄과 더위가 일찍부터 성화같은 여름입니다. 그간 어머님 아버님을 비롯하여 家內 두루 평안하시리라 믿습니다.

9日付 下書, 묘뻦님이 보내주신 책, 그리고 東亞스포츠 等 모두 잘받았읍니다. 지난번에 보내주신 嶺毫筆은 매우 좋은 것입니다. 역시 큰 붓으로 쓴 글씨는, 작은 붓으로 쓴 같은 크기의 글씨에 비하여, 여유와 깊이가 있는것 같읍니다.

轉房과 塗褙등으로 며칠간은 어수선하고 바쁜 날을 보냈읍니다. 새로 옮긴 방은 바깥에 세살 먹은 碧梧桐 한그루가 窓枝를 뻗어주고 있읍니다. "梧桐葉大雨聲豪" 아직은 어린잎이라 빗소리를 큼직하게 전해주지는 못합니다만 여름날 아침 투명한 綠葉이 던져주는 싱싱함이란, 저희들로 하여금 가히 容膝의 易安을 깨닫게 해줍니다.

5. 27. 대전에서

영 복 올림.

李嫂氏 前.

얼마 전에 2級優良囚房으로 轉房하였읍니다.
무기수 답지 않은 자그마한 보따리 하나 메고, 다시 새로운 사람들과
생활을 시작하였읍니다. 11家族의 받은 징역이 도합 242년,
지금까지 산 햇수가 140년 — 한마디로 징역을 오래 산 無期囚 와
長期囚의 방 입니다. 응달쪽과는 내복 한벌 差라는 양지 바른 방이라
든가 窓밖에 碧梧桐 푸른 잎사귀 사이로 山景이 아름답다는 점도 물론
좋은 듯이지만, 나에게는 逆境에서 삶을 開墾해온 열사람의 丁史를
만난다는 사실이 무엇보다 가슴뿌듯한 幸運 입니다.

스스로 轉入者가 되어 自己紹介를 하면서, 나는 판에 박은 듯한
소개나 사람의 거죽에 관한 것 대신에, 될수 있는 限 나의 精神의
衰化·發展過程을 간추려 이야기하려고 하였읍니다.
이러한 노력은 내 딴에는 사람을 보는 새로운 規矩를 모색하는
노력의 一端이며 自慰와 韓卑의 塗色을 허락지 않는
第三者의 言語로 表現된 自己를 가져보려는 試圖의 하나 입니다.
짧은 時間에 대어 돌아가며 하는 대수롭지 않은 몇마디 이야기에 불과한
것이라 하더라도 이러한 나의 노력은 버들잎 한장으로서도 天下의
봄을 만날수 있다는 確實함과, 한그릇의 물에 보름달을 담는
悠久한 詩情을 지니고 싶어하는 所望의 表現이기도 합니다.

이번의 轉房은 나의 生活에 찾아온 오랫만의, 그리고 큼직한
변화 입니다. 이 변화가 가져다준 얼마간의 新鮮함은 우리들이
자칫 빠져들기 쉬운 踏步와 정신의 座着을 질타해 줍니다.
더 좋은 잔디를 찾다가 결국 어디에도 앉지 못하고 마는 驛馬의 流浪도
그것을 美德이라 할수 없지만 나는 아직은 달팽이의 保守와 蟄居를
선택하는 나이가 되고 싶지는 않습니다. 왜냐 하면 역마살에는
꿈을 버리지 않았다는 아름다움이 있기 때문이며 바다로 나와버린
물은 골짜기의 時節을 부끄러워하기 때문 입니다. 옷자락을 적셔
유리窓을 닦고 마음속에 새로운 것을 위한 자리를 비워두는 준비가 곧
자기를 키워나가는 일이라 생각 됩니다.

아버님 편에 보내주신 돈 잘 받았읍니다.
화용이 민용이 사진보다 더 자랐으리라 생각 됩니다.

　　　6. 2.　　대전서
　　　　　　작 은 형 씀.

兄 嫂님 전상서

書車班 작업장에서 바깥을 바라보면 우리들의 마음을 너그럽게 해주는 완만한 陵線을 가진 보리밭 언덕이 있읍니다.
이 언덕은 出所者들이 저마다의 얼룩진 靑春을 묻어둔 교도소를 한번쯤 굽어보는 「滿期동산」이기도 하며, 접견을 마친 어느 가족이 차마 발길 떼지 못해 아픈 입술 씹으며 잠시 望夫石이 되는 언덕이기도 합니다.

저는 우용이 주용이 또래의 어린이가 란도셀을 메고 이 「보리밭 사잇길」로 뛰놀며 학교 가는 모습이 가장 좋습니다. 아침 저녁으로 자동차와 소음 대신에 보리밭을 질러서 登下校한다는 것은, 도회지를 사는 어린이들에게는 또 한 사람의 어머니를 갖는 것과 맞먹는 행운입니다.

교회와 몇 개의 지붕을 등에 얹고 있는 이 언덕에 요즈음은 가뭄 때문에 자라지 못한 채 지레 익어버린 보리가 애타게 단비를 목말라하고 있읍니다. 안타까운 일입니다.

우송해주신 다이제스트 잘 받았습니다. 6새月 또는 1年間의 定期購讀을 申請해두시면 매번의 수고를 덜 수 있으리라 생각됩니다.

다음 편지에는 우용이와 주용이와 함께 찍은 사진 두어 장 보내주시기 바랍니다. 저희들도 가족사진을 가질 수 있읍니다.

　　6. 5.　　대전에서
　　　　　　　삼촌 드림.

兄 嫂님 前上書

언제 가물었더냐 싶게 요즈음은 이틀거리로
비가 쏟아집니다. 등뒤에 이렇게 많은 비를
감추고도 비 한줄금 그렇게 어렵던 여름철의
旱興이 무척 뿐緻해 보입니다.

지금 내리는 비가 농사에 이로운 건지 어떤지 몰라
서로 물어 쌓다가 문득 世事로부터 멀리
나 앉은 자신들을 확인합니다.

오늘은 손님이 오신다고 아침 일찍 화단을 가꾸었읍니다.
싸아한 풀냄새 흙냄새에 묻혀본 실로 오랜만의 흐뭇한
시간이었읍니다. 맨드라미 채송화 창포 팬지 하국 등
그리 잘나지도 못한 꽃들이지만, 뚱딴지 쇠비름 크로바
가라지들과 사이좋게 어울려 이루어내는 자연스러움은,
빼어난 꽃들이 주는 경탄과는 달리, 規則과 人工의
秩序로 인해 角이 진 마음들을 포근히 적셔줍니다.

보내주시는 돈과 digest
꼬박ㅅ 받고 있읍니다.
형님 하시는 일과
宇宙窟의 건강과
형수님의 발전을 빕니다.

7. 13.

대전 삼촌 드림

아버님 前上書

장마 걷힌 하늘에 여름 해가 불볕을 토합니다.
漢江을 지척에 두고 계신다지만 물고기들도 살 수 없어 떠나버린 강물이 生氣 있는 강바람 한줄기 피워내지 못하는 것이고 보면, 잠실의 여름은 결국 모래와 자갈로 남을수 밖에 없지 않겠읍니까.

겨울동안은 서로의 체온이 옆사람을 도와 酷寒을 견디던 저희들이 이제 여름에는 자기의 체온으로 옆사람을 볶는 형국이 되어 물것들의 등쌀에 더하여 당찮은 미움까지 만들어 내지나 않을까 걱정입니다.

그러나 그저께 밤중의 일이 없읍니다.
여태 없던 서늘한 바람기에 눈을 떴더니, 더위에 지친 동료를 위하여 방 가운데서 부채질하고 서있는 사람이 있었읍니다. 嚴霜은 貞木을 가려내고 雪中에 梅花 있듯이 苦難도 그 바닥에 한톨 人情의 씨앗을 묻고 있는가 봅니다. 이러한 인정을 보지못하고 지레 「미움」을 걱정함은 人間의 善性의 깊음에 대한 스스로의 誤謬됨 외에 아무것도 아니라 생각합니다.

오늘부터 한달간은 酷暑期를 피하여 醇化敎育도 放學입니다. 구보와 軍歌소리로 무덥던 운동장에 대신 공치고 뛰노는 웃음소리로 생기 가득합니다.

그간 형님, 영석이 다녀간 편에 대강 소식 듣고 있었읍니다만 어머님 問安이 매우 적조하였읍니다.
내내 강녕하시길 빕니다.

7. 21.   대전에서
영 복 올림.

兄嫂님 前上書

교도소의 아침까치소리는 접견을 예고 합니다.
기상나팔 소리와는 달리, 까치소리는 우리들의 곤한 심신에
상큼한 탄력을 부여하여 우리를 스스로 눈뜨게 합니다.
까치를 일컬어 喜鳥라 한 옛사람들의 마음을 알겠읍니다.

都市의 빌딩들에 쫓겨 머물곳을 잃은 까치들은 이곳의
몇 그루 키큰 갯버들에 둥지를 만들어, 마찬가지로 고향을 잃은
囚人들과 벗하여 살아 오고 있읍니다.
그러나 얼마전에는 많은 수인들을 마음아프게 한 일이
있었읍니다. 한꺼번에 두마리의 까치를 잃은 일이 그것입니다.
어미까치가 새끼를 데리고 취사장뒤 고압선에 나누어 앉아
부리로 먹이를 건네는 순간 그만 合線을 일으켜 요란한
굉음과 함께 땅에 떨어져 숨지고 말았읍니다.

이날 아침. 우리는 停電으로 말미암아 마른 건빵으로
아침밥을 대신하면서 창공을 잃고 땅에 누운 새의 슬픔을
되씹고 있는데 스피커에서는 종종 합선사고를 내는 교도소의
까치를 없애 달라는 韓電측의 무심한(?) 요구가
所內放送으로 흘러나오고 있었읍니다.

그러나 지금은 그때의 아프던 기억도 엷어지고
남은까치, 새로운까치들이 그전과 다름없이
새벽하늘을 가르며 잠든 우리를
흔들어 깨우고 있읍니다.

보내주신 책과 돈 잘받았읍니다.
소식 잘 듣고 있읍니다.

이 가을에 형수님께도
큼직한 수확이 있기를
빕니다.
    · 8. 14.
      대전서 삼촌 드림.

아버님 前上書

8月 17日付 下書와 詩家點燈 잘 받았읍니다.
아버님께서 골라주신 書題들은 가까운 이웃처럼 親熟한
글들과 一見 平凡한듯하면서도 물처럼 소중한 글들이 많아
평소 아버님의 가르침인듯 합니다.

할아버님 墓表는 아침저녁 조용한 때를 택하여 習字하고
있읍니다. 이번 가을동안에 쓰도록 하겠읍니다.
學校도 들기전의 어린때 할아버님 앞에서 油紙를 펴고
붓글씨를 배우던제가 이제 막상 할아버님의 碑文을 쓰려고,
그것도 獄中에서 붓을 잡으니 할아버님의 추억과 함께
歲月이 안겨주는 한아름의 감개가 가슴 뻐근히 사무칩니다.

말씀하신 書道大典은 그 내용을 보지 못해 무어라 말씀
드릴수 없읍니다만 제가 가진 五體字彙와 여러 書帖등으로
그리 불편을 느끼지 않고 있읍니다.

바쁜 중에 형님 다녀 갔읍니다.
제 일로 인하여 너무 勞心 하는 일이 없으시길 바랍니다.
淡淡하고 悠然한 자세는 어려움을 건느는 높은 지혜라
생각됩니다.

處暑지낸 秋涼이 우리의 정신을 한층 明澄게
해주는 계절입니다. 가을동안에는 어머님께서도 기력이
더욱 실하여지시고 아버님께서도 硏學에 進境이
있으시길 빕니다.

8. 27.   대전에서

영 복 올림.

兄 嫂 님 前上書

이곳은 태풍의 먼 자락이 가벼이 스쳤을 뿐인데도 사나흘 좋이 落氣가 끊이질 않고, 갯버들 큰 가지가 바람에 찢겨 밤새 머리칼로 비질을 하는등 여간이 아니었읍니다.

오늘 아침은 자욱한 안개가 빛바랜 獄舍의 삭막한 풍경을 포근히 감싸서, 부드럽기가 흡사 山水畵의 遠景 같읍니다.

옛날에 수염이 길고 智慧 또한 깊은 어느 老僧이 이곳을 지나다가, 짙게 서린 霧氣를 보고 이곳에는 훗날 큰 절이 서리라는 예언을 남기고 표연히 사라졌다고 합니다.
예언이란 엇비슷이 的中하는데에 妙가 있는가 봅니다. 數千의 青放削髮僧(?)들이 苦行 修道하는 교도소는 가히 큰 절이라 하겠읍니다.

'잠 에너지'로 어제의 피곤을 가신 이곳의 우리들은 새벽의 청신한 공기를 양껏 들이마시며 기차처럼 어느새 지나가 버릴 쾌청한 가을 날씨를 차마 아까워 어쩌지 못하고 있읍니다.
가을에 저마다 자신을 간추려 두는 까닭은 머지않아 겨울이 오기 때문이라 생각됩니다.

보내주신 돈 잘 받았읍니다.
내일 모레가 秋夕, 사과라도 나누며 친구들과 더불어 우리들의 가을을 이야기 하겠읍니다.

9. 10.
대전서 삼촌 드림.

季嫂氏께

읽을 책이 몇권 밀리기도 하고 마침 가을이다 싶어
정신없이 책에 매달리다가, 이러는 것이 잘 보내는 가을이
못됨을 깨닫습니다. 몸 가까이 있는 雜多한 現實을 그
內的 聯關에 따라 올바로 論理化해내는 力量은
역시 책속에서는 적은 분량 밖에 얻을 수 없다고 해야
할 것 같습니다. 讀書가 남의 思考를 반복하는
浪費일 뿐이라는 極言을 수긍할 수야 없지만, 대신,
책과 책을 쓰는 모든 「창백한 손」들의 限界와 派覺性은
수시로 想起되어야 한다고 믿습니다.

오늘이 重陽節 그러고 보니, 江南갈 의논으로
전깃줄에 모여 그리도 말이 많던 제비들 모두
떠나고 없습니다. 구름에 앉아 지친 날갯죽지를
쉴수 있다면 너른 바다도 어렵 잖 앉을텐데
무리에 끼어 앉았던 어린 제비 한 마리 생각납니다.

不似春光 勝似春光、
봄빛 아니로되 봄을 웃도는 아름다움이 곧 가을의 정취라
합니다. 그러나. 등뒤에 겨울을 데리고 있다 하여 가을을
반기지 못하는 이곳의 가난함이 부끄러울 뿐 입니다.

한번 오겠다시던 아버님 소식 없어 혹시나 어머님
편찮으신가 이런 저런 걱정입니다. 걱정은 흔히
그 부질 없음에도 아랑곳 없이 더욱 걱정됩니다.

전신환으로 보내주신 돈 잘 받았습니다.
보이지 않는 도시의 病害에 항상 유의 하여
꼬마들 함께 家內 두루 平安 하시길 바랍니다.

10. 6.
대전서 작은 형 씀.

모반 님 전상서

어제는 재소자들의 가을운동회날이라 종일 운동장의 가마니
위에 앉아 있었읍니다. 좁은 마당에 잘해야 난장이 곱사춤
이라지만 새하얀 직선과 곡선으로 모양을낸 운동장은
거기 얼룩져 있는 숱한 사람들의 고뇌를 말끔히 씻은
얼굴입니다. 닫힌 문열고 나온 囚人들의 달음박질은
가지각색의 팬터에도 불구하고 하나같이 저만큼 가버린
「가을」을 향한 집요한 추격같읍니다.

×　　　　　×

菊花場의 비닐온실에 밤새 불을 켜 놓기에
아마 鶏舍에 다는 전등불이나 한가지려니만 여겼더니
이것은 꽃을 재촉하는 것이 아니라 도리어 꽃을 누르기위한
것임을 알았읍니다. 국화는 長夜性 식물이기때문에
밤이 길어야 꽃이 피는 법인데 市場의 꽃값이
비쌀때 내기위하여 開花를 억제해둔다는 것입니다.
춘분도 훨씬지나 가을밤도 길어졌는데 전등불에 밤을
뺏겨 피지못하던 꽃들이 며칠전의 消燈으로
일제히 꽃피어 냈는지 온실에는 꽃한송이 보이지
않고 썰렁한 늦가을 바람이 비닐자락을
부풀리고 있읍니다.

×　　　　　×

보내주신 돈 잘받았읍니다.
아버님 다녀가신 편에
집안 소식 잘들었읍니다.
아무쪼록 건강하고
싱그러운 가을이 家內에
충만하길 빕니다.

10. 17.
　　대전서 삼촌 드림.

아버님 前上書

새벽에 눈뜨면 시간을 어림하기 위하여 먼저 창문을 올려다 봅니다. 방에 불이 켜있어 어둠의 깊이를 짐작하기가 쉽지 않습니다만 불빛을 받아 희미하게 드러난 쇠격자 사이로 짙은 먹빛 유리창에 微明의 푸른 빛이 엷게 배어나기 시작하면 새벽이 멀지 않음을 알수 있습니다.

가을날 새벽이 자라고 있는 창밑에서 저희는 이따금 책장을 덮고 秋霜같이 엄정한 사색으로 자신을 다듬어 가고자 합니다.

營爲하는 日常事와 지닌 생각이 한결같지 못하면 자연 생각이 空虛해 지기 마련이며 공허한 생각은 또한 일을 당함에 所用에 닿지 못하여 한낱 思辨일 뿐이라 믿습니다. 저희들이 스스로를 洞察함에 특히 통렬해야 함이 바로 이런 것인즉, 속빈 생각의 껍질을 흡사 무엇인양 챙겨두고 있지나 않는가 하는 점입니다.

첫술을 구하는 지혜가 올바른 것이 못됨은, 學止於行, 모든 배움은 行爲속에서 자기를 실현함으로써 비로소 산것이 되기 때문입니다. 항시 당면의 과제에 맥락을 잇되, 오늘의 일감속에다 온 생각을 가두어두지 않고 아울러 내일의 所爲를 향하여 부단히 생각을 열어 나가야 함이 또한 쉽지 않음을 알겠습니다.

×　　　　　×

내일 모래가 霜降. 가을도 차츰 겨울이 되어가고 있읍니다. 어머님 아버님께서 늘 安康하시길 빕니다. 이곳의 저희들도 얼마남지 않은 가을 동안에 겨울을 견딜 건강을 갈무리 해두려고 준비하고 있읍니다.

9日字 下書, 안경. 책 진작 받았읍니다만 그사이 가을운동회가 있어 答上書가 늦어 졌읍니다. 안경은 도수도 크기도 적당합니다. "마당"은 보내지 마시기 바랍니다. 여가 나시는대로 白唐紙 50枚정도 보내 주시기 바랍니다.

　　10. 21.　　대전에서
　　　　　　　영복 올림.

아버님 前上書

지난달 28日付 下書와 봉투紙 잘 받았습니다. 영석이 다녀간 편에 어머님 아버님 평안을 들었습니다만 저는 또 저때문에 겨울을 걱정하실 어머님 걱정입니다.

보내주신 종이는 여기것보다 값도 눅고 결도 고운것 같습니다. 추워지기 전에 써 보고 싶은 글귀를 몇 가지 적어 두었습니다만 갈수록 글씨가 어려워져 붓이 쉬이 잡혀지질 않습니다.

자기의 글씨에 대한 스스로의 不足感과, 더러는 이 不足感의 表現이겠습니다만, 글씨에 변화를 주려는 강한 충동때문에 붓을 잡기가 두려워 집니다.
무리하게 변화를 시도하면 자칫 度로 흘러 亞流가 되기 쉽고 반대로 放慢한 반복은 자칫 固가 되어 답보하기 쉽다고 생각됩니다.
度는 그 속에 人生이 담기지 않은 껍데기이며, 固는 제가 저를 기준삼는 我執에 불과한 것이고 보면 "允執厥中" 역시 그 中을 잡음이 要諦라 하겠습니다만 書體란 어느덧 그 "사람"의 性情이나 思想의 一部를 이루는 것으로 결국은 그 "사람"과 함께 변화 발전해 감이 틀림없음을 알겠습니다.

"牛車가 나아가지 않으면 소를 때리겠느냐 바퀴를 때리겠느냐?"는 뮷問이 때로는 우리를 깨우치는 귀중한 물음이 되듯이, 本末을 顚倒하고 先後를 그르치는 것은 거개가 拙速한 欲心에 연유하는것이 아닌가 싶습니다.

겨울이라고 따로 준비할것이 없습니다. 어머님께서 걱정하시거나 옷을 보내시지 않기 바랍니다.

11. 4.   영 복 올림.

兄 嫂님 前上書

工場과 舍棟에 부착할 "동상예방주의사항"을
채 다쓰기도 전에 추위가 찾아왔읍니다.
가을 초입부터 겨울을 느끼며 사는 저희들에게는 조금도
놀라운 일이 못됩니다. 조금은 귀찮은 일이긴 합니다.

甲年이 지난 낡은 담벽 밖으로, 여름내 무성한 잎사귀를
자랑하던 가로수들은 葉落而糞本, 발밑에 낙엽을 떨구어
거름으로 챙기며 내년의 成長을 약속하고 있읍니다.

이 裸木들의 건너편에는 여름 보리누름에,
가뭄과 혹서로 그토록 시달리던 언덕에 지금은
반달연 가오리연을 날리는 아이들과 쥐불을 놓아
까맣게 언덕을 그을려먹는 꼬마들이 제 철을
만난듯 뛰놀고 있읍니다.
낡은 담, 凋落한 나무들 뒷편에 이처럼 발랄한
어린이들의 약동이 보이는 풍경은 그대로 하나의
놀라운 교훈입니다.

11월 18일 수요일은 저의 무기수 生日宴 ─ 시간이 긴
접견 ─ 이 있읍니다. 지난번과 마찬가지로 음식준비
없이 11시 까지 오시면 됩니다. 아버님 어머님께서
추위에 먼 걸음 하시지 말고 형님께서나 동생이 다녀
가도록 해주시기 바랍니다.

보내주신 돈 잘 받았읍니다. 우용이 주용이도
그림속의 어린이처럼 겨울에 더욱 강한
어린이가 되길 바랍니다.

11. 9.
대전서
삼촌 올림

촌形님 께

겨울준비를 하느라고 비닐을 쳐서 바람창을
막고 작업장에 칸막이를 하는등 서툰 목수일을
하다가 망치로 검지손가락을 때려
하는수 없이 손톱한개를 뽑았읍니다.
언젠가의 촌形님 의 예름처럼
불편한 한주일이 될것 같습니다.
손가락의 아픔보다는 서툰 망치질의
부끄러움이 더 크고, 서툰 솜씨의 부끄러움보다는
제법 일꾼이 된듯한 흐뭇함이 더 큽니다.

더러 험한(?) 일을 하기도하는 징역살이가
조금씩 새로운 나를 개발해 줄때 나는
발밑에 두꺼운 땅을 느끼듯 든든한 마음이
됩니다.

형님, 형수님 오셔서 이런 저런 이야기
나누었읍니다. 짧은시간에 많은 이야기,
작은 가방에 많은물건을 넣은듯 두서없긴
하지만 창문하나 더 열어준 셈은 됩니다.
生男을 祝賀합니다. 낳을까 말까, 낳을까
말까하다 태어난 놈이라 필시 대단한
녀석이 되리라 생각됩니다.
전신환으로 보내주신 돈 잘 받았읍니다.

11. 19.
작은 형 씀

형수님 전상서

지난달 하순에 저희 書畵班이 이사를 하였습니다.
5, 6년동안 작업장으로 사용해왔던 강당옆 계단으로부터
열세평짜리 큰 방으로 옮겨 왔습니다. 삭월세를 살다가
전세를 얻어든 폭은 됩니다.

방이 크기때문에 윗목에 책상을 벌여놓아 작업을 하고
아랫목에서 먹고자는 이른바 宿食, 作業의 全生活이
한곳에서 이루어지게 되었습니다. 서화반의 식구도 일곱으로
늘고, 저녁잠만 자러오는 약대부원 10여명이 또 이방의
동숙인입니다.

이것은 실로 移徙 以上의 큰 변화입니다.
낯선것, 서툰것, 심지어 불편한것까지 전체로서 新鮮한
분위기를 이루어 生活에 활력을 불어넣습니다.

× ×

이번 이사 때 가장 두고 오기 아까웠던것은 「창문」이었
습니다. 부드러운 능선과 오뉴월 보리밭언덕이 내다보이는 창은
우리들의 메마른 시선을 적셔주는 맑은 샘이었습니다.

그러나 생각해 보면 「창문」보다는 역시 「문」이 더 낫습니다.
창문이 고요한 관조의 세계라면 문은 힘찬 실천의 現場으로
열리는 것입니다. 그 앞에 조용히 서서 먼곳에 着目하며
스스로의 생각을 여미는 창문이 귀중한 「瞑想의 陽地」
임을 부인할수는 없지만, 그것은 결연히 문을 열고 온몸이
나아가는 進步 그 자체와는 구별되지 않을 수 없습니다.

× ×

謹賀新年

한해동안 베풀어주신 형수님의 수고에
감사드립니다. 새해의 발전과 건강을
기원합니다. 우용이 주용이에게는
싼타클로즈를 그렸습니다.

신유세모

삼촌 올림.

형수님께

교도소의 文化는 우선 침묵의 문화 입니다.
마음을 열지않고, 과거를 열지 않고 그리고 입마저 열지 않는,
침묵과 와 의 거대한 벽이 사람과 사람의 사이를 쓸쓸히 차단하고
있습니다. 두드려도 응답없는 침통한 침묵이 15척 높은 울이 되어
그런대로 최소한의 자기를 간수해 가고 있습니다.

교도소의 문화는 또한 饒舌의 문화 입니다.
요설은 청중을 迷兒로 만드는 誇張과 虛構와 幻想의 숲입니다.
그 울창한 요설의 숲속에 누가 살고있는지 좀체 알수 없습니다.
숲속에 흔히 짐승들이 사람을 피해 숨어 살듯이 長廣舌은 부끄러운
자신을 숨기는 은신처 이기도 합니다.

침묵과 요설은 정반대의 외모를 하고 있으면서도 똑같이
그속의 우리를 한없이 피곤하게 하는 疎外의 文化 입니다.
나는 이러한 교도소의 문화속에서 적지않은 年月을 살아오면서
내가 만나는 사람들의 침묵을 열고, 요설을 걷어 낼수 있는 제 3의
문화를 고집하고 있는 많지 않은 사람 속에 서고자 해왔습니다.
불신과 허구, 환상과 과장,돌과 바람, 이 황량한 교도소의 문화는
그 바닥에 깊은 슬픔을 깔고 있기 때문이며, 슬픔은 그것을
땅속에 묻는다 할지라도 「썩지 않는 고무신」,「자라는 돌」이 되어
오래 오래 엉겨붙는 아픔으로 남기 때문입니다.

제 3의 문화는 침묵과 요설의 어중간에 위치하는 것이 아니라
믿습니다. 버리고 싶은 마음, 잊고싶은 마음을 정갈히 씻어
별에 너는 自己完成의 힘든 길위의 어디쯤에 있는 것이라고
생각 됩니다.

×

한해가 저물어 가고있읍니다. 크리스마스와 새해,
무슨 이름있는 날이 되면, 징역을 처음살거나 바깥에 가족을 둔
애틋한 마음과, 징역을 오래살아 메마르고 非情해진 마음이
서로를 이해하지 못해 잠시 의아하게 상대편을 바라 보다가.
이내 상대의 마음을 배우게 됩니다.

×

한해동안 보내주신 제수님의 수고에 대한 감사를, 이 구석에
써 둡니다. 건강과 발전의 새해를 기원합니다.

신유년 세모에

작은 형 씀.

季嫂님 前

"편지"가 아무려면 "만남"에 비길 수 있겠읍니까.
더구나 中東 그 먼 거리를 메우기에는 항공엽서가
너무나 약소한 것도 사실입니다.
그러나 나는 십수년의 참담한 징역을 그 작은 봉함엽서로
서로의 신뢰와 사랑을 키워온 어느 젊은 부부의 귀중한 승리를
알고 있읍니다. 한동안 헤어져 산다는 것은, 그것이 어떤
종류의 인간관계이었든, 지금까지 자기가 처해있던 자리를
객관적으로 바라볼 수 있는 훌륭한 계기를 마련해 주는 것이라
생각합니다.
나는 季嫂님의 生活과, 그 생활속에 스스로 어떠한 뜻을
심어가고 있는가에 대하여 전혀 無知합니다.
그러나 아이들과 남편을 자신의 世界로 삼는 것이 꼭
賢母의 자리, 良妻의 자리가 아니라는 점을 想起시키고
싶습니다. 그리하여 이번의 別離를 계수님의 보다큰
成長을 위한 값진 계기로 만들어가기 바랍니다.

×   ×

지난 11월 말에 서화반이 열세평짜리 큰 방으로 이사온 후로
십여명의 악대부원들과 同宿하게 되면서 話題가 훨씬
젊어지고 다양해졌읍니다. 「通禁이 해제되었대」, 「밤티보기
좋을 것 같으지, 좋아하지마」, 「학삐리들 머리하고 못하고 지들 멋대로래」,
「일어줘 넌 청의 삭발에 순화교육이나 잘받으라구」, 「롯데호텔이
아무리 높아야 너하고 무슨 상관이야」, 「쳐다보지마 모가지만 아프다구」,
가방끈이 길어서 영양가 있는 화제, 후지고 곰삭은 화제, 너비가
19인치를 못넘는 화제……
유행가를 배우고, 통키타를 배우고, 일본어를 배우는 젊은이들,
빌딩그늘에서 도시의 悲哀를 배우는 젊은이들…….
나는 이러한 젊은이들과, 그 구사하는 언어에 있어서나, 그 發想과
감각에 있어서 하등의 격의없이 섞이고 이해할 수 있게된
나 자신을 「발전」으로 받아들이고 있읍니다. 이러한 젊은이들의
생각과 경험속에 깊숙히 들어가는 것이 곧 나의 「社會學」
이기도 합니다.

×   ×

보내주신 편지와 돈 잘 받았읍니다.
화용. 민용. 두용 꼬마들과 함께 건강하시길 빕니다.

1. 12.   작은 형 씀

묻 뱆님 전상서

하얗게 언 비닐 창문이 흐미하게
밝아오면, 방안의 전등불과 바깥의
새벽 빛이 서로 밝음을 다투는 짤막한
시간이 있읍니다.
이 때는 그럴리 없음에도 불구하고
도리어 더 어두워 지는듯한 착각을 한동안
갖게 합니다. 칠야의 어둠이 푸므의
새 빛에 물러서는 이 짧은 시간에,
저는, 별이 태양 앞에 빛을 잃고, 간밤의
어지럽던 꿈이 찬물 가득한 아침 세숫대야에
씻겨 나듯이, 작은 고통들에 마음 아파하는
부끄러운 자신을 청산하고 더 큰
아픔에 눈뜨고자 생각에 잠겨봅니다.

큰 추위 없이 겨울을 나자니 막상
돈을 다 치르지 않은것같은 느낌이
남읍니다. 어제는 보름이었읍니다.
창살 격하여 보는 달은 멀기도 하여
불질러 달을 맞던 마음도 식어서
달려 짚어볼 생각도 없었던가봅니다.

보내주신 돈 잘 받았읍니다.
지난번 형님 다녀가신 편에 말씀
잘 듣고 있읍니다.
우용이. 주용이 함께 형수님께서도
건강하시길 빕니다.

　　2. 9.　　대전서
　　　　　　삼 촌 올림.

季 嫂님 前

어느 木工의 鬼才가 나무로 새를 깎아 하늘에
날렸는데 사흘이 지나도 내려오지 않았다는
이야기가 있읍니다.   그러나 그 精巧를 극한
솜씨가 우리의 生活에 보태는 도움에 있어서는
수레의 바퀴를 짜는 한 平凡한 木手를
따르지 못함은 물론입니다.

글씨도 마찬가지여서 "一"字에서 江물소리가
들리고 "風"字에 바람이 인다 한들, 그것이
무엇을 위한 所用인가를 먼저 묻지 않을 수
없읍니다.

특히 書道는, 그 形式에 있어서는 民族的 傳統에
비교적 충실한 반면 民衆의 美的 感覺과는 인연이
멀고, 그 內容에 있어서는 東道를 主體로 삼되
封建的 限界를 벗지 못하고 있어 明暗半半의
실정임이 사실입니다. 더구나 글씨란 누구의 벽에
무슨 까닭으로 걸리느냐에 따라 그 뜻이 사뭇 달라지고
마는 一 강한 物神性을 생각한다면
무엇을 어떻게 써야할 것인가에 대하여 결코 無心할
수가 없을 것 같습니다.

일요일 午後, 담요 털러나가서 양지바른곳의
모래 흙을 가만히 쏟아보았더니 그 속에 벌써
연록 색의 풀싹이 솟아오르고 있었읍니다.
봄은 무거운 옷을 벗을 수 없어 幸福하다던
小市民의 感傷이 어쩌다 작은 풀싹에 맞는
이야기가 되었나 봅니다. 보내주신 돈 잘 받았읍니다.

　　　　　2. 17.　　대전서
　　　　　　　　　　작은 형 씀.

형수님께

변전기가 고장이 나서 덕분(?)에 실로 오랫만에 불꺼진 방에서 하룻밤을 지낼수 있었읍니다. 캄캄한 밤이 오히려 낯설어 늦도록 깨어 있으니 불켜 있던 밤에는 미처 듣지 못하던 여러가지의 소리가 들려옵니다. 멀리 누군가의 고향으로 달리는 긴 밤 열차로부터 담너머 언덕에서 뛰노는 동네 아이들 소리, 교도소의 수많은 쥐들을 전율케 하는 고양이의 앙칼진 울음소리, 가지를 흔들어 긴 겨울잠에서 뿌리를 깨우는 봄 바람소리, 그리고 상처받은 청춘을, 하루의 징역을 고달파 하다 잠든 젊은 재소자들의 곤한 숨 소리······. 어둠속의 담뱃불 처럼 또렷이 돋아 납니다.

어둠은 새로운 소리를 깨닫게 할뿐 아니라, 놀랍게도 나자신의 모습을 분명히 보여주었읍니다. 어둠은 나자신이 지금 어디서 무엇을 하고 있는가를 캐어물으며 흡사 被寫体를 쫓는 探照燈처럼 나자신을 선연히 드러내 주었읍니다.

교도소의 응달이 우리 時代의 眞實을 새로운 角度에서 照明해주듯 하룻밤의 어둠이 내게 안겨준 경험은 찬물처럼 정신 번쩍드는 교훈이었읍니다.

새벽녘이 되자, 지금껏 방안의 불빛과 싸우느라 더디게 더디게 오던 새벽이 성큼성큼 다가와 훨씬 이르게 창문을 밝혀주었읍니다.

사람들은 누구나 어제 저녁에 덮고 잔 이불 속에서 오늘 아침을 맞이하는 법이지만 어제와 오늘의 중간에 「밤」이 존재한다는 사실은 큼직한 可能性, 하나의 希望을 마련해 두는 것이나 마찬가지라 생각됩니다.

胡地無花草 春來不似春

李白은 胡地에 꽃나무가 없어서 봄이 와도 봄답지 않다고 하였지만 이곳에서 느끼는 不似春은 봄을 불러세울 풀 한 포기 서지 못하는 척박한 땅때문은 아니라 생각됩니다. 우리와 우리 이웃들의 헝클어진 생활속 깊숙이 찾아 와서 다듬고 여미고 북돋우는 그런 봄이 아니면 「4月도 껍데기」일뿐 진정한 봄은 못되는 것입니다.

2.25日字 편지와 돈 잘 받았읍니다.
화용, 민용, 두용 꼬마셋에 사누디 까지, 마음 바쁘겠읍니다.

3. 9.   대전서

작은 영 씀.

季 嫂 님께

"아! 나비다" 창가에 서있던 친구의 놀라움에 찬 발견에 얼른 일손놓고 달려갔읍니다. 반짝반짝 희디흰 한송이 꽃이되어 새 나비 한마리가 春三月 훈풍속을 날고 있었읍니다.

한마리의 연약한 나비가 봄하늘에 날아오르기까지 겪었을 그 긴 「丁史」에 대한 깨달음이 겨우내 잠자던 나의 가슴을 아프게 파고들었읍니다. 작은 알이었던 時節부터 한점의 공간을 宇宙로 삼고 소중히 生命을 간직해 왔던 고독과 적막의 밤을 견디고……, 징그러운 번데기의 옷을 입고도 한시도 자신의 성장을 멈추지 않았던 刻苦의 시절을 이기고……, 이제 꽃잎처럼 나래를 펼쳐 찬란히 솟아오른 나비는, 그것이 비록 연약한 한마리의 微物에 지나지 않는다 할지라도, 적어도 내게는 우람한 승리의 化身으로 다가옵니다.

담넘어 날아든 無心한 나비 한마리가 펼쳐보인 봄의 뜻은, 이곳에는 꽃나무가 없어 봄조차 가난하다던 푸념이 얼마나 부끄러운 것인가를 뉘우치게 합니다. ― 陽春布德澤 萬物生光輝 ―
그래서 봄은 私私로운 恩澤이 아니라 萬物에 골고른 光輝인가 봅니다.

× × ×

요즈음은 F.카프라의 現代物理學에 관한 책을 읽고 있읍니다. 문학서적은 古典을, 科學서적은 最新版을 읽어라는 말을 생기시켜 주는 좋은 책이라 생각됩니다. 量子論과 相對性理論이 보여주는 최근의 놀라운 성과에서 알수있듯이, 物俊世界의 內包와 外延이 급격히 深化·拡大됨에 따라 당연한 결과로서의 「科學思想의 拡張」은 실로 경이적인 것이라 하겠읍니다.
물론 어느시대에나 과학의 발전은 항상 경이의 연속임이 사실이지만 최근의 그것은 旣存의 言語와 槪念으로서는 도저히 담을수 없는 것이라는 점에, 이른바 「思考의 근본적인 변혁」을 요구한다는 점에 그 驚異性이 있다고 생각됩니다.

西洋의 과학사상이 그 機械論的이고 分裂된 세계관으로 인하여 限界를 보이자 이제는 東洋의 智慧에서 그 철학의 근거를 찾는가하면 物理學에 人間의 意識 즉 「마음」을 포함하기에 이르는 등 소위 「동양적 해방」의 길을 더듬고 있는 現代物理學의 向方은 우리가 스스로의 世界觀을 改善해가는데 極盡한 의의를 갖는 것이라 느껴집니다.

× × ×

보내주신 돈 잘 받았읍니다. 사우디 소식 잘듣고 계시리라 생각합니다. 내게는 사우디나 서울이나 멀기는 매한가지로 느껴집니다만 먼 거리를 가깝게 만드는 縮地法이 없지 않으리라 믿읍니다.

　　　　4. 9.　　　　작은형 씀.

兄嫂 님 전상서

대부분의 사람들은, 글씨란 타고나는 것이며 筆才가 없는 사람은 아무리 노력하여도 名筆이 될 수 없다고 생각합니다. 그러나 저는 正反對의 생각을 가지고 있읍니다.

필재가 있는 사람의 글씨는 대체로 그 才能에 의존하기 때문에 一見 빼어나긴 하되, 재능이 도리어 함정이 되어 손끝의 재주를 벗어나기 어려운데 비하여, 필재가 없는 사람의 글씨는 손끝으로 쓰는 것이 아니라 온몸으로 쓰기 때문에 그 속에 渾身의 힘과 정성이 배어 있어서 「鍛鍊의 美」가 쟁쟁히 빛나게 됩니다.

만약 필재가 뛰어난 사람이 그 위에 혼신의 노력으로 꾸준히 쓴다면 이는 흡사 如意棒 휘두르는 孫悟空 처럼 더할 나위 없겠지만 이런 경우는 관념적으로나 想定될 수 있을 뿐, 필재가 있는 사람은 역시, 오리새끼 물로 가듯이, 손 재주에 耽溺하기 마련이라 하겠읍니다.

결국 書道는 그 性格上 토끼의 재능보다는 거북이의 끈기를 연마하는 것인지도 모릅니다. 더우기 글씨의 훌륭함이란 글자의 字劃에서 찾아지는 것이 아니라 墨 속에 갈아 넣은 정성의 量에 의하여 최종적으로 평가되는 것이기에 더욱 그러리라 생각됩니다.

사람의 아름다움도 이와 같아서 타고난 얼굴의 造形美 보다는 그 사람의 지혜와 경험의 축적이 内密한 人格이 되어 은은히 배어나는 아름다움이 더욱 높은 것임과 마찬가지 입니다. 뿐만 아니라 人生을 보는 視角도 이와 다르지 않다고 믿습니다. 捷徑과 幸運에 연연해하지 않고, 逆境에서 오히려 정직하며, 旣存과 權富에 몸낮추지 않고, 眞理와 사랑에 허심탄회 한 ---- 그리하여 스스로 선택한 「愚直함」이야말로 인생의 무게를 육중하게 해주는 것이라 생각합니다.

     ×   ×

벌써 4월도 중순, 빨래 잘 마르는 계절입니다. 지난번 어머님 접견때 주용이 유치원 졸업식 이야기 듣던 생각이 납니다. 제가 밖에 있을 적에는 세상에 없던 녀석들이 성큼 성큼 자라고 있는 이야기는 「流水 같은 세월」을 실감나게 합니다.

보내주신 돈 잘 받았읍니다.

  4. 13.   대전서
            삼 촌 드림

어머님 前上書

佛誕日을 맞아 이곳의 불교신도들이 강당에 달것이라며 燈을 만들어 왔습니다. 저는 등에 글씨와 연꽃을 넣으면서 스산한 강당에 이곳의 囚人들이 이 등과 함께 어떠한 祝願을 매달 것인가를 상상하다가, 문득 올해도 절을 찾아 등을 다실 어머님을 생각합니다.

- 行役夙夜無寐 上愼旃哉 猶來無棄 -

"삼가고 보살펴서 버림받지 말고 돌아오라"는 詩經의 陟岵章을 암송해 봅니다. 上古의 어머니로부터 오늘의 어머니의 가슴에 이르기까지 면면히 이어져 내려오는 悠久하고 가없는 慈母의 사랑이 엽서를 적고 있는 저의 가슴에도 따순 등불로 켜집니다.

돌과 돌이 부딪쳐 불꽃이 튀듯이 나(我)라는 생각은 '나'와 '처지'가 부딪쳤을 때 공중에 떠오르는 생각이요, 한점 불티에 지나지 않는것. 그 불꽃이 어찌 돌의 것이겠는가, 어찌 돌속에 불이 들었다 하겠는가고 싯다르타는 가르칩니다.

「나」라는 것은 내가 무엇인가에 억눌려 무척 작아졌을 때 일어나는 불티같은 순간의 생각이며, 물에 이는 거품과 같은것. 찰나이며 허공인 나를 버림으로써 대신 무한히 큰 나를 얻고, 더큰 고통을 껴안음으로써 작은 아픔들을 벗는 眞智와 解脫은, 불꽃을 돌에 돌려주고 거품을 물에 돌려주고 빈비사라 왕의 마음을 백성들의 불행에 돌려 주려는 싯다르타의 뜻과 한뿌리의 열매입니다.

작은 고통들에 고달파 하던 저와 마찬가지로, 아들을 獄窓속에 넣고 가슴저며 하시던 어머님이 어느덧 아들과 함께 옥살이하는 아들의 친구들을 마음아파하시고 이제는 우리 時代의 모든 불행한 사람들을 똑같이 마음 아파하시는 더 큰 사랑을 가지신 더 큰 어머님으로 成長하신 것입니다. 저는 이러한 어머님의 마음이 바로, 이승에 살기에는 너무나 자비로웠던 부처님의 마음이라고 믿습니다.

올 초파일 힘드신 산길을 오르시어 손수 다시는 燈에는 부디 숱한 아들들의 이름이 함께 담겨지길 바랍니다.

아버님께서 보내주신 돈 잘받았습니다. 계수씨께도 따로 편지하겠습니다. 한석봉 千字文은 지금 가진것으로 충분합니다 아버님께서 더 복사해서 보내시지 않도록 해주시기 바랍니다. 화선지는 玉, 唐紙를 보내주시기 바랍니다. 못唐紙와 같은 값이면서도 질이 더 나은것 같습니다.

내일이 초파일, 또 며칠 후면 어버이 날 입니다. 아버님 무리하시지 않도록 어머님께서 책이랑 다른 일들을 좀 막으시기 바랍니다.

    4. 30.   영 복 올림.

季 嫂 님께

창문에서 크게 떼어서 아마 스무남은 걸음 될까. 양재공장 입구를 엇비슷이 비킨 자리에 「쟈봐」라는 인도네시아 原産의 자그마한 닭한쌍이 살고 있읍니다. 새벽 4시쯤이 되면 어김없이 울기 시작하여 이곳에 잠시 山村의 아침을 만들어 줍니다.

이 닭은 양재공장 사람들이 애지중지 기르고 있는 것입니다. 갇힌 사람들이 또 무엇을 가둔다는 것이 필시 마음 아픈 일일 터인데도, 역시 「키운다」는 기쁨은 그 아픔을 갚고도 남는가 봅니다.

나는 운동시간에 그 앞을 지나다 이따금 발걸음 멈추는 한낱 구경꾼에 불과하여 아픔이든 기쁨이든 마음에 담을 처지가 못될뿐 아니라. 책들고 새벽을 앉았다가 닭울음에 더러는 글줄 좋이 빼앗기기도 하지만 그럼에도 불구하고 내게는 훌륭한 새벽의 친구입니다.

土種 장닭의 길고 우렁찬 목소리에 비하면 아무래도 짧고 가늘어 人工이 가해진듯한 그 생김생김과 더불어 不俱에서 받는 애처로움같은 것을 자아내기도 합니다만 異域의 좁은 닭장속에서도 제 본분을 저버리지 않고 꾸준히 새벽을 웨치는 충직함은 언제부터인가 나의 가슴 한쪽에 그를 위한 자리를 비워두고 기다리게 합니다.

　　　　×　　　　　　　×

버들은 보이지 않고 하얀 버들개지만 날아옵니다.
溝土에 내리기를 머뭇거리는지 오래 오래
5월의 바람 속을 서성입니다. 5월은 어린이의 달,
어버이의 달 입니다.
아이들을 낳고 기르고, 친정부모님, 시부모님, 모시는
어버이도 많고보면 5월은 차라리 「女子의달」
이라 하겠읍니다.
아버님편에 보내주신 돈 잘받았읍니다.

　　　5. 7.　　　대전서　작은 영 올.

아버님 前上書.

5月 11日付 下書 진작 받고도 이제서야 筆을 들었읍니다.
그간 어머님께서도 康寧하시고 家內 두루 平安하시리라
믿습니다. 이곳의 저희들도 몸성히 잘 지내고 있읍니다.
예년보다 일찍 찾아왔던 더위도 閏四月을 비켜 잠시
뒷물림을 했는지 朝夕으로 접하는 바람에는 상금도 초봄의
다사로움이 남아 있읍니다.

"고요히 앉아 아무일 않아도 봄은 오고 풀잎은 저절로 자란다"는
禪僧의 유유자적한 達觀도 없지 않습니다만 저만치 뜨거운
염천 아래 많은 사람들의 수고로운 일터를 두고도, 창백한 손으로
한갓되이 방안에 앉아있다는 것은 비록 그것이 징역의 所致라
하더라도 결국 거대한 疎外임에는 틀림없읍니다.

그러나 새의 울음소리가 그 以前의 靜寂 없이는 들리지 않는
것처럼 저는 이 凡常히 넘길 수 없는 疎外의 시절을, 五車書의
지식이나, 이미 問題에서 話題의 차원으로 떨어진 철늦은
경험들의 聚集에 머물지 않고, 이러한 것들을 싸안고 훌쩍
뛰어 넘는 이른바 「全人的体得」과 「養默」에 마음 바치고
싶습니다.

팽이가 가장 꼿꼿이 선 때를 일컬어 졸고 있다고 하며,
시냇물이 潭을 이루어 멎을 때 문득 소리가 사라지는 것과
마찬가지로, 이것은 善한 것을 향하여 부단히 마음을 열어두는
內省과 共感의 고요함인 동시에 自己改造의 숨가쁜 爭鬪와
力動을 속깊이 담고 있음이라 생각됩니다.

알프스에서 바람을, 盛夏에 신록을, 그리고 바다에서
이랑 높은 파도를 만난다는 것은 무엇하나 거스르지 않는
合自然의 順理라 믿습니다.

×　　　　　×

보내주신 畫仙紙는 玉 "唐" 紙가 아니고 玉 "堂" 紙였읍니다.
마찬가지로 上級品이긴 하지만 玉 唐紙보다 얇아서
扁額을 쓰기에는 적당치 않은것 같습니다. 다음 기회에는
玉. 唐紙를 보내주시기 바랍니다.

東亞스포츠 계속 보고 싶습니다. 購讀期間이 滿了된것
같습니다. 동아스포츠는 제가 가진 책 가운데 讀者가
가장 많은 책입니다.

5.　　25.

대전에서 영복 올림.

아버님 前上書

5.24日付 및 5.30日付 下書와 함께 書藝錄, 玉, 唐紙, 동아소포츠, 言語論集, 모두 잘 받았읍니다.
아버님의 자상하신 옥바라지에 비해 이렇다할 進陟이 없는 제 자신이 새삼 부끄러워집니다. 그러나 이 부끄러움이 때로는 다음의 精進을 위한 한알의 작은 씨앗이 되기도 한다는 것으로 자위하려 합니다.

×   ×

여의치못한 환경에서 글씨쓰는 저희들에 대한 惻惻의 情이 차마 발길을 끊지 못하게 하는지 靜香선생님께서는 新都安 그 먼 길을 마다 않으시고 벌써 녁달째 와 주십니다.

靜香선생님의 行草書를 보고있노라면 과연 글씨가 무르익으면 어린아이의 서투른 글씨로 "還童" 한다는 말이 실감납니다. 아무렇게나 쓴 것같이 서툴고 어수룩하며 처음 대하는 사람들을 잠시 당황케합니다. 그러나 이윽고 바라보면 被褐懷玉, 藏巧於拙, 一見 어수룩한듯하면서도 그 속에 범상치 않은 技巧와 法道, 그리고 엄정한 中鋒이 뼈대를 이루고 있음을 깨닫게 됩니다. 멋이나 美에 대한 通念을 시원하게 벗어버림으로써 얻을수 있는 대범함이 거기 있읍니다.

아무리 작게 쓴 글씨라도 큼직하게 느껴지는 넉넉함이라든가, 조금도 態를 부리지 않고 여하한 作意도 비치지 않는 淡白한 風은 쉬이 흉내낼수 없는 境地라 하겠읍니다.

그것은 물이 차서 자연히 넘듯 더디게 더디게 이루어지는 天然함이며, 속이 무르익은 다음에야 겨우 뺨에 빛이 내비치는 實果같아서 오랜 風霜을 겪은 이끼낀 歲月이나 만들어 낼수 있는 幽遠함인지도 모릅니다.

그것은 한마디로 글씨로서 배워서 될일이 아니라, 사물(事物)과 人生에 대한 見解 자체가 담담하고 원숙한 觀照의 경지에 이르러야 가능한 것이라 생각됩니다. 결국, 글씨의 문제가 아니라 人間의 문제이며 道의 가지에 열리는 收穫이 아니라, 道의 뿌리에 스미는 거름같은 것이라 해야 할것같읍니다.

아직은 모난 감정에 부대끼고 執念의 응어리를 삭이지 못하고 있는 저에게 靑靜香선생님의 어수룩한 行草書가 깨우쳐준 것은 분명 書道 그 자체를 훨씬 넘어서고 있는 것임에 틀림없읍니다.

6. 5.   대전에서

영 복 올림.

李 嫂 님 前

교도소에 많은 것중의 하나가 「욕설」입니다.
아침부터 밤까지 우리는 실로 흐드러진 욕설의 잔치속에 살고있는 셈입니다.
저도 징역 초기에는 욕설을 듣는 방법이 너무 고지식하여 단어 하나하나의 뜻을
곧이 곧대로 상상하다가 어처구니 없는 窺地에 빠져 헤어나지 못하기
일쑤였읍니다. 다만 지금은 그 방면에서도 어느덧 이력이 나서 한알의 糖衣錠을
삼키듯 「耳順」의 경지에 이르렀다 하겠읍니다.

욕설은 어떤 非常한 감정이 인내력의 한계를 넘어 밖으로 突出하는, 이를테면
불만이나 스트레스의 가장 싸고 "후진" 해소방법이라 느껴집니다.
그러나 사과가 먼저 있고 사과라는 말이 나중에 생기듯이 욕설로 표현될만한
감정이나 대상이 먼저 있음이 사실입니다. 징역의 現場인 이곳이 곧 욕설의
産地이며 욕설의 市場인 까닭도 그런데에 연유하는가 봅니다.

그러나 이곳에서는 욕설은 이미 욕설이 아닙니다.
기쁨이나 반가움마저도 일단 욕설의 형식으로 표현되는 경우가 허다합니다.
이런 경우는 그 감정의 비상함이 역설적으로 강조되는 詩的 효과를 얻게
되는데 이것은 반가운 인사를 욕설로 대신해 오던 서민들의 전통에 오래전
부터 있어온 것이기도 합니다. 저는 오래전부터 욕설이나 隱語에 담겨
있는 뛰어난 言語感覺에 탄복해 오고 있읍니다. 그 상황에 멋지게
들어맞는 비유나 풍자라든가, 극단적인 표현에 치우친 放漫한 것이
아니라 약간 못미치는 듯한 선에서 용케 억제됨으로써 오히려 예리하고
팽팽한 긴장감을 느끼게 하는 것등은 그것 자체로서 하나의 훌륭한 작품입니다.

「事物」과, 여러개의 事物이 連繫됨으로써 이루어지는 「事件」과, 여러개의
사건이 연계됨으로써 이루어지는 「事態」등으로 상황을 카테고리로
구분한다면, 욕설은 대체로 높은 단계인 「사건」 또는 「사태」에 관한
槪念化이며 이 개념의 예술적(?) 형상화 작업이라는 점에서
그것은 고도의 의식활동이라 할 수 있읍니다.
저는 바로 이 점에 있어서, 대상에 대한 사실적 인식을 기초로 하면서
예리한 諷刺와 滑稽의 구조를 갖는 욕설에서, 인텔리들의 추상적
言語遊戱와는 확연히 구별되는, 적라라한 리얼리즘을 발견합니다.
뿐만 아니라 욕설에 동원되는 語材와 비유로부터 時世와 人情, 風物
에 대한 뜻든 이해를 얻을수 있다는 사실이 매우 귀중하게 여겨집니다.

그러나 버섯이 아무리 곱다한들 화분에 떠서 기르지 않듯이
욕설이 그속에 아무리 뛰어난 機能을 담고있다 한들 그것은 기실
응달의 산물이며 不朽의 言語가 아닐 수 없읍니다.

       ×   ×   ×

잘 받았읍니다.
버님의 下書를 거푸 받아 집안 소식 잘듣고 있읍니다.
게 건강하시기 바랍니다.

                              대전서
                              작은형 씀.

형 빛 님 전상서

얼마전에 매우크고 건장한 황소 한마리가 수레에 잔뜩 짐을 싣고 이곳에 들어왔읍니다. 이 「끝동네」의 사람들은 「조용필과 위대한 탄생」이 왔을 때와는 사뭇 다른 관심으로 공장앞이나 창문에 붙어서 열심히 바라보았읍니다.

더운 코를 불면서 부지런히 걸어오는 황소가 우리에게 맨먼저 안겨준 감동은 한마디로 우람한 「力動」이었읍니다.
꿈틀거리는 힘살과 黙重한 발걸음이 만드는 원시적 생명력은 분명 타이탄이나 8톤덤프나 「위대한 탄생」에는 없는 「위대함」이었읍니다. 야윈 마음에는 황소한마리의 活氣도 보듬기에 버거워 가슴벅찹니다.

그러나 황소가 일단 걸음을 멈추고 우뚝 서자 이제는 아까와는 전혀 다른 얼굴을 우리에게 보여줍니다. 그 우람한 力動 뒤의 어디메에 그런 엄청난 恨이 숨어 있었던가.
물기어린 눈빛, 굵어서 더욱 凄然한 두개의 뿔은, 먼저의 우렁차고 건강한 감동을 밀어내고 순식간에 가슴밑바닥에서부터 잔잔한 슬픔의 앙금을 채워 놓읍니다.

황소가 싣고 온것이 作業材料가 아니라 고향의 山川이었던가 저마다의 표정에는 "고향 떠난지도 참 오래지?" 하는 그리움의 표정이 역력하였읍니다. 이 「끝동네」의 사람들은 대부분이 고향을 떠나 각박한 도시를 헤매던 방황의 역사를 간직한 사람들이기 때문에 황소를 보는 마음은 고향을 보는 마음이며, 동시에 자신의 스산한 과거를 돌이켜 보는 마음이어서 황소가 떠나고 난 빈자리를 그저는 뜨지 못해 하였읍니다.

황소는 제가 싣고온 짐보다 더 큰 것을 우리들의 가슴에 부려놓고 갔음에 틀림 없읍니다.

×

편지 못 읽을 우용이 주용이에게는 황소그림을 보냅니다.
서울의 어린이들에게 황소란 달나라의 동물 만큼이나 아득한 것이리라 생각됩니다.
보내주신 돈 잘 받았읍니다. 어려운 여건속에서 더욱 바쁘실

형님. 형수님 건강을
빕니다. 깊은 밤에는
별이, 더운 여름에는
바람을 거느린 소나기가
있다는 사실은 모든 사람들의
위안 입니다.

. 6. 11.
　　삼촌 드림.

아버님 前上書

만약 漢江에 싱싱하고 정갈한 生水가 가득히 흐르고 있다면 한강변을 살고계시는 어머님 아버님께선 다만 그것을 바라보시는 것만으로도 이 가뭄을 훨씬 수월하게 지내실수 있으시리라 생각됩니다.

15척의 커다란 花盆에 담긴 形象인 교도소의 흙은 수많은 발밑에서 이제는 고운 고물이 되어 신발을 덮고, 이따금 바람을 타고 먼지가 되어 피어 오릅니다.

메마른 땅, 찌는 더위 그리고 각박한 人情을 적셔줄 굵직한 빗줄기가 몹시 기다려지는 계절입니다.

×　　　　　　　×

이달 16日(金)에 無期囚生日宴이 있을 예정입니다. 교무과에서 별도 통고가 있겠읍니다만 以前과 달라 집에서 준비한 음식은 일체 허락되지 않으며 접견인도 3명으로 한정이 있읍니다. 저는 어머님 아버님께서 더위에 고생하시기 보다는 형님이 틈내어 잠시 다녀갔으면 합니다. 언제나 그렇듯이 단지 시간이 좀 긴 접견으로 생각하고 있읍니다.

×　　　　　　　×

더위 피하기 겸해서 十八史略을 읽고 있읍니다. 恩怨과 人情, 勝敗와 無常, 葛藤과 曲直이 파란만장한 春秋戰國의 人間史를 읽고 있으면 어지러운 세상에 생강 씹으며 제자들을 가르치던 孔子의 모습도 보이고, 天道가 과연 있는 것인가 하던 司馬遷의 長嘆息도 들려옵니다. 지나간 옛 史實에서 넘칠듯한 現在的意味를 읽을 때에는 과연 丁史란 과거와 현재, 그리고 미래의 살아있는 對話이며 모든 역사는 現代史라는 말이 실감납니다.

×　　　　　　　×

모래와 자갈로 이룩의졌다는 잠실아파트의 여름이 어머님께 혹독한 것이 아닌지 걱정입니다. 保重하시기 바랍니다. 저도 가뭄과 더위속에서도 항상 「정신의 서늘함」을 잃지 않도록 노력하겠읍니다.

　　7. 5.　　　　대전에서
　　　　　　　　영　복　올림.

李 炳 님께

각각 다른 골목을 살아서 각각 다른 經驗을 가진사람들이 한房에서 混居하게되면 對話는 흔히 심한 우김질로 나타납니다.
귀신이 있다 없다, 消防車가 사람을 치어도 죄가 안된다 된다 던 국민학교때의 宿題를 닮은것에서 부터, 서울驛 대합실 천정의 浴周가 무궁화다, 사꾸라꽃이다 라는 기상천외의 것에 이르기까지 그 題材의 다채로움과 그 목소리의 과열함은 스산한 감방에 사람사는듯한 활기를 불러 일으킨다는 점에서 나는 이를 시끄럽다 여기지 않습니다.
뿐만아니라 자기의 경험적 사실을 곧 普遍的 眞理로 믿는 완강한 고집에서 나는 오히려, 그 精髓道의 형태는 아니라 하더라도, 信義와 主體性의 一面을 발견합니다.

섬사람에게 해는 바다에서 떠서 바다로 지며, 산골사람에게 해는 산봉우리에서 떠서 산봉우리로 지며, 서울사람에게 있어서 해는 빌딩에서 떠서 빌딩으로 지는 것입니다. 이것은 섬사람이 산골사람을, 서울사람이 섬사람을 설득할수 없는 확고한 「事實」이 됩니다. 地球의 自轉을 아는 사람은 이 우김질을 어리석다 깔볼수도 있겠읍니다만 그렇다면 바다나 산이나 그런 구체적인 경험의 現場이 아닌 다른곳에서 뜨는 해를 볼수 있는가? 물론 없읍니다. 있다면 그곳은 머릿속 일뿐입니다. 「宇宙는 참여하는 우주」이며 순수한 의미의 관찰, 즉 對象으로부터 완전히 독립된 價値中立的인 관찰이 존재 할수 없는 법입니다.

경험이 비록 一面的이고 主觀的이라는 限界를 갖는것이긴 하나, 아직도 가치중립이라는 「인텔리의 안경」을 채 벗어버리지 못하고 있는 나는, 경험을 認識의 기초로 삼고있는 사람들의 공고한 신념이 부러우며, 경험이라는 大地에 튼튼히 발딛고 있는 그 생각의 「확실함」을 배우고 싶습니다. 왜냐 하면 推論的 지식과 直觀的 叡智가 사물의 眞相을 드러내는데 유용한 것이라면, 經驗固執은 主體的實踐의 가장 믿음직한 原動力이 되기때문입니다.
몸소 겪었다는 사실이 안겨주는 확실함과 愛着은 어떠한 경우에도 쉬이 포기할수 없는 저마다의 「眞實」이 되기 때문입니다.

× ×

요즘같은 혹서와 가뭄은 동생이 가있는 사우디의 기후를 실감케 합니다. 16日의 생일연때 집안 소식 많이 들을수 있으리라 기대됩니다.
7월 7일부 편지와 보내주신돈 잘받았읍니다.
일어나 앉은 두용이 우뚝 우뚝, 녹 쓸지 않은 炳님 반짝 반짝 모두 반가운 소식 입니다.

7. 13.
작은 형 씀.

兄嫂님 前上書.

몇장의 깨끗하게 쓰지 못한 공책장을 찢어내면, 그만큼의 새 공책장도 따라 떨어져 나갑니다.
潔癖症이 심하고, 많은 것을 원하던 학생시절에는 노트의 첫장이 조금이라도 더럽혀지면 이내 뜯어내고 새로 시작하기 일쑤였읍니다. 그러나 지금은 어지간히 세월도 흐르고 世上의 너른 속을 조금은 겪어서 그런지, 새 공책장이 떨어져 나갈가바, 또는 애써 쓴 몇장의 공책장이 아까워서도 차마 더럽혀진 노트를 선뜻 뜯어내지 못하고 웬만하면 그냥 두는 쪽을 택하게끔 되었읍니다.
그뿐 아니라 깨끗히 쓰지 못한 공책장이라 하더라도 그 속에 담긴 그 나름의 수고에 오히려 愛着이 가고 緣分마저 느끼게 되어 이제는, 潔白하나 얄팍한 노트 보다는 다소 지저분하더라도 두툼한 노트를 갖고싶은 마음입니다.
한송이의 작은 봄꽃을 위하여 냉혹한 겨울의 重量을 忍冬하는 풀싹이나, 단 한사람의 信賴를 위하여 "험한 세상의 다리"가 되는 友情의 이야기는 우리들로 하여금 個人으로서의 自己를 뛰어 넘게하는 귀중한 깨달음을 갖게합니다.

× × ×

열 다섯 해는 아무러큰 傷處라도 아물기에 충분한 歲月입니다. 그러나 그 긴 세월동안을 시종 자신의 상처하나 다스리기에 급급하였다면, 그것은 過去쪽에 너무 많은 것을 割愛함으로써 야기된 巨大한 喪失임이 분명합니다.
세월은 다만 물처럼 愛憎을 묽게 함에만 그치는 것이 아니라, 옛 동산의 "그 흙에 새 솔이 나서 키를 재려하는 것" 도 또한 세월의 所以입니다.

× × ×

George Orwell과 Peter Straub의 소설 두권, 그리고 보내주신 돈 잘 받았읍니다. 말없으시지만 어김없이 동봉하시는 형수님의 자상하신 뜻도 함께 받고 있읍니다.
오늘은 올들어 제일 더운 날씨입니다. 家內 平安을 빕니다.

    8. 9.   대전서
            삼 촌 드림.

季嫂님께

지난번에는 교도소의 "우김질"에 대한 이야기를 썼습니다만, 그 우김질도 찬찬히 관찰해보면 자기주장을 우기는 方法도 各人各色인데, 대개 다음의 대여섯 範疇로 구분할수 있습니다.

첫째는 무작정 큰소리 하나로 자기 主張을 관철하려는 방법입니다. 목에 핏대를 세우는 고함때문에 다른사람의 反論이 묻혀버리는 이른바 "입만있고 귀는 없는" 우격다짐입니다.

둘째는, 그 주장에 날카로운 신경질이 가득 담겨있어서 자칫 싸움이 될까봐 말상대를 꺼리기 때문에 제대로의 是非나 爭訟에의 접근이 기피됨으로써 一見 不戰勝의 外形을 띠는 경우입니다.

셋째는, 최고급의 형용사, 푸짐한 量詞, 誇張과 多辯辭으로 자기주장의 거죽을 화려하게 치장하는 방법인데, 이것은 가히 物量時代와 商業広告의 亞流라 할만합니다.

넷째는, 누구누구가 그렇게 말했다는둥, 무슨책에 그렇게 쓰여 있다는둥 …… 自体의 條理나 論理的 歸結로서 자기주장을 입증하려하지 않고, 有名人, 특히 外国의 것에 편승, 技術提携(?)함으로써 "촌놈 겁주려는" 買辦的 방법입니다.

다섯째는, $a_1 + a_2 + a_3 + \cdots + a_n$ 등으로 자기주장에 +가 되는 要因을 並列的으로 나열하는 「+α」의 방법입니다. 결국 一要因에 대한 +要因의 優勢로서 자기주장의 正当性을 입증하는 방법인데 이는 소위 「헤겔」의 "実在的 可能性"으로서 必然性의 一種이긴 하나 필연성 그 自体와는 区別되는 것으로 自然科学에 흔히 나타나는 機械的 思考의 典型입니다.

여섯째는, (자기의 주장을 편의상 「그것」이라고 한다면) 우선 「그것」과의 反對物을 対比하고, 全体속에서의 「그것」의 위치를 밝힘으로써 그것의 객관적 意義를 규정하며, 과거·현재·미래에 걸친 時系列上의 변화·발전의 형태를 제시하는등의 방법인데 이것은 한마디로 다른것들과의 諸関係와 相互聯関속에서 「그것」을 動態的으로 규정하는 방법입니다.

  ×

이들 가운데서 여섯번째의 방법이 가장 高次的인 것임은 물론입니다. 그러나 저는 이 여섯번째의 방법이 난삽한 논리와 경직된 개념으로 표현되지 않고 생활주변의 日常的인 事例와 서민적인 언어로 나타나는 所謂 芸術的 形象化가 이루어진 상태를 가히 최고의 형태로 치고싶습니다.

그러나 더욱 중요한것은 상대방이 자신의 誤謬를 스스로 깨닫도록 은밀히 도와주고 끈기 있게 기다려주는 悠然함과 厚德함을 갖추는 일입니다. 이런경우는 주장과 주장의 대립이 論爭의 형식으로 행하여 지는것이 아니라, 잘 아는 친구가 서로 만나서 친구따라 함께 江南가듯, 春風大雅한 感化의 형태로 나타납니다.

君子成人之美, 군자는 타인의 아름다움을 이루어주며, 上善若水, 최고의 善은 순조롭기가 흡사 물과 같다는 까닭도 아마 이를 두고 하는 말이 아닌지 모를 일입니다.

  ×   ×

아버님 편에 보내주신 돈 잘 받았읍니다.
오나가나 三伏 酷暑이긴 마찬가지겠지만 이달에는 동생이 한번 귀국하리라 믿습니다. 꼬마들과 함께 건강하시기'

  8. 11.   대전서   작은

종姊 님께

여러사람이 맨살 부대끼며 오래 살다보면 어느덧, 비슷한 말투,
비슷한 욕심, 비슷한 얼굴을 가지게 됩니다.
서로 바라 보면 거울 대한듯 비슷 비슷 합니다.

자기가 다른 사람과 비슷하다는 사실, 여럿중의 平凡한
하나에 불과하다는 사실은 대부분의 사람들이 못마땅하게
여깁니다. 旣成品처럼 個性이 없고 값어치가 훨씬
떨어지는 것으로 받아 들입니다.
「個人의 世紀」에 살고 있는 우리들의 당연한 思考입니다.

그러면 다른 사람과 조금도 닮지않은 個人이나 탁월한 天才가
과연 있는가. 물론 없습니다. 있다면 그것은 外形만 그럴뿐입니다.
다른 사람과 아무런 來往이 없는 「순수한 個人」이란 無人島의
로빈손·크루소처럼 小說 속에나 있는 것이며, 天才란 그것이
어느 個人이나 순간의 獨創이 아니라 오랜 衆智의 集成이며
協同의 結晶임을 우리는 알고 있습니다.
우리들이 잊고 있는것은 아무리 담장을 높이더라도 사람들은 결국
서로가 서로의 一部가 되어 함께 햇빛을 나누며, 함께 비를
맞으며 「함께」 살아가고 있다는 사실 입니다.

貨幣가 중간에 들면, 쌀이 남고 소금이 부족한 사람과, 소금이 남고
쌀이 부족한 사람이 서로 만나지 않더라도 交換이 이루어 집니다.
천갈래 만갈래 分業과 거대한 組織, 그리고 거기서 생겨나는
복잡한 過程은 사람들의 만남을 멀리 띄어 놓기때문에
「함께」 살아 간다는 뜻을 깨닫기 어렵게 합니다.

같은 利害, 같은 運命으로 連帶된 「한배 탄 마음」은
「나무도 보고 숲도 보는」 智慧이며, 한포기 미나리 아재비나
보잘것 없는 개똥벌레 한마리도 그냥지나치지 않는 「열린 사랑」
입니다. 한그루의 나무가 되라고 한다면 나는 산봉우리의
落落長松 보다 수많은 나무들이 合唱하는 숲속에 서고싶습니다.
한알의 물방울이 되라고 한다면 저는 단연 바다를 선택하고
싶습니다. 그리하여 가장 많은 사람들이 모여사는 나즈막한 동네
에서 비슷한 말투, 비슷한 욕심, 비슷한 얼굴을 가지고 싶습니다.

    ×   ×

아버님 편에 보내주신 돈 잘받았습니다.
꼬마들의 건강과 종姊 님의 發展이 越等하길 빕니다.

      10. 9.   대전서 작은 영 씀.

뭇 맛님 전 상서

여러 兄弟들 틈에서 부대끼며 자라면 일찌기 社會關係를 깨닫게 되고, 祖父母 膝下에서 옛것을 보고 들으면서 자라면 은연중에 歷史意識을 갖게 된다고 합니다.

三兄弟 이름 다 부른 다음에야 간신히 제 이름을 찾아 부르시던 할머님이나, 油紙를 펴고 그 앞에 꿇어 앉아 붓글씨를 익히던 사랑채의 할아버지, 그리고 형과 다투면 형한테 대든다고 나무라시고 동생과 다투면 동생 하나 거두지 못한다고 또 야단치시던 어머님의 꾸지람도 지금 생각하면 그러한 意識의 萌芽를 키워준 귀중한 滋養이었음을 깨닫습니다. 그리고 學校에서 읽고 배운 活字形態의 知識도 우리의 意識에 상당한 成長의 幅을 부여한 것 또한 사실이라고 생각됩니다.

그러나 이러한 어린 시절이나 책갈피 속에서 얻는 矮小하고 空疎한 그릇에 구체적이고 현실적인 內容物을 채워주는 것은 역시 생활의 現場에서 直面하는 各種의 體驗이라고 할 수 있습니다.
바로 이 점에서 징역살이는 그것의 가장 赤裸裸한 典型이라고 생각합니다.

七旬老人에서 스물 두어 살 젊은이에 이르는 스무나문 명의 食口(?)가 한 방에서 숨길 것도 내세울 것도 없이 바짝 몸 비비며 살아가는 징역살이는 社會·歷史意識을 배우는 훌륭한 敎室이라고 할 수 있습니다.
一切의 道德的 粉飾이나 儀禮的인 옷을
훌훌 벗어버리고 벌거숭이의 利·害, 好·惡가
알몸 그대로 表出됩니다.
알몸은 가장 정직한 모습이며, 정직한 모습은
공부하기에 가장 쉽습니다.

 x   x

다시 보내주신 돈, 그리고 따뜻한
쉐타 다 잘 받았습니다.
시월 하순, 가을도 이미 깊어
여기 저기서 잎을 떨구는 나무는
어디론가 떠나려는 사람 같습니다.
잎이 떨어지고 난 가지에 나타난
빛나는 열매가 여름 동안의
役事를 증거하고 있습니다.

 x   x

오늘 아버님의 下書와 책 받았
습니다. 不遠 大田에 오시면
出刊에 관한 말씀 듣게 되리라 기대합니다.

10. 23.   대전에서
              삼촌 드림.

아버님 前上書
— 아버님의 著書를 읽고 —

10月 21日付 下書와 책 잘 받았읍니다. 아직 完讀하지 못하였읍니다만 한줄 한줄에 배어있는 아버님의 생각과 手澤을 읽어가노라면 어느덧 아버님과 한 이불속에 누운듯 아버님을 무척 가까이 느끼게 됩니다.

옛것을 溫하고 그위에 다시 새것을 더한 아버님의 文体는 그 内容과 混然한 덩어리를 이루어 쉽고 如實한 理解를 돕기까지 합니다. 印刷에 넘기기 전에 제가 한번 原稿를 읽었으면 더러 고칠곳도 있으려니 하였던 생각이 무척 외람된 것이었음을 깨닫게 됩니다.

主觀的 見解가 抑制되고 史料中心의 客觀的 視角이 始終 堅持되고 있읍니다. 처음에는 筆者의 主張이나 見解가 지나치게 排除됨으로써 章節의 結語 부분이 다소 散逸한 느낌을 받았읍니다만, 史實의 選擇的 提示로서 그것을 대신하신 婉曲한 配慮는 훨씬 설득력 있는 主張임을 알겠읍니다.

時代順에 따르는 縱的 接近을 "經"으로 삼고, 思想·人間·詩文·交友 등 광범한 橫的 分析을 "緯"로 삼아 엮어나가는 展開構造는 한 個人의 연구를 통하여 그 時代와 社會를 投影하는 매우 효과적인 構想이라 생각됩니다.

壬辰乱의 詳考에 특별한 力点을 두심으로써 日帝 植民史観의 殘滓를 청산하지 못하고 있는 오늘의 現実을 강하게 照明하고자 하신 아버님의 意図的 노력은, 대개의 丁史研究가 빠지기 쉬운 現實逃避 —「過去속으로의 도피」를 튼튼히 막아주고 있읍니다.

수집·정리하신 방대한 資料와 註釋은 저의 理解가 미치지 못하는 전문적인 것이어서 무어라 말씀드릴수 없읍니다.
다만 자료의 평가에 있어서 아버님께서 지적하신 바와같이 文字로서 남은 記錄의 限界와 기록의 담당階層여하에 따른 자료의 恣意性은 특히 注目되어야 하리라 생각됩니다.

수많은 詩句의 번역에서는 물론이며,「닭아나는 적을 쫓아 남으로 남으로」,「어려운 일이 있으면 불러야 하는 사명대사」등의 쉽게 풀어 쓴 節目文에서도 아버님의 풍부한 詩情이 온죽이 숨어 있음을 느낄수 있읍니다.

책 읽다 말고 문득 문득 책의 무게를 가늠해보며 아버님의 수고를 상상해봅니다. 부단히 발전하고 계시는 아버님의 삶의 姿勢는 걸핏 징역을 핑계 삼는 저희들의 게으름을 엄하게 꾸짖습니다.
책 표지에 눈길이 가면 거기 金箔을 입고 올라 있는 저의 글씨가 아무 功勞 없이 그자리에 앉은 者의 송구스러움 같은 것을 안겨줍니다.

끝으로 저는 아버님의 著書 어딘가에 스며 있을 어머님의 内助에 대해서도 말씀드리고 싶습니다. 책에 몰두하신 아버님의 곁에서 혼자 斗量하셔야 했던 그 긴 孤獨에 대해서도 위로를 드리고 싶습니다.

10. 28.   대전에서

영 복 올림.

종 뻣 님께.

지난달 25일 서화반 열식구는 靜香선생님댁을 방문하였읍니다.
大德郡 鎭岑面 南仙里. 뻐스로 40分 걸어서 다시 20分. 七十老人인 선생님께서
每週 이길을 거슬러 우리를 가르치러 오시기에는 매우 먼 길이다 싶었읍니다.

우리는 코스모스가 줄선 시골국민학교앞에 뻐스를 맡겨 놓고, 왼쪽 오른쪽에 번갈아 산자락을
끼고 천천히 걸었읍니다. 秋陽을 받은 단풍잎은 최후의 꽃인양 가지끝에서
빛나기도 하고 더러는 所任을 마치고 땅에 떨어져 뿌리를 덮어주고 있었읍니다.
타작마당을 지나고, 마중내려오는 시냇물을 옆으로 흘려보내며, 가득히 紅柿를 달고
커다란 꽃나무로 서 있는 감나무 샛길을 돌아나 오자 宋太祖가 都門하려던 계룡산밑
新都안이 건너다 보이는 언덕바지에 扶餘의 古家를 옮겨다지은 설흔간 기와집이
처마에 은은한 풍경소리를 가을바람에 뿌리고 있었읍니다.
窮巷隔深轍 頗回故人車 산촌에 살아 벗들이 수레를 돌려 그냥가더라 던
陶淵明의 고향을 보는듯 하였읍니다. 奔走와 騷音이 사람들을 마구 달음박질케
하는 도시의 高速과는 판이한 슬로우 비디오 의 세계가 거기 한가롭게 펼쳐져
있었읍니다.

선생님의 書齋에는 몇代를 물려온 書冊, 紙筆墨硯, 骨董, 扁額, 簇子들이
제가끔의 자리에서 幽遠한 세월의 풍상을 간직하고 있었읍니다.
所藏하신 名筆들의 眞蹟과 古書畵, 書卷 들을 일일이 펼쳐서 일러주시는
동안 우리는 잠시 100년전을 방문한듯한 착각에 빠지기도 하였읍니다.

점심床에는 칠순의 할머님이 지켜오신 우리 固有의 음식들이 매말라붙은 우리의
味覺을 깨워주고 있었읍니다. 산채. 고추전. 청국장. 도토리묵… 어느것하나 市場의
흔적을 찾아볼수 없음은 물론 商品특유의 반지빠른 겉모양 대신 정갈하고 따뜻한
인정이 그릇마다 소복 소복하였읍니다.

私財를 들여 건립한 檀君崇殿과 우뚝한 石碑는, 담뱃대로 가리키시는
左靑龍 右白虎의 山川 精氣가 아니더라도 우리것을 간수하려는 고독한 집념이
자못 엄숙한 분위기를 만들고 있었읍니다.

짧은 시간에 기웃거려본 것이기는 하나 靜香선생님의 주변에서 가장 먼저 보게되는것은
「生活全般」에서 固守 되고있는 완강한 傳統의 자취 입니다. 이것은 단순한 復古의
취향을 넘어선 것으로 風塵세상에 홀로 잠못이루어 뜨락에 달을 밟고 서 있는
志士의 不眠을 연상케 하는 것입니다. 전통의 고수가 흔히 頑昧한 保守가 되거나
파시즘의 장식물이 되던 前例도 적지 않았읍니다만, 가장 보수적인것이 가장 前衛的인
역할을 담당하는 시점도 있을 뿐 아니라 농촌이 우리 時代에 갖는 意味도 그 地域的
특성에서 찾을것이 아니라 우리의 전통이 가장 적게 무너진 곳이며 西風에
맞바람칠 東風의 뿌리가 박혀 있는 곳이라는 데서 찾아야 된다는 사실도 귀중한
교훈으로 간직되어야 하리라 믿습니다.

×　　　　　×

어머님 아버님 오셔서 여러가지 이야기 들려 주셨읍니다. 아버님 生辰때 모인
가족들이야기며 작은며느리 음식 장만이며 두용이 노는 양이며 가지가지였읍니다.
어느새 11月도 중순. 짧은 가을에 긴겨울. 우리는 바깥사람들 보다 일찌기
겨울을 채 비하여야 합니다. 아버님 편에 보내주신 돈 잘 받았읍니다.
그리고 교무과로 아버님께서 우송하신 '사명당실기'도 잘 받았읍니다

11. 9.　　대전서

작은 형 씀.

못 뵈올 님 전상서

해마다 가을이 되면 우리들은 秋收라도 하듯이 한해동안 키워온 생각들을 거두어봅니다. 금년가을도 여늬해나 다름없이 손에 잡히는 것이 없읍니다. 공허한 마음은 뼈만 데리고 돌아온 「바다의 노인」같습니다. 봄 여름 가을 언제 한번 온몸으로 떠맡은 일 없이 그저 앉아서 생각만 달리는 일이 부질없기가 얼음 쪼아 구슬 만드는 격입니다. 그나마 내 쪽에서 벼리를 잡고 엮어간 일관된 思索이 아니라 그때 그때 부딪쳐오는 雜念雜事의 범위를 넘지 못하는 연습같은 것들이고 보면 빈약한 추수가 당연할 수 밖에 없읍니다. 그 위에 정직한 最善을 다하지 못한 후회까지 더한다면 이제 문닫고 앉아 봄을 기다려야 할 겨울이 더 길고 추운 계절로만 여겨집니다.

　　×　　　　　×

그러나 우리는 숱한 가을을 보내고 맞는 동안 가을에 갖는 우리의 悔恨이 결코 회한으로만 끝나지 않음을 압니다. 풍요 보다는 궁핍이, 기쁨 보다는 아픔이 우리를 삶의 真相에 맞세워 주는 법이며, 삶의 진상은 다시 위대한 対호物이 되어 우리 자신을 냉정하게 바라보도록 합니다. 자기 자신에 대한 냉정한 인식은, 一見 非情한 듯 하나, 빈약한 추수에도 아랑곳없이 스스로를 간추려 보게하는 용기의 원천이기도 합니다.

　　×　　　　　×

가을에 흔히 사람들은 落葉을 긁어모아 불사르고 그 재를 뿌리짬에 묻어줍니다. 이것은 새로운 나무의 植木이 아니라 이미 있는 나무를 북돋우는 施肥입니다.
가을의 思索도 이와 같아서 그것은 새로운 것을 획득하려는 欲心이 아니라, 이미 알고 있는 것들을 다짐하고 챙기는 「約束의 이행」입니다.
이 平凡한 日常의 약속들이 다짐되고 이행된 다음, 나중에야 비로소 욕심이 허용되더라도 되는 것이 응당한 順序이리라 생각됩니다.
가을에 갖는 우리들의 공허한 마음이란 기실 조급한 욕심이 만들어 놓은 엉뚱한 것이라 해야 하겠습니다.

　　×　　　　　×

혹시나 잊고 있는 約束들을 찾아서 거두는 조용한 秋收의 思慮 깊음은 시내에 놓인 징검돌이 되어 이곳의 우리들로 하여금 섣달 냇물같이 차거운 징역을 건네줍니다.

　　×　　　　　×

보내주신 돈 잘 받았읍니다.
「丁史와 真実」「丁史속의 科学」도 받아서 읽고 있읍니다. 지난번에 아버님 어머님 접견 오셔서 집안 소식 자상히 알려 주셨읍니다. 시어머님의 큰 며느리 칭찬도 상당 하였읍니다.
엄마의 자리, 아내의 자리, 며느리의 자리, 형수의 자리······ 숱한 자리마다 늦가을에 큼직큼직한 收穫 있으시기 바랍니다.

11. 18　대전서
　　　　삼촌 드림.

어머님 前上書

함께 징역사는 사람들 중에는 그 妻가 「고무신 거꾸로 신고」가버리는 경우를 종종 봅니다. 그런가 하면 상당한 고초를 겪으면서도 짧지 않은 年月을 목바라지 해가며 기다리는 妻도 없지 않습니다. 이 경우 떠나가버리는 처를 惡妻라 하고 기다리는 처를 烈女(?)라 하며 OX문제의 해답을 적듯 쉽게 단정해버리는 사람도 있겠지만, 世上살이의 순탄치 않음을 누구보다도 잘 아는 이곳 碧村 사람들은 기다리는 처를 칭찬하기는 해도 떠나가는 처를 욕하는 일도 거의 없습니다.

떠남과 기다림이 결국은 當者의 「마음」에서 비롯되는 것이지만, 우리는 그 「마음」을 탓하기에 앞서 그런 마음이 되기까지의 사연을 먼저 묻지 않을 수 없습니다. 媤家에 남아 있는 사람, 친정에 돌아가 있혀사는 사람, 의지 가지 없어 술집에라도 나가 벌어야 하는 사람······. 그 처지의 딱함도 한결같지 않습니다. 개중에는 마음마저 扶支할 수 없을 정도의 혹독한 處地에 놓인 사람도 허다합니다. 그 처지가 먼저이고 그 마음이 나중이고 보면 마음은 크게는 그 처지에 따라 좌우되기 마련입니다. 그리고 다른 한편으로, 징역간 남편에 대한 信賴와 向念의 정도에도 그 마음이 좌우됨을 봅니다. 이 신뢰와 향념은 비록 적지은 사람이기는 하나 그 사람됨에 대한 아내 나름의 評價이며, 삶을, 더우기 힘든 삶을 마주 들어봄으로써만이 感知할 수 있는 가장 適實한 理解이며 人間学입니다.

떠나가는 妻를 쉬이 탓하지 못하는 까닭은 이처럼 그 아내의 처지와 그 남편의 사람됨을 빼고 나면 그 아내가 책임져야 할 「마음」이란 其實 얼마되지 않는 한줌의 「人情」에 불과하기 때문입니다. 그러나 인정이란 것도 사람의 道理이고 보면 함부로 업수이 보아 넘길 것이 아님은 물론입니다. 그러기에 고무신 거꾸로 신고 가버린 처를 일단은 自責과 함께 이해는 하면서도 그 매정함을 삭이지 못해 오래 오래 서운해 하는가 봅니다.

× × ×

妻의 경우가 이럴 수도 있고 저럴 수도 있음에 비하여 「어머니」의 경우는 泰山不動 변함이 없습니다. 못난 자식일수록 母情은 더욱 간절하여 세상의 耳目도, 法의 斷罪도 개의치 않습니다. 심지어는 改嫁해 간 어머니의 경우도 새 남편 알게 모르게 접견 와서 자식을 탓하기에 앞서 먼저 당신을 탓하며 옷고름 적시는 일도 더러 있습니다. 妻와 어머니는 銅錢의 兩面처럼 같은 女子의 두 얼굴이지만 처는 바로 이점에서 아직도 어머니의 어린 모습입니다. 母兄天只, 어머님의 마음은 언제나 열려 있는 하늘입니다.

× × ×

不安한 妻 대신 제게 태산 같은 어머님이 계시다는 것은 평소에는 잊고 있는 마음 든든한 행복입니다. 겨울밤에 잠깐 잠이 깰 때에도 등불처럼 켜져 있는 어머님의 마음을 생각하면 흡사 어릴 때 어머님의 곁에서 재봉틀 소리에 잠 드는 듯 마음이 따스해 집니다. 지금은 어머님께서도 年老하시어 재봉틀 앞에 앉으실 일도 없으시고 저도 또한 어머님을 멀리 떠나 그 맑은 재봉틀 소리 들을 수 없습니다만 저는 가끔 수돗물 소리나, 호남선 밤차 소리에 문득 문득 어머님의 그 재봉틀 소리를 깨닫곤 합니다.

한 해가 저무는 세 밑 쯤이면 더욱 心傷해 하시는 어머님께 오늘은 古談 하나 들려드리며 歲暮의 人事에 代하려 합니다.

옛날 어느 시아버지가 있었는데 끼니 때마다 눈썹 가즈런히 齊眉하여 밥상 올리는 며느리가 하도 이뻐서 어느날 그만 망녕되이 쪽하고 며느리의 젖을 빨고 말았습니다. 혼비백산 버선발로 뛰쳐나온 며느리가 제 서방에게 이 변고를 울음반 말반으로 마구 訴하였습니다. 분기탱천한 서방이 사랑문을 열어젖히고 아버지께 삿대질로 호통인즉 「남의 마누라 젖을 빨다니 이 무슨 망녕입니까!」, 아버지 曰 「너는 이놈아 내 마누라 젖을 안 빨았단 말이냐!」 되래 호통이 있답니다.

12. 23.   대전서   영복 올림.

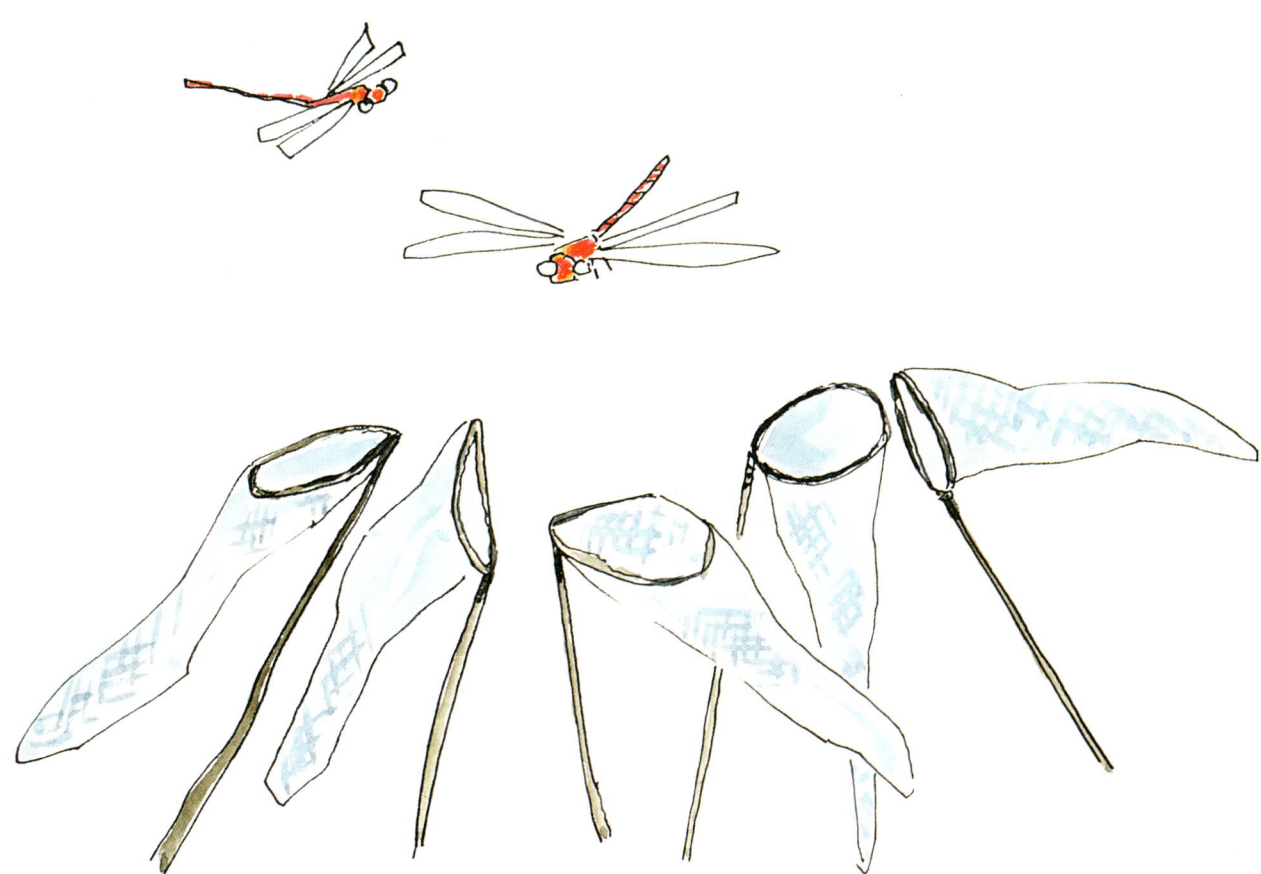

못 뵈옷 님 께 上書.

歲暮의 思索이 대체로 저녁의 安穩함과 더불어
지난 일들을 돌이켜 보는 이른바 有情한 감회를 안겨주는
것임에 비하여, 새해의 그것은 정월달 싸늘한 추위인듯
날카롭기가 칼끝같습니다. 이 날선 겨울새벽의 정신은 자신과
자신이 앞으로 겪어가야할 일들을 냉철히 眺望케 한다는
점에서 매우 소중한 것이라 생각됩니다.

징역살면서 먹은 나이를 나이에 넣지 않는 사람이 있습니다.
언제나 入所 때의 나이를 대는 고집은 其後 잃어버린 것에
대한 미련인지는 모르나 이것은 징역살이에서 건져낼수 있는
육중한 체험의 값어치를 심히 輕視하기쉬운 결정적인 잘못을
범하는 것이라 하겠습니다.
사람은 나무와 달라서 나이를 더한다고 해서 그저 굵어지는
것이 아니며 반대로 젊음이 新鮮함을 항상 보증해주는 것도
아닙니다. '老'가 圓熟이, '少'가 淸新함이 되고 안되고는
그 年月을 안받침하고 있는 體驗과 思索의 갈무리 여하에
달려 있다고 믿습니다.

해마다 거리낌 없이 가지를 뻗는 나무는 긴가지 넓은 잎사귀를
키워 시원한 그늘을 만들고, 뻗다가 잘리고 뻗다가 잘리는 나무는
가지도 안으로 뻗고 가시도 안으로 세우는 「서슬푸른 속나무리」,
새하얀 꽃의 탱자나무 울타리가 됩니다.
탱자나무는 금빛 열매도 품속에 감추어 가시에 찔린 소년을
울게 합니다. 「길가는 사람들은 마음씨 상냥했어요……」
소년을 위해서 걸음 멈추고 탱자나무 가슴을 열어주었습니다.
활엽수의 시원함과 탱자나무울타리의 튼튼함을 아울러 가지려는
것은 아직도 욕심으로 人生을 보는 어린 생각인지도 모릅니다.

「얼음시름 안풀려도 강물은 흐르고」「동지 팥죽 안먹어도 나이한살
더 먹네」 한해를 보내고 한해를 또 새로이 맞이할때에는
歲月의 흔적이 자기에게 과연 어떠한 意味를 갖는것인가를
먼저 묻고, 그것에 걸맞는 열매를 키워가야 하리라 믿습니다.

보내주신 돈 잘 받았습니다.
형님, 꼬마들 그리고 형수님의 복된 새해를 祈願합니다.

    1. 13.   대전에서
                    신 촌 드림.

형수님 께.

起床30분전이 되면 나는 옆에서 곤히 잠든 친구를 깨워줍니다. 부드러운 손짓검으로 조용히 깨워줍니다. 그는 새벽마다 기상나팔을 불려나가는 교도소의 나팔수입니다. 옷, 양말, 모자들을 챙겨서 갖춘다음, 한손에는 「마우스 피스」를 감싸쥐어 손바닥의 溫気로 데우며 다른 손에는 나팔과, 기상나팔후부터 開房나팔때까지 서서 읽을 책한권 받쳐들고 방을 나갑니다. 몇개의 外燈으로 군데 군데 어둠이 脫色된 운동장을 가로질러서 교회당 계단을 걸어 올라 높다란 2층창앞에서 나팔을 붑니다. 가슴에 맺힌 한숨 가누어서 별빛 얼어붙은 새벽하늘에 뿜어 냅니다. 姓氏다른 아버지께 엽서를 띄우는, 엄마불쌍해서 돈벌어야겠다는 …… 農돌이, 그돌이, 이제는 스물다섯 懲돌이 …….
얼어붙은 새벽하늘을 가르고, 고달픈 재소자들의 꿈을 찢고, 또하루의 징역을 외치는 겨울새벽의 기상나팔은 「鋼鐵로된 소리」 입니다.

교도소의 文化가 침묵의 文化라면 교도소의 芸術은 悲劇美의 追求에 있읍니다. 戰場에서 쓰러진 병정이 그 주검을 말가죽에 싸듯이 상처난 青春을 푸른 囚衣에 싸고있는 이 끝동네 사람들은 예외없이 비극의 임자들입니다.
검은머리 잘라서 땅에 뿌리고, 우러러 볼 青天하늘 한자락 없이, 오늘밤 두들겨볼 대문도 없이, 간 꺼내어 쪽박에 담고 쓸개꺼내어 오지랖에 싸고, 이렇게 사는것도 사는 것이냐며 삶 그 全体를 질문하는, 검푸른 悲劇의 임자들입니다.

비극이, 더우기 이처럼 엄청난 비극이 美的인 것으로 승화될수 있는 가능성은 그 「正直性」에서 찾을 수 있읍니다. 저한테 加해지는 重圧을 아무에게도 轉嫁하지 않고 고스란히 짐질수 밖에 없는, 가장 낮은 곳에 사는 사람의 「정직함」에 있읍니다.
비극은 남의 것을 대신 체험할수 없고 단지 자기것 밖에 체험할수 없는 孤獨한 1人稱의 敍述이라는 특징을 가지며 바로 이러한 특질이 그 劇的 性格을 強化하는 한편 終乃에는 새로운 「앎」 ― 「아름다움」을 마련해 주는 것입니다.
비극은 우리들이 무심히 흘려버리고 있는 日常生活이 얼마나 치열한 갈등과 복잡한 얼개를 그 内部에 감추고 있는가를 깨닫게할뿐 아니라 때로는 우리를 客席으로부터 무대의 뒷편 분장실로 인도함으로써 전혀 새로운 認識平面을 열어줍니다.

快樂이 사람의 마음을 살찌게 하되 그 뒤에다 「모름다움」을 타버린 재로 남김에 비하여 슬픔은 菜食처럼 사람의 생각을 맑게 함으로써 그 복판에 「아름다움」(앎)을 일으켜 놓습니다. 夜深星愈輝 ― 밤깊을수록 광채를 더하는 별빛은 겨울밤 하늘의 「知性」이며 霜菊雪梅 ― 된서리속의 黃菊도, 風雪속의 寒梅도 그 美의 本質은 다름아닌 비극성에 있는 것이라 생각됩니다.

사람들이 구태여 비극을 美化하고 悲劇美를 기리는 까닭은, 한갓되이 비극의 사람들을 위로하려는 「작은 사랑」(warm heart)에서가 아니라, 비극의 그 非情한 깊이를 자각케 함으로써 「새로운 앎」(cool head)을 터득하고자 한 奧義를 알듯 합니다.
                    ×   ×   ×
그러나 기상30분전 곤히잠든 친구를 깨울적마다 나는 망설여지는 마음을 어쩌지 못합니다. 포근히 몸담고 있는 꿈의 보금자리를 헐어버리고 참담한 징역의 현실로 끌어내는 나의 손길은 두번 세번 망설여집니다.
                    ×   ×   ×
새해란 실상 면면한 세월의 똑같은 한 토막이라하여 1月을 13月이라 부르는 사람도 있지만, 만약 새로움이 완성된 형태로 우리앞에 던져진다면 그것은 이미 새로움이 아니라 생각됩니다. 모든 새로움은 그에 임하는 우리의 心機가 새롭고, 그 속에 새로운것을 채워 나갈수 있는 하나의 「가능성」으로서 주어지는 새로움임을 잊지 말아야 할것 입니다.

편지 와 도 잘 받았읍니다. 새해의 成就를 祈願 합니다.

　　　1. 17.　　대전서　　작은형 씀.

아버님 前上書

17日付 下書와 책 잘 받았읍니다.

춥기전에 한번 오시겠다던 下書가 있은지 오래여서 혹시 어머님께서 편찮으신가 염려되던 차 李楧 氏 편지 아버님 下書 잇달아 닿아서 마음 놓입니다. 어제 그제는 떠엄떠엄 눈발 흩날리고 오늘은 또 大寒 땜 하느라 제법 쌀쌀한 편이지만 금년은 大小寒 다 지나도록 큰 추위 한번 없는 셈입니다. 겨울을 아직 반도 더 남겨 놓아서 두고봐야 알겠지만 우선은 深冬을 수월히 지내고 있읍니다.

×　　　　　×

四溟堂實記에 대한 學界와 宗團의 評이 좋다는 소식은 아버님, 어머님과 함께 저도 마음 흐뭇한 일입니다.
이곳에 함께 계신 분들도 사명당 硏究에 관한 限 決定版이라 함에 異見이 없읍니다. 방대한 자료를 두루 망라하시고 始終 史實에 根據를 둔 냉정한 筆法은 「史敍述의 한 典型」이라 하겠읍니다.

젊은이들은 喚風呼雨하는 四溟大師의 道術이 사라져 버리자 조금은 서운한 눈치입니다만 사명당에 얽힌 갖가지 도술과 逸話들은, 한 時代의 북판을 私心없이 앞장서간 偉人에게 民家들이 바치는 愛情의 獻辞라는 점에서 도리어 「民衆的 眞實」의 一部를 이루고 있음을 깨닫게 됩니다

×　　　　　×

며칠전 毒感 들어서 가벼이 읽을거리를 뒤적이다가 우연히 「葛根湯」을 소개한 글을 읽었읍니다. 갈근탕은 葛根 너푼에 麻黃, 桂皮, 芍藥, 甘草, 대추, 合 두푼 그리고 乾薑 한푼으로 첩을 짓는 漢方인데, 酒毒을 가시고 熱을 삭히는 약으로 널리 사용되어 오는 民間伝來의 處方이라고 합니다. 순전히 풀뿌리와 열매와 나무껍질로 된 天然生藥이라 글로서 읽는것만으로도 신선한 느낌이 듭니다. 広告의 홍수와 더불어 쏟아져 나온 수많은 合成藥品으로 할퀴어진 心身에 상쾌한 生氣를 불어 넣어주는것 같습니다. 두꺼운 藥湯罐에 담아 벌바른 마루끝에서 이윽고 다린다음 삼베 약수건에 쏟아 사기대접에 알뜰이 짜내어 약 숟가락으로 재어 보고 훈김 불어가며 마시는 풍경은, 어머님의 옛모습과 함께, 생각만해도 마음 훈훈히 풀리는 情景입니다.

아버님께서 보내주신 "열여 춘향슈졀가" 註譯本은 마치 훈김이 이는 湯藥 같습니다. 外囯 言語의 構文과 表現으로 이도저도 아닌 囯籍 不明의 文章이 되어버린 오늘의 글을 合成藥品에 비긴다면 옛되고 無垢한 우리 고유의 글월이 본래의 姿態를 고이 간직하고있는 이 全卌 木版의 슈졀가는 그 훈훈하기가 바로 葛根湯의 格調입니다.

광고와 外來言語의 범람으로부터도 멀리 떨어져있는 「징역의 隔離」는 땟국 씻어내고 우리글 본래의 광택을 되찾는데에도 마침 다행한 장소이기도 하겠다 싶습니다.

×　　　　　×

겨울 추위에 어머님 아버님 保重하시기 바랍니다.

1. 21. 대전서 영복 올림

둘째嫂님께.

自己의 그릇이 아니고서는 음식을 먹을수 없는 여우와 두루미의 寓話처럼, 성장환경이 다른 사람들끼리는 자기의 言語가 아니고서는 對話가 여간 어렵지 않습니다. 언어란 미리 정해진 약속이고 公器여서 제 마음대로 뜻을 담아 쓸수가 없지만 같은 그릇도 어떤 집에서는 밥그릇으로 쓰이고 어떤 집에서는 국그릇으로 사용되듯 사람에 따라 차이가 나기 마련입니다. 成長過程과 經驗世界가 판이한 사람들이 서로 만날때 맨먼저 부딪치는 곤관의 하나가 이 언어의 차이입니다.

같은 단어를 다른 뜻으로 사용하는 경우는 그런대로 작은 차이이고, 여러 단어의 組合에 의한 判断形式의 차이는 그것이 내용을 이루는 생각의 차이를 확대한다는 점에서 매우 큰 것이라 하겠습니다. 가장 두드러진 1例를 든다면 아마 「책가방끈이 길고 먹물이 든 사람」과 그렇지 못한 사람 間의 차이라고 생각됩니다. 前者는 대체로 벽돌을 쌓듯 精製되고 계산된 언어와 論理를 구사하되 필요이상의 복잡한 표현과 微視的 思考로 말미암아 자기가 쳐놓은 意味網에 갇혀 헤어나지 못합니다. 도깨비이기는 마찬가지임에도 불구하고 구태여 파란색 도깨비와 노란색 도깨비를 구별하느라 수고롭습니다. 이에 비하여 後者의 그것은 구체적이고 그릇이 커서 손으로 만지듯 확실하고 시원시원 하기도 합니다. 그러나 지나친 單純化와 無理, 그리고 감정의 氾濫이 심하여 수염과 눈섭을 구별치 않고, 목욕물과 함께 아이까지 내다버리는 單色的 思考를 면치 못하는 경향이 있습니다.

나는 십수년의 침묵을 살아오는 동안 이 두가지의 相反된 경향의 틈새에서 여러형태의 방황과 시행착오를 경험해 왔음이 사실입니다. 복잡한 표현과 관념적 사고를 내심 즐기며, 그것이 上位의 것이라 여기던 傲慢함의 시절이 있었는가 하면, 粗野한 卑語를 배우고 주어섬김 으로써 마치 群衆觀点을 얻은듯, 자신의 관념성을 改造한듯 착각하던 시절도 있었습니다. 뿐만아니라 양쪽을 절충하여 「中間은 正当하다」는 論理속에 한동안 安住하다가 중간은 「架空의 자리」이며 방관이며, 機會主義이며, 다른 형태의 彷徨임을 소스라쳐 깨닫고 허둥지둥 그 자리를 떠나던 기억도 없지 않습니다.

물론 어느 個人이 자기의 言語를 얻고, 자기의 作風을 이루기위해서는 오랜 방향과 표류의 고충을 겪지 않을수 없는 것이라 하더라도, 방황 그 자체가 이것을 성취시켜 주는 것이 아니며, 방황의 길이가 成就의 높이로 나타나는 것도 아닙니다.
最終的으로는 어딘가의 「땅」에 자신을 세우고 뿌리내림으로써 비로소 이룩되는 것이라 믿습니다.

× ×

교도소는 「大地」도 벌판도 아닙니다. 「휘달리는 山脈도 없고 큰 마음으로 누운 유유한 江물도 없는 차라리 15尺 벽돌 벼랑으로 둘린 외따론 섬이라 불리웁니다. 징역사는 사람들이 겪는 정신적 방황은 대개가 이처럼 땅이 없다는 외로운 생각에 연유되는 것인지도 모릅니다. 그래서 대부분의 사람들은, 오랜 세월을 이곳에서 살아야 하는 우리들과는 달리, 아무렇게나 잠시 머물었다가 떠나가면 그만인 곳으로 여기는지도 모릅니다. 그러나 이것은 자신의 고달픈 처지에 심신이 부대끼느라 이곳에 자라고 있는 무성한 풀들을 보지 못하는 잘못된 생각입니다. 이름도 없는 풀들이 모이고 모여 밭을 이루고 빽빽한 雜草들이 서로 몸비비며 살아가는 그 조용한 아우성을 듣지 못하는 생각입니다.

草尙之風草必偃 誰누고 風中草復노.
「바람보다 먼저 눕고, 바람보다 먼저 일어나는 풀잎마다 발밑에 한줌씩의 따뜻한 땅의 體溫을 쌓아 놓고 있습니다.
나는 이 무성한 잡초속에 한꾸기 키작은 풀로서 몸기대며 어깨를 짜며 꾸준히 薄土를 배우고, 나의 言語를 얻고, 나의 彷徨을 끝낼수 있기를 바랍니다.

× ×

暴雪이 내린 이듬해 봄의 잎사귀가 더 푸른 법이라는데 이번 겨울은 추위도 눈도 없는 暖冬이었습니다. 立春 지나 雨水를 앞둔 어제 오늘이, 風光은 宛然 봄인데 아직은 믿음직스럽지 못합니다. 아버님 편에 보내주신 돈 잘받았읍니다. 아버님 다녀가셨읍니다. 집안 소식 잘들었읍니다. 동생과 꼬마들 건강을 빕니다.

2. 7. 대전에서
작은형 쏨.

모 선생님 前上書.

갇혀있는 새가, 성말라 야위듯이 두루미의 술이 삭아서 식초가 되듯이 고도소의 벽은 그속에 있는 사람들의 감정을 날카롭게 벼려 놓습니다. 징역을 오래산 사람치고 감정이 날카롭지 않은 사람이 없읍니다. 감정이 폭발할듯 팽팽하게 켕겨 있을때 벽은 이성(理性)의 편을 들기보다는 언제나 감정의 편에 섭니다. 벽은 그속에 있는 모든것을 酸化해버리는 거대한 초두루미 입니다. 장기수들이 벽을 무서워 하는 이유의 하나가 바로 여기에 있읍니다. 벽의 기능은 우선 그속의 것을 한정(限定)하는데 있읍니다. 視界를 한정하고 手足을 한정하고 思考를 한정합니다. 한정 잡다는것은 작아지게 하는 것입니다. 넓이는 좁아지고 길이는 짧아져서 공간이든 시간이든 사람이든 결국 하나의 점으로 수렴케 하여 지극히 단편적이고 충동적이고 비논리적인 傾向을 띠게 합니다. 징역사는 사람들의 첨예한 감정은 이러한 편향성의 축적, 강화 됨으로써 망가져버린 상태의 감정입니다. 망가져버린 상태의 감정이라고 하는 까닭은 그것이 관계되어야 할 처호물로서의 理性과의 連動성이 파괴되고 오로지 감정이라는 외바퀴로 굴러가는 지극히 불안한 車와 같기 때문입니다. 그 작을 얻지못한 불구의 상태이기 때문입니다. 그런데 여기서 우리가 주의해야 할것은 망가진 상태는 단순한 것이 아니라 더욱 복잡하다는 사실입니다. 우연히 시계를 떨어트려 복잡한 부속이 망가져 버렸다면 시계의 망가진 상태는 단순한 것이 아니라 여전히 복잡하다는 사실을 생각할 필요가 없읍니다. 그럼에도 불구하고 우리는 벽으로 인하여 망가진 감정을 너무나 단순하게 처리하려드는것을 봅니다. 감정을 이성과 대립적인 것으로 인식하고 이성에 의하여 감정을 억제하도록하는 이를테면 이성이라는 포승으로 감정을 묶어버리려는 시도를 종종 목격합니다.

이것도 처호물로서의 이성을 처호적인 것으로 잘못 파악했으므로서 야기된 오류입니다. 감정과 이성은 우리의 두 바퀴 입니다. 크기가 같아야 하는 두개의 바퀴입니다. 낮은 이성에는 낮은 감정이 높은 이성에는 높은 감정이 관계되는 것입니다. 一見 이성에 의하여 감정이 극복되고 있는듯이 보이는 경우도 실은 이성으로서 감정을 억누르는것이 아니라 이성의 높이에 상응하는 높은 단계의 감정에 의하여 낮은 단계의 감정이 극복되고 있을 따름이라 합니다. 감정을 극복하는 것은 하중적으로는 역시 감정이라는 이 사실은 우리에게 매우 특별한 뜻을 갖습니다. 그러므로 우리가 먼저 해야 할 일은 감정의 억압이 아니라 이성의 陪養 입니다. 그리고 이성은 감정에 기초하고, 감정에 의존하여 발전하는 것이기 때문에 이러한 노력은 벽의 속박과 한정과 단절로부터 감정을 해방하는 과제와 직결됩니다.

그러면, 절박하고 적나라한 징역현장에서 이성의 계발이란 현실적으로 어떤 의미를 띠며, 비정한 벽속으로부터 감정을 해방한다는 것이 도대체 어떤 행위를 뜻하는가. 지극히 당연한 의문에 부딪칩니다.

아마 우리는 이러한 추상적 演繹에 앞서 이미 오랜 징역경험을 통하여 그 해답을 歸納해 두고 있는지도 모릅니다. 그 해답이란 언젠가 말씀드렸듯이 한마디로 해서 징역속에는 풍부한 丁史와 社会가 존재한다는 사실, 그리고 그 견고한 벽속에는 수많은 사람들로 가득차 있다는 사실에 있읍니다.

各樣의 世態, 各色의 事件들은 우리들로하여금 현존하는 모든 고통과 가난과 갈등을 인정하도록하며 그 해결에 대한 일체의 환상과 기만을 거부케함으로써 우리의 정신적 自由 즉 理性을 얻게 해 줍니다. 그리고 수많은 사람들의 수많은 가슴들은 그 緩急, 曲直, 広狹, 方圓 으로하여 우리를 다른 수많은 가슴들과 부딪치게 함으로써 자기를 우주의 중심으로삼고 침거하고 있는 감정도 수많은 총중의 한 낱에 불과하다는 開眼을 얻게하고 그 협착한 甲殼을 벗게 해 줍니다.

그러므로 우리는 각자의 사건에 매몰되거나 각자의 감정에 침거해 들어가는 대신 우리들의 풍부한 이웃에 충실해 갈때 비로소 벽의 위험으로부터 안전해질수 있으리라 생각됩니다.

바다가 하늘을 비추어 그 푸름을 얻고, 細流를 마다하지 않아 그 넓음을 이룬 이치가 이와 다름이 없다고 생각됩니다.

×　　　　　×

山寺氷雪이 냉기를 발하던 1,2월 달력을 뜯어내니 복사꽃 환한 3,4월 달력의 桃林이 앞당겨 봄을 보여줍니다. 반갑지 않은 여름더위나 겨울추위가 바깥보다 먼저 교도소에 찾아오는데 비하여 봄은 좀체로 교도소 안으로 들어오려 하지 않습니다. 창밖으로 보이는 언덕과 산자락에는 벌써 포르히 봄빛 고여 있는데도 담장이 높아서인가 벽이 두꺼워서인가 교도소의 봄은 더디고 어렵습니다.

우용이 中学入学과 주용이 진급을 축하합니다. 형님 형수님의 건강을 빕니다.

3. 15.　　대전서　삼촌 드림.

어머님 前上書

3月 중순인데도 뒤늦게야 해살맞은 바람에다. 엊그제 저녁은 진눈개비 섞인 비까지 흩뿌립니다. 올봄도 계절을 정직하게 사는 꽃들이 늦추위에 떠는 해가 되려나 봅니다.

歲前에 아버님 혼자 오셨을 때 아버님께선 날씨 탓으로 돌리셨지만 저는 어머님이 몸져 누우신줄 짐작하였읍니다. 접견 마치고 혼자 鐵門을 나가시는 아버님을 이윽고 바라보았읍니다. 아버님은 어머님과 함께 걸으실 때도 언제나 너댓걸음 앞서가시지만 그날은 아버님의 너댓걸음 뒤에도 어머님이 계시지 않았읍니다. 그렇더라도 설마 치레 잦은 감기 몸살이겠거니 하고 우정 염려를 외면해 왔읍니다만 막상 형님 편에 그것이 매우 危重한 것임을 알고부터는 연일 꿈에 어머님을 봅니다.

꿈에 뵈는 어머님은 늘 곱고 젊은 어머님인데 오늘 새벽 잠깨어 새삼스레 어머님 年歲를 꼽아보니 일흔여섯, 「極老人」임에 놀라지 않을수 없었읍니다. 제가 짐작들어보고 난 최근의 십수년이 어머님의 心身을 얼마나 깊게 할퀴어 놓은 것인지도 모르고 제 나이를 스물일곱인줄 알듯이, 어머님도 매양 그전처럼만 여겨온 저의 미욱함이 따가운 매가되어 종아리를 칩니다.

「인제 죽어도 나이는 아까울게 없다」하시며 입 다물어버리신 그 뒷 말씀이 其實 저로 인하여 가슴에 응어리진 恨임을 모르지 않기 때문에 제게도 어머님께 드리고 싶은 말씀이 응어리가 되어 쌓입니다. 언젠가는 어머님과 함께 어머님의 이 응어리진 아픔에 대하여 이야기 나누고 싶습니다. 이 아픔은 어디에서 緣由하는 것이며, 우리는 이를 어떻게 받아들여야 하는가, 같은 歲月을 살아가는 다른 사람들은 어떤 아픔을 속에 담고 있으며 그것은 어머님의 그것과 어떻게 相通되는가, 냇물이 흘러흘러 바다에 이르듯, 자신의 아픔을 통하여 모든 어머니들의 가슴에 안고있는 그 숱한 아픔들을 만날수는 없는가, 그리하여 한 아들의 어머니라는 「母情의 局限界」를 뛰어넘어, 他人의 아픔에서 삶의 眞實과 歷史性을 깨달을 수는 없는가 ‥‥‥.
접견은 짧고 엽서는 좁아 언제나 다음을 기약할 뿐인 미진함은 저를 몹시 피곤하게 합니다.

그러나 한편 생각해보면 어머님께선 이미 이 모든 것을 達觀하고 계실뿐 아니라 누구보다도 깊이 저를 꿰뚫어보고 계심에 틀림없다는 생각이 듭니다.
知子莫如父 자식을 아는데는 부모를 앞설 사람이 없다는 옛말처럼, 어머님은 이세상의 누구보다도 저를 잘 아시고 또 저의 친구들을 숱하게 아실뿐아니라 빠짐없이 공판정에 나오셔서 어느덧 어머님의 생각의 품 바깥으로 걸어 나와버린 아들의 이야기를 한마디도 놓치지 않으시려던 그대의 모습을 回想하면, 아마 어머님은 제가 어머님을 알고있는것보다 더 많이 저를 알고 계심을 깨닫게 됩니다. 어머님의 母情은 이 모든것을 포용할수 있을 만큼 품이 넓고 그위에 아들에 대한 튼튼한 신뢰로 가득찬 것이라 믿습니다.

　　　×　　　　　×

기다림은 더 많은 것을 견디게 하고 더 먼 것을 보게하고, 캄캄한 어둠 속에서도 빛나는 눈을 갖게합니다. 어머님께도 기다림이 執念이되어 어머님의 정신과 健康을 강하게 지탱해 주시기 바랍니다.
어머님께서 걱정하시던 겨울도 가고 창밖에는 갇힌 사람들에게는 잔인하리만큼 화사한 봄볕이 땅속의 풀싹들을 깨우고 있읍니다.

　　　3. 16.　대전에서　영복 올림.

           兄 嫂 님 께 上 書.

상처가 아물고난 다음에 받은 약은 상처를 치료하는데 사용하기에는 너무 늦고,
도리어 그 아프던 기억을 想起시키는 역할을 하는 경우가 있읍니다.
이것은 단지 時機가 엇갈려 일어난 失敗의 사소한 1例에 불과하지만, 남을 돕고
도움을 받는 일이 경우에 따라서는 도움이 되기는커녕 더 큰 것을 해치는 일이 됩니다.

함께 징역을 살아가는 사람중에는 접견도, 서신도, 영치금도 없이 받은 징역을 춥게
살면서도 비누 한장, 칫솔한개라도 남의 신세를 지지 않으려는 고집센 사람들이 많이
있읍니다. 모르는 사람들은 이러한 사람들을 두고 남의 好意를 받아 들일줄 모르는
좁은 속을 편잔하기도 하고, 가난이 만들어놓은 비뚤어진 심사를 불쌍하게 여기기도
하고, 단 한개의 창문도 열지 않는 어두운 마음을 비난하기도 합니다.
남의 호의를 거부하는 고집이 과연 좁고 비뚤고 어두운 마음의 所致 값인가. 우리는
公正한 논의를 위하여 카메라를 반대 편, 즉 베푸는 자의 얼굴에도 초점을
맞추어 照明해 볼 필요가 있다고 생각합니다.

칫솔 한개를 베푸는 마음도 그 內心을 들추어보면 실상 여러가지의 動機가
그 속에 도사리고 있음을 우리는 겪어서 압니다. 이를테면 그 댓가를 다른 것으로
거두어 들이기 위한 商略的인 동기가 있는가 하면, 비록 물질적인 형태의 보상을
목적으로하지는 않으나 受惠者측의 호의나 협조를 얻거나, 그의 비판이나 저항을
鈍化시키거나, 극단적인 경우 그의 追從이나 屈從을 확보함으로써 자기의 伸張을
도모하는 政略的인 동기도 있으며, 또 施惠者라는 정신적 優越感을 즐기는
享樂的인 동기도 없지 않읍니다. 이러한 동기에서 나오는 도움은 慈善이라는 극히 선량한
명칭에도 불구하고 그 본질은 조금도 선량한 것이 못됩니다. 도움을 받는 쪽이 감수해야
하는 主體性의 침해와 정신적 沮喪이 그를 얼마나 병들게 하는가에 대하여 조금도
고려하지 않고 서둘러 자기의 볼일만 챙겨가는 처사는 상대방을 한사람의 人間的主體로
보지 않고 자기의 環境이나 方便으로 삼는 비정한 僞善입니다.
이러한 것에 비하여 매우 순수한 것으로 알려진 「同情」이라는 동기가 있읍니다.
이것은 惻隱之心의 발로로서 古來의 美德으로 간주되고 있읍니다. 그러나 이 동정
이란것은 客觀的으로는 문제의 核心을 흐리게 하는 人情主義의 限界를 가지며
主觀的으로는 상대방의 문제 해결 보다는 자기의 良心의 苛責을 慰撫하려는
逃避主義의 한계를 갖는 것입니다. 뿐만아니라 동정은 동정받는 사람으로 하여금
동정하는 자의 視點에서 자신을 鳥瞰케함으로써 脫氣와 萎縮을 동시에 안겨줍니다.
이점에서 동정은, 共感의 第一步라는 强辯후에도 불구하고 그것은 공감과는 뚜렷이
구별되는 값싼 것임에 틀림 없읍니다.

여러가지를 부단히 서로 주고받으며 살아가는 징역 속에서, 제게도 저의 호의가 거부당한
경험이 적지 않읍니다. 처음에는 상대방의 비뚫은 마음을 탓하기도 하였지만, 순수하지
못했던 나자신의 底意를 뒤늦게 발견하고는 스스로 놀란적이 한두번이 아니었읍니다.
사실, 남의 호의를 거부하는 고집에는 자기를 지키려는 主體性의 단단한 심지가
박혀 있읍니다. 이것은 얼마간의 物質的 受惠에 비하여 자신의 처지를
개척해 나가는데 대개의 경우 훨씬 더 큰 힘이 되어 줍니다.
사람은 스스로를 도울 수 있을뿐이며, 남을 돕는다는 것은 「스스로 도우는 일」을 도울수
있음에 불과한지도 모릅니다. 그래서 저는 「가르친다는 것은 다만 희망을 말하는
것이다」라는 아라공의 詩句를 좋아합니다.
돕는다는 것은 우산을 들어 주는 것이 아니라 함께 비를 맞으며 함께 걸어가는
共感과 連帶의 確認이라 생각됩니다.

보내주신 돈 잘 받았읍니다. 바쁘신 형님 다녀가신 편에 소식 잘 들었읍니다.
어머님 환후가 그만하시다니 다행입니다. 누용이 주용이 건강하리라 믿습니다.
       3. 29.   대전서   삼촌 드림

홍 빛및 님께.

생전처음 만나서 잘 알지못하는 사람에 대해서도 우리는 결정적인 평가를 내리는 습관이 있읍니다. 겉모양이나 몇개의 소문으로 그를 溫当하게 평가할수 없음은 물론입니다. 좀더 가까운 자리에서, 함께 일하며 그리하여 깊이 있는 認識을 마련할때까지 기다리지 못하는 까닭은 이쪽의 서두스런 懷疑 때문이기도하지만 크게는 人間関係가 既成의 物貨的関係를 닮아 버린 世紀末의 한 斷面인지도 모릅니다.

이러한 현상은, 모두가 이마에 罪名과 刑期를 烙印처럼 가지고 있는 징역살이에서 쉽게 발견됩니다. 죄명은 그 사람의 「質」을, 형기는 그 질의 「程度」를 상징합니다. 대부분의 사람들은 그것으로 충분하고, 그 이상의 理解를 필요로 하지 않습니다. 이것은 이곳이 刑罰의 現場이므로 一見 당연한듯 하지만 사실은 사람들에게 곁을 주지 않으려는 敬遠과 不信때문이라 생각됩니다.

이렇듯 멀리두고 경원하던 사람도 일단 같은방, 같은 공장에서 베속의 실오리처럼 이런저런 관계를 맺게되면 지금까지와는 다른 새로운 観点이 열립니다. 죄명, 형기, 소문, 인상 과 같은 既成의 껍질이 하나씩 하나씩 벗겨져 나가고 대개의 경우 전혀 판이한 본사람을 만나게 됩니다. 「関係」는 「観点」을 결정합니다.

헹터 사나운 심사와 不信의 어두운 자국이 도리어 그사람으로하여금 社会와 人間에 대한 관념적이고 감상적인 인식으로부터 시원히 벗어나게 하고 있음을 볼거나, 세상의 힘에 떠밀리고 시달려 영악해진 마음에 아직 맑은 강물 한가닥 흐르고 있음을 볼때에는, 문패처럼 그의 이마에서 그를 규정하고 있는 것들이 그에게 얼마나 부당한 것인가를 알게 됩니다.

바늘구멍으로 황소를 바라볼수도 있겠지만 対象이 물건이 아니라 마음을 가진 「사람」인 경우 에는, 이 바라본다는 행위는 그를 알려는 태도가 못됩니다. 사람은 그림처럼 벽에 걸어 놓고 바라볼수 있는 静的 平面이 아니라, 「관계」를 통하여 비로소 발휘되는 可能性의 総体 이기에 그렇습니다. 한편이 되어 백지한장이라도 맞들어보고 반대편이 되어 혈고 뜯고 싸워보지 않고서 그사람을 알려고하는 것은 흡사 냄새를 만지려하고 바람을 동이려드는 헛된 노력입니다.

대상을 일정한 간격을 두고 바라보는 경우, 이 간격은 그냥 빈 공간으로 남는것이 아니라, 선입관이나 풍문 등 믿을수 없는 것들로 채워지고, 이것들은 다시 魚眼렌즈가 되어 대상을 歪曲 하게 됩니다. 그러므로 풍문이나 外形, 메스컴 등, 거리를 두고 바라보는 認識은 「故意」 보다는 나을지 모르나 「無知」 보다는 못한 真実과 自我 의 喪失입니다.

그러나 아직도 저는 이곳에서 사람을 보면 먼저 죄명과 형기를 궁금해하는 부끄러운 습관을 떨쳐버리지 못하고 있습니다. 事実과 真実, 本質과 真理에 대한 어슬픈 자세가 아직도 이처럼 부끄러운 옷을 입혀 놓고 있는가 봅니다.

  ×   ×

어디 풀싹이 나오지 않았나하고 자주 창밖을 내다 보다가 문득 놀라서 깨우치는 것이 있습니다. 그것은 연초록 봄빛이 가장 먼저 나타나는 것은 양지의 풀이나 버들가지가 아니라, 무심히 지나쳐 버리던 「솔 잎」 이라는 사실입니다. 꼿꼿이 선채로 겨울과 싸워온 소나무의 검푸르던 잎새에 역시 가장먼저 연초록 새빛이 피어난다는 사실은 너무나 당연한 일입니다.

보내주신 돈 잘 받았습니다. 꼬마들의 건강과 가내의 발전을 빕니다.

  3. 31. 대전의 작은 형 씀.

어버이날에 아버님 어머님께.

寸草같은 마음으로 三春의 햇살을 바라보고 있으면 —— 땅속에, 나무에, 벽돌에 지붕에, 전붓대에…… 눈닿는 곳마다 일제히 아우성치며 일어나는 五月의 躍動이 번쩍이는 듯 합니다. 이 五月의 빛과 싱싱함이 어머님의 心身에 담뿍 스미어 患候가 말끔히 快差하시길 빕니다. 그래서 오늘 파일에는 療養次로도 하시고 대전에도 나들이 하실수 있게 되길 기원합니다.

아버님께서는 佔畢齋에 관한 史料를 정리하고 계시리라 믿습니다. 아무쪼록 進境이 越等하시어 머지않아 또한권의 著書가 빛을 보게 되길 기대합니다. 꼭 아버님의 著述에 부치는 말씀은 아닙니다만, 저는 嶺南地方의 儒學的思辨보다는 湖南의 民謠에 담긴 生活情緖가 우리의 傳統에 있어서 훨씬 더크고 源泉的인 부분을 이루고 있다고 느껴집니다.
金庾信의 功成 보다는 階伯의 悲壯함이, 時調나 別曲体의 高雅함보다는 南道의 판소리와 육자배기의 민중적 体臭가, 그리고 무엇보다도 百濟땅의 끈질긴 抵抗이 오늘의 丁史認識에 있어서 각별한 평가를 받아야 마땅하다 싶습니다. 그래서 저의 管見으로는 점필제에 대한 연구의 범위를 그의 門下인 金馹孫, 金宏弼, 鄭汝昌 등의 士林派에까지 연장하여 勳舊勢力에 대한 그들의 비판적 성격을 선명히 하는 편이 오히려 점필제의 史的意義를 보다 온당하게 규명하는 것이 되리라 생각합니다.
丁史現象은 그것이 仁人이든 事件이든, 하나의 斷切된 實体로 限定할수 없으며 그것에 先行하는 諸契機에서부터 그것의 發展·變容의 가능한 方向에 亘하는 總合過程의 한 部分으로서 파악되어야 하리라 믿습니다.
더우기「과거」란 완성되고 끝마쳐진 어떤 不變의 것이 아니며, 반대로 역사 인식은 언제나 현재의 갈등과 관심에서부터 출발하는 것입니다. 역사는「과거에 投影된 現在」이며 그런의미에서 계속 새롭게 쓰여질 필요가 있는 것입니다.

얼마 전에는 本多勝一의 評論集을 읽었습니다. 年前에도 같은 著者의「極限의 民族」을 읽고 에스키모, 뉴기니아, 베두윈의 생활 깊숙이 들어가서 철저한 르뽀精神으로 파헤친 未開와 文明에 대한 그의 뛰어난 洞察에 적지않은 감명을 받은 적이 있습니다. 물론 그의 글은 日本社会가 갖는 限界와 자유로움을 동시에 갖고 있는것이긴 합니다만 그가 堅持하고 있는 사물을 보는 視點의 一貫됨은 쉽지않은 것이라 여겨집니다.
어떠한 종류의「매스·컴」이나「미니·컴」이든 그것은 어떤 層을 대포하는 機關紙인 법이며 문제는 그것이 기관지라는데 있는것이 아니라「무엇을」 내포하는가에 있다는 그의 간결하고 明確한 社会認識이라든가, 어느 社会의 眞相을 직시할수있는 가장 손쉬운 방법은 그 사회의 맨바닥 人生을 직접 방문하는 것이라는 소박한 民衆意識은 뛰어난 것이 아닐수 없다하겠습니다.
「시냇가에 심은 나무」가 무성한 잎을 키우는 것처럼, 우리의 認識도 기본적으로는 우리가 立脚하고 있는 관점의 如何에 따라 그 높이가 결정되기 마련인가 봅니다. 물론 경우에 따라서는「여러 관점들의 轉移, 複合, 換算에 의한 遠近法」도 필요하게 되겠지만, 이것은 어느경우이든 認識의 立場被拘束性(Standortgebundenheit)을 승인한 연후의 일이 아닐수 없다고 생각됩니다.

오늘은 어버이날입니다. 어머님 아버님의 平安과 康健하심을 빕니다.
　　　　5. 8.　　대전에서　　명복 올림.

兄 嫂님 전 상서

형수님께서 보내주신 「民衆속의 聖職者들」 그리고 돈 잘 받았읍니다.
그들을 맘미 얌음으로서 우리가 사는 時代를 더욱 선명하게 바라볼수 있는 視角을 키워 주는
"응달의 사람들" — 소외되고 억눌리고 버려진 사람들속에 자기 자신을 심고 그들과 함께 苦飯을
드는 사랑과 자비의 이야기들은 뜻있는 삶이 어떤것인가를 크지 않는 목소리로 말해주고있읍니다.
이 책을 읽는동안 저의 뇌리를 줄곧 떠나지 않는것은 "우리시대의 민중은 누구인가?" "우리사회의
민중은 어디에 있는가?" 라는 잠요한 自問 입니다.
어느 時代, 어느 社會든 민중의 든든한 實體를 파악한다는것은 매우 어려운 일이 아닐수 없으며
민중의 실체를 파악하지 못하는한 그 시대 그 사회를 총체적으로 인식할수 없는 법입니다.
우리는 과거의 丁史的 事實로서의 민중, 특히 격변기의 丁史事件속에 그 모습을 확연히
드러낸 경우의 민중에 대해서는 잘 알고 있읍니다. 그러나 당대 사회의 생생한 現在狀
것 속에서 민중의 진정한 실체를 발견해 내는데는 많은 사람들이 실패하고 있음을
우리는 알고 있읍니다.
錯綜하는 利害關係와 이데올로기의 대립, 現實의 歪曲, 사실의 과장, 진실의 은폐 등
격렬한 싸움의 현장에서 민중의 참모습을 발견해내고 그것의 合當한 力量을 신뢰
하기는 지극히 어려운 일이 아닐수 없읍니다.
기껏 잡은것이 민중의 '그림자'에 불과하거나 「그때 그곳의 偶然」에다 보편적인
意味를 입히고 있는 등.... 感傷과 憐憫이 만들어낸 민중이란 이름의 虛像이
우리들을 한없이 피곤하고 목마르게 합니다. 그것은 "왜 不幸한가?" 라는 불행의
원인에 대한 질문에로는 한걸음도 나아가지 못하고 모든것을 참으며 모든것을 견디게하는
「눈물의 芸術」로 그 格이 떨어져 있기 때문입니다. 결국 그것은 위안을 줌으로써
삶을 상실케 하는것이기 때문입니다.

저는 十数年의 징역살이 그 一人稱의 상황을 살아 오면서 민중이란 결코
어디엔가 旣成의 형태로 존재하는 것이 아니라 항상 새로이 「創造」 되는 것이라
생각해 오고 있읍니다.
응달의 불우한 사람들이 곧 민중의 表象이 아님은 물론, 민중을 만날수 있는 최소한의
假橋가 되어주지도 않습니다. 민중을 不遇한 存在로 先驗 하려는데에 바로
感傷主義의 오류가 있는 것입니다.
민중은 當代의 가장 기본적인 矛盾을 계기로하여 창조되는 "凝集되고 增幅된
社会的 力量" 입니다. 이러한 역량은 單一한 계기에 의하여 단번에 나타나는
가벼운 걸음걸이의 주인공이 아닙니다. 장구한 역사 속에 점철된 수많은 성공과 실패,
그 환희와 비탄의 기억들이 民族史의 基底에 거대한 잠재력으로 묻혀 있다가
역사의 격변기에 그 당당한 모습을 실현하는 것입니다.
그러나 민중을 이렇게 神聖視하는것도 실은 다른 형태의 감상주의 입니다.
어떠한 시냇물을 따라서도 우리가 바다로 나아갈수 없듯이 아무리 작고
외로운 골목의 삶이라 하더라도 그곳에는 민중의 뿌리가 뻗어와 있는것입니다.
이것이 바로 민중특유의 민중성입니다. 부족한것은 당사자들의 투철한 시대정신과
유연한 예술성 입니다.
그 虛像의 주변을 서성이며 민중을 신뢰하지 못하고 있는 많은 사람들의 실패가
설령 그들各人의 意識과 力量의 不足에 연유된 것이라 할지라도, 저는
그들個人의 限界에 앞서 우리 時代, 우리 社会 自体의 丁史的 未熟 으로
이해하려고 합니다. 왜냐하면 個人의 認識과 力量은 기본적으로는
社会的 獲得物 이기 때문입니다.

× × ×

이사온지 두달 입니다만 아직도 쓸고 닦고 파고 메우고 고르고.... 크고작은
일들로 주변이 어수선 합니다. 그러나 새벽의 여름산에서 들려오는 산새소리, —
때 묻지 않은 自然의 肉聲은 갖가지 人造音에 시달려온 우리의 心身을
五月의 新綠처럼 싱싱하게 되살려줍니다.
어머님 아버님을 비롯하여 家内의 平安을 빕니다.

5. 22. 삼촌 드림.

형수님께
— 아프리카 民謠 二篇 —

자칼이 덤벼들거들랑 하이에나를 보여주고, 하이에나가 덤벼들거들랑
사자를 보여주고, 사자가 덤벼들거들랑 사냥꾼을 보여주고,
사냥꾼이 덤벼들거들랑 뱀을 보여주고, 뱀이 덤벼들거들랑
막대기를 보여주고, 막대기가 덤벼들거들랑 불을 보여주고,
불이 덤벼들거들랑 강물을 보여주고, 강물이 덤벼들거들랑
바람을 보여주고, 바람이 덤벼들거들랑 神을 보여주어야지.
— 덤벼들거들랑 손文 —

내 눈에는 다래끼가 났는데, 악어란놈이 내다리를 잘라먹었네.
마당에 있는 염소란놈 풀을 먹여야 할텐데
솥에는 멧돼지 고기가 끓어넘는구나.
돌절구에 빻다만 곡식이 말라빠지고 있는데
추장은 나더러 재판받으러 오라네
게다가 나는 장모님 장례식에도 가야할 몸.
젠장 바빠 죽겠네.
— 악어가 내다리 잘라먹었네 (A crocodile has me by the leg) 손文 —

위의 詩 두편은 『아프리카 民謠集』에 실려있는 것입니다.
이 詩篇들은 아프리카를 먼 大陸에서가 아니라 바로 우리들의 삶속에서
발견하게끔합니다. 自然의 한가운데서 자연과 호흡을 같이하면서
그 마음과 音律을 다듬어낸 아프리카의 민요는 돌면서 꾸며낸 이야기가
아니기때문에, 당연한 일이지만, 쓸데없는 衣裳이나 남을 속이는
粉飾이 없읍니다. 최소한의 「必要」로서 있을뿐 「意味」로서 있는
일이 없어, 어느경우든 옷보다 사람을 먼저 보여 줍니다.
바로 이점에서 아프리카는 文化人類學者들의 近視眼鏡에는
다 담을수 없는 遠大한 규모를 하고 있을뿐만 아니라, 文明의 뜻을
再定義하지 않을수 없는 現代의 苦惱에 대해 싱싱하고 건강한
模範을 보여주는 것이라 생각됩니다.

어린이들의 餓死, 빈번한 쿠데타, 전쟁 등 처참한 폭력의 橫行은
아프리카가 새로운 형태의 「野蠻」을 연출하고 있는것이 아닌가 하는
의문을 안겨주기도 하지만, 이러한 것들은 원래 아프리카의 것이
아니라 「文明」이 그 老廢物을 아프리카에다 下置함으로서
야기되고 있는 것으로 이해되어야 할것입니다.

아프리카는 정직하고 때묻지 않은 大地와 숲의 신뢰로 하여
「사람」이 크는 땅인가 봅니다.

오늘은 휴일이라 書畵·樂隊 스무식구 다 모여 수다스럽기가 겟날입니다.
우리들의 수다는, 비워두면 이내 다른 우울한 것으로 채워져버리는 마음을
어떻게 해 보려는 헛수고에 지나지 않습니다. 그것이 헛수고인 까닭은
교도소에서는 수다보다는 침묵이 훨씬 더 잘 번지기 때문입니다.
아버님 下書와 형수님이 보내주신 돈 잘 받았습니다. 내일모레가
유월, 자꾸 뜨거워집니다. 家內 平安을 빕니다.
　　　　　　　　　　　　　　　5. 29. 작은 형 씀.

아버님 前上書

「四溟堂實記」는 다시 一讀하여 誤謬字를 바로 잡아서 영치시켰읍니다. 오는 22日 生日宴때 영치되어있는 다른 책들과 함께 찾아 가도록 일러주시기 바랍니다.

고친 곳이 있는 페이지는 上端에 표시를 두어 쉬이 눈에 뜨이도록 하였읍니다.
고친것 중에는 구태어 고치지 않더라도 상관없는 것이 여럿 있을뿐 아니라, 만약 活氏펜에서 校正하기가 어려우면 初版 그대로 再版에 넘겨도 괜찮으리라 생각됩니다.

또다른 著述의 執筆、資料蒐集을 위한 現地踏查, 그리고 地方으로 出張講演 등 아버님의 한결같으신 硏學에 비하면 저의 日常은 설령 징역 살이를 빌미삼는다 하더라도 돌이켜 보아 부끄러운 나날이 아닐수 없읍니다.

× ×

금년의 生日宴은 7월 22일 (金) 11시 30분에 있읍니다. 지난번 접견때 말씀드린 바와 같이 어머님께서 먼길에 무리 없으시도록 동생이나 형님이 다녀가시도록 해 주시기 바랍니다.
어머님의 말씀과 소식은 그 편에 내려주시고 저의 말씀도 그 편에 실어 보내기로 하겠읍니다.
가족 3명, 음식물이 허가 되지 않기는 전과 같습니다.

× ×

하루 걸러 내리는 비로 한더위를 어렵지 않게 보내고 있읍니다. 여름 더위에 어머님께서도 調理 잘하시기 바랍니다.

7. 11.   대전에서

영 복 올림.

兄 嫂 님 께느릅 —「꽃순이」의 成·敗—

「꽃순이」는 밤이면 쥐들의 놀이터가 되는 樂家實習場을 지키게 하기위하여 악대부원들이 겨우 겨우 구해온 고양이의 이름입니다.
지금은 家出(?) 해버린지 일년도 더 넘어서 몰라볼만큼 의젓한 한마리의 「도둑 고양이」로 바뀌었을뿐 아니라 꽃순이라는 이름을 비웃기나 하듯 돌방울만한 불알을 과시하며 「쥐와 고양이의 대결」로 점철된 교도소의 밤을 늠름하게 걷는 모습을 먼 빛으로 가끔 볼수 있을 따름입니다.
처음 고양이를 데려왔을 때는 꽃순이라는 이름이 어울리는 귀여운 새끼 고양이였읍니다. 사람들의 손에 의한 扶養과 사람들의 무분별한 愛玩은 금방 고양이를 無力하게 만들고, 고양이로서의 自覺을 더디게 하여 아무리 기다려도 쥐들을 자기의 먹이나 적으로 삼을 생각을 않았읍니다. 쥐들로부터 천장과 빨래, 책 등을 지키게 하려던 애초의 의도가 무산되자 이제는 사람들의 경멸과 학대가 영문 모르는 새끼고양이를 들볶기 시작했읍니다. 높은데서 떨어트려지기도 하고 발길에 채이기도 하고, 연탄 불집게에 수염이 타기도 하고, 안티플라민이 코에 발리기도 하는등 …… 强姦이란 이름의 장난과 천대속에 눈만 사납게 빛내다가 드디어 어느날 밤 비닐 창문을 뚫고 최초의 가출을 시작하였읍니다.
그러나 어린 고양이에게 가출은 또다른 고생과 위험의 연속이었읍니다. 우선 강아지만한 양재공장의 검은 고양이가 자기의 領地에 침입한 이 새끼 고양이를 받아들이지 않았읍니다. 우리는 한밤중에 꽃순이의 자지러지는 비명을 듣기도 하고 다리를 절며 후미진 곳으로 도는 처량한 모습을 보기도 하였읍니다. 그후 꽃순이는 몇차례 제 발로 돌아오기도 하고 어떤 때는 정구네트로 수렵을 당하여 묶여지내기도 하였읍니다. 그러나 가장 뜻깊은 사실은, 이처럼 파란만장한 역사를 겪는동안 이제는 사랑도 미움도 시들해져버린 악대부원들의 관심 밖으로 서서히 그리고 완전히 걸어나와 「고양이의 길」을 걸어 갔다는 사실입니다.
얼마전에는 꽃순이가 양재 공장의 검은 고양이와 격렬한 한판 승부에서 비기는 현장을 목격하고 꽃순이의 변모와 성장을 대견해 하기도 하였읍니다.

지금도 밤중에 고양이 소리가 나면 우리방의 악대부원 서너명은 얼른 창문을 열고 지나가는 고양이를 향해 「꽃순아!」하고 상냥한 목소리로 아는체를 합니다. 그러나 꽃순이는 사람들의 기척에 잠시 경계의 몸짓을 해 보일 뿐 이쪽의 미련은 거들떠 보지도 않읍니다. 「꽃순이」라는 옛날의 이름으로 부르는 쪽이 잘못이 없는지도 모릅니다.
×　　　　×

꽃순이에 대한 다음의 이야기는 쓰지 않으려고 하였읍니다만 생각끝에 덧붙여 두기로 하였읍니다. 그것은 며칠전 악대원 몇사람과 함께 지도원 휴게실에 들렀다가 거기서 우유며 통조림을 얻어먹고 있는 꽃순이를 본 사실입니다. 언제부터 이 먹을것이 많은 지도원실을 드나들었는지 알수 없지만 그날의 꽃순이는 먼 빛으로 보며 대견해 했던 「밤의 왕자」가 아니었읍니다. 「가발 공장에 다니던 영자를 中洞 娼女村에서 보았을 때의 심정」을 안겨주는 것이었읍니다. 그러나 「꽃순이의 실패」도 「中洞의 영자」나 이곳에 사는 모든 사람들의 실패와 마찬가지로 그가 겪었을 모진 시련과 편력을 알지 못하는 "남"들로서는 함부로 단언할 수 없는 것임은 물론입니다.

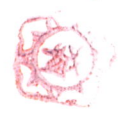

×　　　　×
보내 주신 돈 잘 받았읍니다. 22日에 生日宴이 있읍니다만 바쁘지 않은 사람이 다녀가도록 해 주시기 바랍니다.

7. 14. 대전서 삼촌 드림.

李 嫂 님 께

子貢이 孔子에게 물었읍니다. "마을의 모든 사람들이 좋아하는 사람은 어떠합니까?" "좋은 사람이라 할수 없다." "그러면 마을의 모든 사람들이 미워하는 사람은 어떠합니까?" "그 역시 좋은 사람이라 할수 없다. 마을의 善한 사람들이 좋아하고 마을의 不善한 사람들이 미워하는 사람만 같지 못하다."

朱子의 詩釋에는, 마을의 선한 사람들이 좋아하고 마을의 불선한 사람들 또한 미워하지 않는 사람은 그의 行에 필시 苟合(迎合)이 있으며, 반대로 마을의 不善한 사람들이 미워하고 마을의 선한 사람들 또한 좋아하지 않는 사람은 그의 行에 實이 없다 하였읍니다.

苟合은 定見없이 남을 追隨함이며, 無實은 善者의 편이든 不善者의 편이든 자기의 立場을 갖지 못함에서 연유하는 것이라 할수 있읍니다. 定見이 없는 立場이 있을수 없고 그 逆도 또한 참이고 보면, 論語의 이 dialogue가 우리에게 유별난 의미를 갖는 까닭은, 妥協과 기회주의에 대한 신랄한 비판이면서 더욱 중요하게는 派覺性(Parteilichkeit)에 대한 照明과 支持라는 사실 때문이라고 생각합니다.

不偏不黨이나 中立을 흔히 높은 德目으로 치기도 하지만, 바깥 사회와 같은 복잡한 政治的 裝置속에서가 아니라 지극히 단순화된 징역모델에서는 좋은 사람과 나쁜 사람이 싸울때의 「中立」이란 실은 중립이 아니라 기회주의 보다 더욱 교묘한 偏覺임을 쉽게 알수 있읍니다.

마찬가지로 「마을의 모든 사람들로부터 好感을 얻으려는 심리적 충동도, 실은 반대편의 비판을 두려워하는 「心弱함」이 아니면, 아무에게나 영합하려는 「화냥기」가 아니면, 少年들이나 갖는 한낱 「感傷的 理想主義」에 불과한 것이라 해야 합니다. 이것은 입장과 정견이 분명한 實한 사랑의 交感이 없읍니다. 사랑은 숨이기 때문에 盲目的이지 않으며, 사랑은 희생이기 때문에 無限할수도 없읍니다.

징역을 살만큼 살아본 사람의 경우가 아마 가장 철저하리라고 생각되는데 「마을의 모든 사람」에 대한 虛妄한 사랑을 가지고 있거나 기대하는 사람은 아무도 없읍니다. 이것은 「憎惡에 대하여 알만큼 알고 있기」때문이라 믿습니다. 증오는 그것이 증오하는 경우든, 증오를 받는 경우든 실로 견디기 어려운 고통과 불행이 수반되기 마련이지만, 증오는 「있는 矛盾」을 宥和하거나 은폐함이 없기 때문에 彼此의 입장과 차이를 선명히 드러내줍니다.

그러므로 우리는 증오의 안받침이 없는 사랑의 이야기를 신뢰하지 않습니다. 왜냐하면 증오는 「사랑의 方法」이기 때문입니다.

×　　　　×　　　　×

장마 사이사이 불볕입니다.
夏道長成 — 여름의 道가 長과 成에 있다니 물·불이 번갈아 氣勝을 안부릴수도 없다 싶습니다.
아버님 下書와 함께, 보주신 돈 잘 받았읍니다.
8月6日～12日. 大田市民會館에서 靜香先生門下觀善会 書芸展이 열립니다. 동생이 팔월초에 다녀갈 참이면 이왕 이때를 맞추어 다녀가면 좋겠읍니다.

　　　　7. 29.　　　작은 형 告.

李嫂氏 前

소매 걷어붙이고 밀린 일을 쳐내듯 여름 대낮 그 숨막히는 靑寂을 박살내며 강철같은 소낙비가 창살 나란히 내려 꽂히면, 나는 어느덧 빗줄기에 우쭐 우쭐 춤추는 젖은 나뭇잎이 되어 어디 山脈을 타고 달려오는 우뢰소리를 기다리며, 그 세찬 下降을 그슬러 龍天하듯 솟아오르는 목터진 정신에 귀기울입니다.

이번 여름은 소나기가 잦아 그때마다 빗속에 서고싶은 충동을 다스리지 못해 마음이 빗나가기 한두번이 아니 없읍니다. 그러나 소나기가 씻어가는 것이 비단 더위만이 아니라 지붕의, 골목의, 그리고 우리들 意識속의 훨씬 더 많은 殘滓임을 알수 있읍니다. 우람한 自然의 役事는 비록 빗속에 서지 않는다 하더라도 우리를 淸新한 創造의 새벽으로 데려다 주는 것임을 알겠읍니다.

장승처럼 선자리에 발목박고 세월보다 먼저 빛바래어가는 우리들에겐 수시로 우리의 얼굴을 두들겨줄 여름 소나기의 比 喩가 필요합니다. 그러기에 우리는 무릎칠 共感을 구하여 깊은밤 살아있는 책장을 넘기기도 하고, 같은 아픔을 가지기 위하여 좁은 우산을 버리고 함께 비를 맞기도 하며 어줍잖은 他山의 돌 한개라도 소중히 간수하면서……, 우리의 내부에서 우리를 질타해줄 한그릇의 소나기를 만들어가야 하는것이라 믿습니다.

中伏 근처의 한더위 속에서 미리 가을철 淸凉한 바람을 생각해보는 것도 그리 허무한 피서법만은 아닙니다. 왜냐하면 더위도 고비가 있고 가을도 닥 때가 있는 법이기 때문입니다. 立秋 건너 머지않아 處暑입니다.

보내주신 돈 잘 받았읍니다. 화용이 민용이 건강하고 家內 두루 平安하시길 빕니다.

　　　　　　8. 2.　　대전 서　작은 형 씀.

형수님께

며칠전 1급우량수들이 머지않아 이사가게 될 新築교도소에 일나갔다 왔읍니다.
除草, 포塼 등 나들이 삼아 보내준 수월한 작업이었읍니다.

오랜 세월을 징역살아온 1급수들은 과연 징역의 達人들답게 엄청난 圍壁과 철창에도 주눅들지않고 흡사 내집마련해서 가꾸는 흥겨움으로 걸죽한 농담 우스개를 잘도 取audio해가며 일손을 쉬지 않았읍니다.
그러나, 앞으로 몇해나 더 이곳에 자신을 가두어야 하나 하는 착잡한 생각에 눌리었는지, 농담 우스개도 뚝 끊기고 돌자갈에 삽날 우는 소리만 적막을 더해주는 그런 섬뜩한 순간이 문득 문득 찾아옵니다.

1919년 기미년의 함성속에서 준공된 현재의 대전감옥은 그 높은 벽돌담으로하여 세상으로 부터 철저히 격리된 땅이었지만 반세기도 훨씬 더지난 지금에 와서 돌이켜 보면 오히려 험난한 現代史의 한복판에서 무수한 사연들로 점철된 땅이었음을 알게 됩니다.

나는 그날 이곳의 흙한줌을 가지고가서 새교도소의 땅에 묻었읍니다. 수많은 사람들의 피땀으로 얼룩진 흙한줌을 떠어 들자 丁史의 한조각을 손에 든양 천근의 무게가 잠자는 나의 팔을 타고 뛰어들어 심장의 전율로 맥박칩니다. 나는 이 살아서 숨쉬는 흙한줌을 나의 가슴에 묻듯이 새교도소의 땅에 묻고 돌아 왔읍니다.

×   ×

불더위와 물소나기가 그리도 팽팽히 싸워쌓더니, 끝내 더위가 한풀 꺾이고 말았읍니다. 그러나 이긴것은 물이 아니라 세월이었다 해야 할것입니다.
이제 추위가 닥치기 까지의 짧은 가을을 앞에 놓고, 나는 더위에 힘부쳐 헝클어진 생각을 잘 꾸려서 그런대로의 마무리를 해두고 싶읍니다.
형님 다녀가신 편에 소식 잘 들었읍니다. 보내주신 돈 잘 받았읍니다.
　　　　9. 9.　　　대전서　작은형 씀

兄嫂님 前上書

末伏날 점심때 악대부원들이 토끼고기를 보내왔습니다. 악대 실습장에서 기르던 토끼를 잡아서 주전자에다 끓인 소위 「토끼찌게」입니다. 서화반 아홉식구중에서 반은 먹지 않고, 반은 맛있게(?) 먹었는데 저는 작년겨울과는 달리 금년은 먹은 쪽입니다. 저녁에 악대부원들이 入房하여 다들 나를 먹지 않은 쪽으로 꼽다가 먹은게 드러나자, 어떤 사람은 「타락」이라하고 어떤사람은 「발전」이라 하였습니다.

제 자신도 이를 발전이라고 치고 있는데, 아침 나절 토끼 두마리를 잡느라 장정 여섯명이 달려들어 법석을 떨던 屠殺의 이야기는 난생처음 먹은 뱃속의 토끼고기를 몹시 불편하게 하였습니다.

孟子의 곡속장(縠觫章)에 토끼는 아니지만 이와 비슷한 이야기가 있습니다. 齊宣王이 어느날 흔종(釁鐘)을 하기위해 祭物로 끌려가는 소를 목격하고는 "벌벌 떨면서 죄없이 사지로 끌려가는 소가 애처로워(不忍其縠觫若無罪而就死地) 소를 羊으로 바꾸라 하였습니다. 이는 財物을 아끼어 큰것을 작은것으로 바꾼것이 아니라 소는 보았고 양은 보지 못하였으므로 羊은 참을수 있으나 소는 참을수 없었기 때문이었다 하여 孟子는 이 惻隱之心을 높이 사서 齊 선왕에게서 保民의 德을 보았던 것입니다.

저의 경우는 작년겨울의 토끼고기는 먹지 않았고 금년여름의 토끼고기는 먹었는데, 齊 선왕의 경우와는 반대로 작년겨울의 토끼는 보지 못하였고 금년여름의 토끼는 제가 6공장에서 새끼 두마리를 손수 얻어다가 건네주었을뿐 아니라 운동시간에도 가끔 토끼장을 찾아보기까지 한 것입니다. 王室 宮廷의 한가로운 仁義가 陋巷의 粗野한 현실에 통할리도 없고, 또 중토끼 두마리를 스무명이 나누어 먹은 찌게가「피가되고 살이될」리도 없고보면, 토끼에 얽힌 우리의 이야기를 「保民의 德」이나 「補身의 慾」이란 개념으로 환원해 버리기에는 훨씬 복잡한 내용을 하고있음에 틀림 없습니다.

측은지심은 대개 죽음과 관련되는 것에서 민감하게 촉발되는 것이지만, 사실은 살아가는 문제, 특히 선량하게 살아가는 문제와 더욱 깊숙히 관련되는 것이어야 하며 그럼으로서 그것의 感傷的次元을 뛰어 넘을수 있다고 생각합니다.

저는 어머님의 詩懷가 염려되기는 하지만 어쨌든「타락」보다는 「발전」이라는 사람들의 이야기가 마음에 듭니다.

×

淸新한 가을 형수님의 발전을 빕니다. 돈 잘 받았습니다.

9. 19.   삼 촌 드림.

아버님 前上書 ─ 讀茶山有感 ─

流配地의 丁茶山을 쓴 글을 읽었읍니다. 李朝를 통털어 대부분의 流配者들이 配所에서 望京臺나 戀北亭 따위를 지어 임금에 대한 변함없는 충성과 연모를 표시했음에 비하여 茶山은 그런 정자를 짓지도 않았거니와 朝廷이 다시 자기를 불러줄 것을 기대하지도 않았읍니다. 그는 解配만을 기다리는 삶의 被動性과 그 피동성이 결과하는 무서운 荒廢를 일찍부터 경계하였읍니다. 그는 오히려 농민의 참담한 현실을 자신의 삶으로 안아들이는 愛情과 能動性을 통하여 자신의 삶에 새로운 地平을 열었을 뿐아니라, 나아가 李朝의 묵은 思辨에 新新한 牧民의 實學을 심을수 있었다 하겠읍니다. 茶山의 이러한 愛情과 意志는 1800년 그가 39세로 유배되던때부터 1818년 57세의 고령으로 解配될때 까지의 18년이란 긴세월동안 한시도 흐트러진 적이 없었으며 마침내 「牧民心書」등 500권의 저술을 비롯하여 實學의 根幹을 이룬 思索의 蘊蓄을 이룩하였읍니다. 물론, 茶山学과 實學에 대해서는 一定한 限界와 偏向이 없지 않음이 指摘될수 있다고 생각됩니다. 이를테면 李朝後期, 봉건적 지배질서가 무너지기 시작하고, 농민들이 그 거칠고 적라라한 抵抗의 모습을 丁史의 무대에 드러내는 이른바 「民强의 時代」에, 封建秩序의 淸算이 아닌 그것의 補整·改良이라는 舊軌를 벗어나지 못하였다고 하겠읍니다. 牧民心書의 「牧」字에 담긴 官学的 印象과 「心」字에서 풍기는 그 觀念性 역시 그냥 지나쳐버릴수 없는 것이라 생각합니다.

그러나 이는 茶山 個人의 限界로서가 아니라 다산이 살던 그 時代 자체의 丁史的 未熟으로 받아들여져야 하리라고 믿습니다. 더구나, 나아가 벼슬자리에 오르면 王權主義者가 되고 물러나 江湖에 처하면 自然主義者가 되기 일쑤인 모든 封建知識人의 侍女性과 機會主義를 둘다 시원히 벗어던지고, 갖가지의 수탈장치 밑에서 허덕이는 농민의 현실속에 내려선 茶山의 生涯와 思想은 분명, 새世紀의 새로운 樣式의 知識人에 대한 값진 典範을 보인 것이라 할수 있읍니다.

× × ×

저는 茶山先生의 流配生活을 아득히 더듬어 보면서 실로 부러움을 금치 못합니다. 그가 거닐었던 고성암, 백련사, 구강포의 山川이며, 500여권의 著述을 낳은 山房과 書齋, 그리고 많은 知己와 弟子들의 友誼가 그렇읍니다. 그러나 다산선생의 유배생활을 부러워하는 것은 그만 못한 저의 징역현실을 탓하려함이 아니며 더구나 저의 無爲를 斗護하려함도 아닙니다. 왜냐하면 무엇을 만든다는 것은 먼저 무엇을 겪는다는 것이며, 겪는다는 것은, 어차피 「온몸」으로 떠맡는 것이고 보면 積成이 없다하여 절절한 体驗 그 자체를 과소평가할 수 없는 것이기 때문입니다.

그러기에 제가 정작 부러워하는 것은 客觀的인 處地의 順逆이 아닙니다. 生死別離 등 갖가지의 人間的 苦楚로 가득찬 18년에 걸친 流配의 歲月을 빛나는 創造의 空間으로 삼은 「飛躍」이 부러운 것입니다. 그리고 비약은 그 語感에서 느껴지는 화려함처럼 어느날 갑자기 나타나는 「곱셈의 論理」가 아니라는 점에서 더욱 그렇습니다.

× ×

어머님 前上書 ─ 佳節倍思親 ─

오늘은 秋夕입니다. 추석이라지만 어머님을 가뵙지 못하고, 어머님 또한 편찮으셔서 오시지 못하시니 佳節을 맞은 어머님의 傷心이 오죽 하실까 걱정됩니다. 비록 어머님을 가까이서 뵙지는 못해도 저는 어머님을 항상 몸가까이 느끼고 있읍니다. 하루세끼 밥때는 물론, 빨래를 하거나 걸레질을 하는등 생활의 구석구석에서 하루에도 몇번씩 어머님을 만나고 있읍니다. 그뿐만아니라 어머님께서 전에 써보내주시던 毛筆書簡文의 書体는, 지금도 제가 쓰고 있는 한글書体의 母法이 되어, 活体와는 사뭇 다른, 庶民들의 훈훈한 体臭를 더해주고 있읍니다. 어머님은 붓글씨에 있어서도 저의 스승인 셈입니다. 아버님·어머님의 康健하심을 빕니다.

9. 21.   대전서   영복 올림.

형수님께

지난 8일에는 公州로 親戚訪問을 다녀왔읍니다. 武寧王陵은 두어前에도 다녀온 일이 있었읍니다만 이번에는 그곳을 돌아 나오면서 甲午農民革命의 최대 격전지였던 「牛金峙」를 찾았던 일이 매우 인상 깊었읍니다. 그곳에는 「甲午農民革命慰靈塔」이라 浮彫된 그리 크지 않은 석탑이 길돌위에 서 있고 주위의 雜灌木과 성근 잔디는 때마침 秋風에 구르는 낙엽들로 해서 잊혀져가고 있는 유적지 특유의 스산한 풍경을 만들고 있었읍니다. 저는 이날 저녁 제가 가진 近代史의 우금치 攻防戰에 관한 부분을 다시 읽어보았읍니다. 종전에는 소위 공주전투에 참가한 농민군의 수가 10~20만으로 알려져 왔으나 그 대부분은 便衣隊의 蜂起농민과 그 家族들이었고 실제의 兵力은 훨씬 적은 것으로 밝혀져 있읍니다.

농민군의 전투부대는 전봉준이 인솔한 4,000명을 포함한 湖南농민군 1만을 주축으로 한 도합 2만이었다고 합니다. 그외에 木川 細城山의 김복용부대와, 忠浦에 진출한 옥천포부대가 있었으나 이들은 우금치 전투의 前哨戰에서 日本軍과 官軍의 선제 기습공격으로 궤멸되었기 때문에 공주전투에는 참가하지 못하였으며, 일찌기 全州和約에 이르기까지 연전연승해온 손화중, 최명선 부대는 일본군의 海岸上陸에 대비하여 羅州에 주둔하였고, 김개남 부대는 後備부대로서 전주에 남아 있었읍니다. 이처럼 농민군 主力이 공주, 나주, 전주 세 방면으로 분산된 반면 관군과 일본군은 공주 一點에 그 전력을 집중시키고 있었읍니다. 원래 농민군의 戰略上의 강점은 관군을 광범한 농촌, 농민들 속으로 깊숙이 분산, 유인하여 타격하는 運動戰에 있음에도 불구하고 공주전투에서는 이 집중과 분산의 전략이 역전되어 있었다는 것이 결정적 결함으로 지적되고 있읍니다. 이러한 결함은 後日 申乭石부대 등 농민출신 의병장의 義兵鬪爭에서 발전적으로 극복되게 되지만 이는 너무나 값비싼 희생을 치른 교훈이라 하겠읍니다.

이에 비하여 상대편은 南小四郞 小佐가 이끄는 일본군정예 1,000명, 그리고 관군으로는 中央營兵 3,500, 地方營兵 2,000으로 도합 1만여 명이었읍니다. 그들은 兵力과 장비에 있어서 우월등할 뿐만 아니라 특히 일본군은 관군을 그들의 작전지휘 아래 두어 병력의 부족을 충분히 보강하였을 뿐만 아니라 일본국내에서의 내란진압, 대만에서의 민중탄압, 청일전쟁 등 풍부한 실전경험을 갖추고 있었읍니다.

1894년 12월 4일 농민군은 이곳 우금치를 三面에서 포위하여 30里의 長蛇陣으로 그 처절한 격전을 전개하였읍니다. 뺏고 빼앗기기 4, 5십차를 거듭한 6-7일간의 혈전은 결국 일본군의 집중된 전력과 체계, 우세한 화력과 작전에 정면 승부를 건 농민군이 무참한 패배를 당하게 됩니다. 이곳 우금치의 전투를 분수령으로 하여 농민군은 끝내 그 勢를 만회하지 못한 채 은진, 금구, 태인 등지에서 패배에 패배를 거듭, 농민군의 피로서 그 막을 내리게 됩니다.

갑오농민전쟁은 그 참담한 패배에도 불구하고 19세기 아시아 민족운동의 큰 봉우리로서, 그리고 그 以後 韓國近代史의 骨幹을 이루는 의병투쟁, 獨立鬪爭의 先驅로서 찬연히 빛나고 있다는 점에서 저도 「누가 프랑스혁명을 실패로 끝났다고 하는가?」라는 앙드레 말로의 노기띤 反問을 상기하게 됩니다.

어느 詩人은 녹두장군의 죽음에 다음과 같이 獻詩하고 있읍니다.
「 나는 죽어 뻐꾹새 되리라, 이 江山 모두 땅위를 날며, 햇살 볕덩이를 찍어 물어, 집집마다 토담마다 가슴가슴…… 물고 심고 심고 묻는……」

그날 우리는 無心한 아이들 너덧명 멀찍감치 서서 지켜보는 가운데서 사과를 먹고 당시의 혈전을 증거하듯 붉게 하는 단풍잎 한장 가지고 돌아왔읍니다. 돌아오는 차 속에서 絶句 한짝 읊어보았읍니다. — 山숲 鼕聲 乃天, 綠豆 花處 楓 似然 —

×   ×   ×

그저께 아버님 다녀가신 편에 소식 잘 들었읍니다. 譽白의 아버님께 듣는 어머님의 入院 소식은 마음아픈 일입니다. 옷嫂님, 족嫂님께서 잘 간호하시리라 믿습니다.
지난달에 보내주신 돈 받고 10월 22日 편지 드렸읍니다만 못 받으셨다니 다시 적었읍니다. 이제 성큼 겨울로 다가선 느낌입니다. 교도소의 차거운 땅을 그 밝은 금빛꽃송이로 따뜻이 데워주던 黃菊도 인제는 꽃을 떨어버리고 뿌리로만 남아서 겨울을 마지할 채비를 하고 있읍니다.

11. 12. 대전서 작은형 씀.

兄 嫂님 前上書

月刊誌 「自然」에는 特輯으로 「벌레들의 속임수」(あざむく虫たち)가 계속 연재 되고 있는데 지난달에는 애벌레(幼虫)와 나방들의 紋樣과 색깔에 관하여 소개하고 있읍니다.

애벌레를 먹이로하는 小鳥들은 애벌레가 눈에 뜨이기만하면 재빨리 쪼아먹읍니다. 그러나 小鳥가 애벌레를 보는 순간 공포를 느끼거나 과거에 혼지검이 난 경험이 聯想되는 경우에는 일순 주저하게 되는데, 이 일순의 수저가 애벌레로 하여금 살아 남을수 있는 기회를 제공해준다고 합니다. 그래서 애벌레들은 오히려 小鳥들 잡아먹는 猛禽類등 捕食者의 눈을 연상시키는 「眼狀紋」을 등허리의 엉뚱한 곳에 그려놓고 있거나, 捕食者가 입을 벌일때 나타나는 口內色을 연상시켜 깜짝 놀라게 하는 「驚愕色」을 몸에 입고 있읍니다. 올뺴미나 매의 눈을 몸에 그려놓고 있는 놈, 몸을 움초려 뱀의 머리모양으로 둔갑하는 놈, 맹금의 무늬를 빌려입고 있는놈, 口內色으로 새 빨갛게 단장한 놈······. 수천만년(?)에 걸쳐 쌓아온 벌레들의 지혜가 놀랍기만 합니다.

父母의 보호가 없음은 물론, 자기자신을 지킬 힘도, 최소한의 武器도 없는 애벌레들이 험한 세상을 살아가기 위하여 궁리해낸 欺瞞, 盜用, 假託의 속임수들이 비열해 보이기 보다는 과연 살아가는 일의 진지함을 깨닫게 합니다.

교도소에는 몸에 文身을 한사람이 많읍니다. 前科가 한두개 더되는 사람이면 십중팔구 바늘로 살갗을 찔러 먹물을 넣는 소위 "이레즈미"(入墨)를 하고 있읍니다. 龍, 호랑이, 毒거미, 칼······ 무시무시한 그림이나, 복수, 必殺, 一心 등 원한이나 毒氣 풍기는 글을 새겨 놓고 있읍니다. 이러한 문신은 보는사람들을 겁주기 위한 것이라는 점에서 본질적으로는 애벌레들의 眼狀紋이나 경악색과 다를 바 없는 것이라 할수 있읍니다. 험한 세상을 살아가기 위하여는 "돈이나 권력이 있든지 그렇지못하면 하다못해 주먹이라도 있어야 한다"는 지극히 단순하되 正鵠을 찌른 達觀을 이 서투른 문신은 이야기해주고 있읍니다.

社會의 거대한 메카니즘 속에서, 地球의 自轉처럼 似이 느낄수 없는 엄청난 「힘」들의 틈바구니 속에서 「종이 호랑이」만도 못한 이 서투른 문신이 이들의 알몸을 어떻게 지켜줄수 있을까···· 생각하면 불행한 사람들의 가난한 그림입니다.

하루의 징역을 끝내고 곤히 잠들어 고르게 숨쉬는 가슴위에 四天王 보다 험상궂은 얼굴로 눈뜨고있는 짐승들을 바라보고 있노라면 차라리 한마리의 짐승을 배워야하는 그 혹독한 처지가 가슴을 저미는 아픔이 되어 가득히 차오릅니다.

주용이 아파서 入院하였다니 깜짝 놀랐읍니다.
아버님 말씀이 곧 퇴원한다니 그만한가 생각됩니다만
아픈 몸도 몸이려니와 그 어린 마음이 받는 정신적 충격을
어떻게 소화해가는지 염려됩니다. 病床의 경험이
주용이의 정신의 성숙에 값진 계기가 되도록 형수님의
차분하신 理解를 믿읍니다. 어머님 지금쯤
퇴원하셨는지, 지난번 가족좌담회는 느슨한
느낌이 있었읍니다. 보내주신 돈 잘 받았읍니다.

11. 22.   대전에서   삼촌 드림.

어머님 前上書

病床에 계신 어머님을 가뵈었다하여 어찌
이를 孝道라 할수 있으며, 감당치 못해 눈물을
쏟아놓고 어찌 그것을 사랑이라 부를수 있겠읍니까.
저는 바람같이 어머님앞을 스쳐오고 나니 꿈도같고
생시도 같아 허전하기 짝이 없읍니다만,
잠시 글썽일뿐으로 제게 눈물 한방울 보이지 않고
맞고 보내 주시는 어머님이 얼마나 대견하고 우뚝하게
저의 마음에 남아 있는지, 생각하면 가슴 흐뭇합니다.

五男妹 다길러 저만큼 되였으니 인제 흰치마폭
한자락 허리에 찌르고 餘恨없이 이승 떠나도
되겠다 하시지만 아직 기다려야할 자식하나 응이져서
가슴에 못박혔으니 모진 세월 독하게 여미어
여든 老身도 折骨의 病苦도 눈물한방울 없이
견디시느니 여겨집니다.

기다린다는 것은 모든것을 참고 견디게 하고, 생각을
골돌히 갖게 할뿐아니라, 무엇보다 자기의 자리하나
굳건히 지키게 해주는 옹이같이 단단한 마음 입니다.
그러나 과도하게 기우는 마음은 憂心間에 심신을
傷하게 한다 합니다. 어머님께서도 부디 푸릇한
마음으로「어머님의 자리」하나, 겨울철 아랫목의
따뜻한 한장 방석같은 자리 하나 간수하셔서
저희의 언 마음들이 의지하게 해주시기 바랍니다.

×　　　　×

아버님 下書 받았읍니다.
형수님 계수님 그리고 누님들 너무 꾸중마시고
간호해 주시는 아주머님께도 창졸간에 드리지 못하고
떠난 인사 전해 주시기 바랍니다.
어머님 당부하신대로 몸조심 하고 행실 조심 하겠읍니다.
어머님의 쾌차 하심과 아버님의 강건하심을 빌며
이만 각 필합니다.

　　　　　　　12. 2.　영 복 올림.

아버님 前上書.

우송해주신 蘭亭帖과 下書 잘받았습니다.
이번에 보내주신 난정첩은 原寸大 影印本과는 달리
字劃을 擴大하여 瞭然히 읽을 수 있게 하였고
卷尾에 文字分類까지 添附하여 그 筆趣의 妙를
明快히 對比해주고 있습니다.
우선 文章을 새겨 文理를 튼다음 臨書할 작정으로
있습니다.

× × ×

年前에 찾아가신 책 중에 제가 보던 芥子園畵譜
(單卷 拔萃本)가 집에 있으면 보내주시기 바랍니다.

柴碩이 이사한 집 住所 몰라서 편지 띄우지 못하고
있습니다.

× × ×

오늘은 눈도 하얗게 쌓여 歲暮의 情景을 앞당겨
놓았습니다. 獄中에서 해를 더하기도 이미 十數번이
더 되는데도 새삼스레 마음이 예사롭지 못한 까닭은
年滿하신 父母님을, 그도 病床에 두었기 때문인가
합니다. 어머님 患候가 좋아지셨다는 형님 말씀
곧이 듣고 마음 놓습니다.

秋晚世寒 爐火長
父憂母悲 草煙高
喜壽鶴髮 白雲裏
瞻望弗及 又無岵.

歲暮에 적어본 拙作 一句입니다.
아버님 康寧과 어머님의 快差를 기원하며
歲拜에 代합니다.

12. 18.
영 복 올림.

못 배 낭 님 께 上書.

지금도 이따금 꾸는 꿈중에 국민학교때의 試驗場 광경이 있읍니다. 꿈에 보는 시험장은 언제나 초조하고 불안한 분위기로 가득찬 것입니다. 이를테면 시험시간에 대지 못하여 아무도 없는 운동장, 긴 복도를 부랴부랴 달려 왔으나 교실문은 굳게 닫혀 열리지 않고 級友들은 제 답안지에 얼굴을 박고 있을뿐, 시간은 자꾸 흐르고, 땀도 흐르고……. 그러다 깜짝 잠이 깨면 30년도 더 지난 아득한 옛날의 기억입니다.

30년도 더 된 옛 일이 지금도 꿈이되어 가위누르는 것을 보면 어린이들의 마음을 누르는 시험의 무게가 얼마나 가혹한 것인가를 다시 생각케 합니다.

가장 理想的인 교육은 놀이와 학습과 노동이 하나로 통일된 생활의 어떤 멋진 덩어리 — 열감을 안겨주는 것이라 합니다. 論語 雍也篇에 "知之者 不如 好之者 好之者 不如 樂之者" 라는 구절이 있읍니다. 안다는 것은 좋아하는 것만 못하고, 좋아하는 것은 그것을 즐기는 것만 못하다 하며, "知"란 眞理의 存在를 파악한 상태이고, "好"가 그 진리를 아직 자기것으로 삼지 못한 상태로 보는데에 비하여 "樂"은 그것을 완전히 터득하고 자기것으로 삼아서 生活化하고 있는 경지로 풀이 되기도 합니다.

즐거운 마음으로 무엇을 궁리해가며 만들어내는 과정을 살펴보면, 우선 그 즐거움은 놀이이며, 궁리는 학습이고, 만들어 내는 행위는 곧 노동이 됩니다. 이러한 생활속의 즐거움이나 일거리와는 하등의 인연도 없이 칠판에 백묵으로 적어놓는 것이나 종이에 인쇄된 것을 「진리」라고 믿으라는 「요구」는 심하게 표현한다면 어른들의 暴力이라 해야합니다. 이런 무리한 요구에 억눌려 자라지 못하는 무수한 가능성의 싹들을 생각하면 시험과, 성적과, 모범 등… 이러한 학교의 道德的 規準이 만들어 내는 모미생이 과연 어떠한 것인가에 대하여 회의를 품지 않을수 없게 됩니다.

창의성 있고 개성있는 어린이, 굵은 뼈대를 가진 어린이를 알아보지 못하고, 도리어 不良학생이란 흉한 이름을 붙여 일찌감치 엘리트코스에서 밀어내 버리고 선생님 말 잘듣고 고분고분 잘 암기하는 受信型의 편편약골을 기르고 길러서 社會의 棟樑의 자리를 맡긴다면 평화로운 시기는 또 그렇다 치더라도 丁史의 격동기에 처리됨을 지켜나가기에는 아무래도 미덥지 못하다 생각됩니다. 저는, 훨씬 나중에야 그 「優等」의 본질을 보다 정확하게 파악하고 劣等生으로의 大轉落(?)을 경험하게 되지만, 어린시절 우등생이라는 명예(?)가 어쩐지 다른 친구들로부터 나를 소외시키는것 같아 일부러 심한 장난을 저질러 선생님의 꾸중을 자초하던 기억이 있읍니다. 이러한 장난들은 우등생과 열등생사이를 넘나들던 정신적 갈등의 표현이었음을 지금에야 깨닫게 됩니다.

저는 우용이와 주용이가 시험성적이 뛰어난 우등생에 그치지 않고, 동시에 자기의 초見과 創意에 가득찬 강건한 품성을 키워가기 바랍니다.

그날 학교앞에서 잠시 삼촌을 보여줄때 "우용이 주용이는 아직 어리고 삼촌은 또 바빠서" 다만 "다음"을 약속하고 바람같이 떠나고 말았읍니다만 우용이의 침착하고, 주용이의 발랄한 인상에서 결코 弱骨이 아님을 읽을수 있었읍니다. 소년을 보살피는 일은 천체망원경의 렌즈를 닦는 일처럼 별과, 우주와 미래를 바라보는 일이라 생각됩니다.

×   ×

형님 다녀 가신 편에 책 보냈읍니다. 우용이 주용이, 그리고 형수님의 좋은 벗이 되기 바랍니다 새해의 기쁨을 기원합니다.

　　癸亥歲暮에 삼 촌 드림.

대전교도소 1984년

李 嫂 님께

"人体의 解剖学는 원숭이의 신체 구조를 이해하는 실마리를 제공한다"
이것은 丁史研究에 있어서의 유명한 現在主義(presentism)의 表題, 입니다. 현재의 관심과 갈등을 과거에 투영함으로써 일단 완성되고 끝마쳐진 것으로 치부되었던 過去를 그 칠흑의 망각으로부터 현재의 갈등과 싸움의 現場으로 이끌어내자는 丁史認識의 能動性을 상징하는 것입니다.
이러한 역사인식의 방법은 자주 지적 되어온 바와같이 주관주의 오류에 빠지기 쉽고 따라서 真実性이 有用性으로 흘러버릴 위험을 안고있음이 사실입니다. 그러나 이러한 위험을 경계하고 있는 限, 우리는 이 현재주의의 정신으로부터 주체적 능동성이라는 귀중한 교훈을 얻을수 있으며 이러한 교훈은 비단 역사연구에 있어서 뿐만아니라 한사람의 平凡한 個人이 자신의 人生을 정돈함에 있어서도 훌륭한 생활철학이 된다고 생각합니다.
특히 징역살이와같이 과거가 무슨 "업"이 되어 현재의 모든가능성을 덮어누르고 있는 경우 이 인식에 있어서의 능동성은 훨씬더 적극적인 의미를 띠는 것이라 생각 됩니다. 과거를 돌이켜보는 행위가 어쩌면 新大陸을 再發見하는 徒労이기도 하고, 자칫 노인들의 회고벽으로 격이 떨어질 우려도 없지않으나 앞날을 겨냥하는 적극적 체계 속에서 이를 再照明하는 과거의 追体験은 과거를 새로이 발굴하고 종전의 의미를 뒤바꾸어 놓음으로써 단순한 温故의 의미를 넘어서 「自由」와 「解放」의 의미마저 띠게 되는 것이라 믿습니다.
그러나 과거를 다시 체험하고 그 뜻을 파헤치다가도 일을 도리어 그릇치는 예를 허다히 봅니다. 우리는 참회록이라는 지극히 겸손한 명칭에도 불구하고 정신의 傲慢으로 가득찬 저서들을 자주 만나게 됩니다. 이러한 오만은 자신의 실패나 치부를 파헤치긴하되 그것은 어디까지나 나중의 成就를 돋보이게 하기위한 賢明한 장치로서의 성격을 떨쳐버리지 못함에서 오는것으로, 이것은 결국 불행이나 실패에 대한 理解의 一回的이고 浅薄함에서 오는오만 — 人生 그 自体에 대한 오만 이라 해야합니다.
그리고 우리는 과거 쪽에 마음을 너무 많이 할애함으로써 현재의 갈등과 쟁투가 그 前進的 몸부림을 멈추고 거꾸로 과거에로 도피해버리는 예를 많이 봅니다. 과거에로 도피는 한마디로 敗北이며, 「패배가 주는 약간의 安息」에 귀의하여 과거에의 隷従, 宿命的 굴레를 스스로 만드는 행위입니다.
나는 이 숱한 문제들과 정면대결하는 긴긴 겨울밤을 좋아합니다. 꽁꽁 얼어붙은 하늘을 치말리는 잡념을 다듬고 간추려서 어렸을 적부터 지금에 이르기까지 내가 겪었던 하나하나의 일들과 만나고헤어진 모든사람들의 의미를 세세히 점검하는 겨울밤을 좋아합니다. 까맣게 잊어버렸던 일들을 건져내기도 하고, 사소한 일에 담겨 있는 의외로운 의미에 놀라기도하고, 극히 개인적인 사건으로 알았던 일에서 넘치는 社会的 의미를 발견하기도 하고, 심지어는 만나고 헤어진다는 일이 정반대의 의미로 남아있는 경우도 없지 않아 새삼 놀람을 금치못할때도 있습니다. 그리고 이러한 모든 것에서 만나는것은 매양 나자신의 이러 저러한 모습 입니다.
바로 이점에서 이러한 겨울밤의 사색은 손시린 겨울빨래처럼 마음내키지 않는 때도 있지만 이는 자기와의 対面의 시간이며, 자기 解放의 시간이기 때문에 소중히 다스리지 않을수 없는 일이라 생각합니다.
과거를 파헤치지 않고 어찌 그 완고한 停止를 일으켜세울수 있으며, 과거를 일으켜세워 걸리지 않고 어찌 그 重圧에서 自由로울수 있으며, 과거로부터 자유롭지 않고서 어찌 새로운 것으로 나아갈수 있으랴 싶습니다.

× × ×

지난번 집에 잠시 들렀을 때는 바쁘고 경황 없어서 아무 이야기도 나누지 못하고 말았습니다만 계수님과는 언젠가는 좋은 말동무가 되리라고 믿고 있습니다. 그리고 편지에 쓰신 떡국도 머지않아 먹을수 있으리라고 믿고 있습니다. 돈 잘 받았습니다. 새해에는 家内에 좋은일 있기를 빕니다.

甲子 正月 初 작은 형 씀.

아버님 前上書

형님 오시면 말씀 드릴 요량으로 하루이틀 미루다 너무 늦었읍니다만 아버님 下書와 芥子園畵譜 진작 받았읍니다.

내일이 섣달 그믐, 새삼 어머님 患候에 생각이 미쳐 소용도 없는 걱정입니다. 老軀에 重患이라 회복이 더딜수 밖에 없겠읍니다만 욕심에 지금쯤 털고 일어나시지나 않았나 바라기도 합니다.
오는 春三月께는 病床의 塵埃을 말끔히 떨어 버리고 가볍게 봄나들이 하실수 있는 「回春」을 빕니다.

아버님께선 어머님 看護하시느라 달리 틈이 없으시리라 짐작됩니다만 얼마전 刊行된「朝鮮前期社会経済硏究」(韓永愚著. 乙酉文化社刊) 혹시 一讀하셨는지, 아마 아버님 執筆에 참고되리라 믿습니다.

丁史硏究에 있어서의 社会経済的分析은 特定思想이 緣由하고 있는 物質的 土台로부터의 歸納的 認識을 주고, 그것에 대한 巨視的이고 範疇的인 理解를 뒷받침해 줌으로써, 「나무는 보되 숲은 보지 못하는」 管見의 愚를 막아 준다고 생각됩니다.
특히 아버님께서 다루고 계시는 時代는 아직도 史家들에 따라 각기 다르게 주장되고 있는 시대이니 만치, 社会経済史的分析에 의한 검토가 先行될 필요가 있다고 생각됩니다.

물론 어떤 思想体系에 있어서 個人의 役割과 創意를 否定하는 것은 아니지만, 그 個人은 언제나 時代와 社会 라는 時空的 狀況속에 갇혀 있기 때문에 個人이 자유롭게 결정했던 일들에 있어서 마저도 나중에는 그것에 일관된 方向을 부여한 社会経済的 法則이 스스로 윤곽을 드러내는 예를 허다히 보게 됩니다.
심지어는 어느 個人의 獨創이라고 일컬어지는 思想이나 業績도 대개는 그 個人의 정신세계內에서 屈折, 抽象, 再編된 狀況 그 自体인 경우가 많습니다.
결국 四溟堂實記의 序頭에서 引用하신 「사람은 그 父母 보다 그 時代를 닮는다」는 아버님의 글이 以上의 모든 서술의 압축이라 하겠읍니다.
이번의 修畢齋硏究에 있어서도 이러한 立場이 견지되어야 하리라 믿습니다.

　　　　×　　　　　×

小大寒 다 지나고도 연일 강추위가 기승이더니 오늘은 비닐窓에 霜花 피지 않은 녹은 날씨입니다. 겨울추위도 正味 1月 한달 입니다.
2월, 3월, 4월… 겨울을 춥게 사는 사람은 대신 봄을 일찍 발견합니다.
아버님, 어머님 그리고 家內 평안을 빕니다.

　　　　1. 31.　　　영복 올림

묘嫂 님 前上書.

우리방에서 가장 빨리 달리는 20代의 青年과 가장느린 50代의 老年이 흘흘走를 하였읍니다. 토끼와 거북이의 寓話를 實演해본 놀이가 아니라 청년은 한발로 뛰고 노년은 두발로 뛰는 一見 공평한 경주였읍니다. 결과는 예상을 뒤엎고 50代 노년이 거뜬히 이겼읍니다. 한발과 두발의 엄청난 차이를 실감케 해준 한판 승부였읍니다. 우김질 끝에 장난삼아 해본 경주라 망정이지 정말 다리가 하나뿐인 불구자의 패배였다면 그 침통함이란 이루 형언키 어려웠을 것입니다.

그런데 징역살이에서 느끼는 불행중의 하나가 바로 이 한발 걸음이라는 외로운 步行입니다. 實踐과 認識이라는 두개의 다리중에서「실천의 다리」가 없기때문입니다. 사람은 실천활동을 통하여 外界의 事物과 접촉함으로써 인식을 가지게 되며 이를 다시 실천에 적용하는 과정에서 그 真理性이 檢証되는 것입니다. 실천은 인식의 원천인 동시에 그 真理性의 規準이라 할것입니다. 이처럼 "실천→인식→재실천→재인식"의 과정이 반복되어 실천의 발전과 더불어 인식도 感性的 인식에서 理性的인식으로 발전해갑니다. 그러므로 이 실천이 없다는 사실은 거의 결정적인 의미를 띱니다. 그것은 곧 인식의 좌절, 사고의 정지를 의미합니다. 흐르지 않는 물이 썩고, 발전 하지 못하는 생각이 녹슬수 밖에 없는 이치입니다.

제가 징역初年 닦아도 닦아도 끝이 없는 생각의 녹을 상대하면서 깨달은 사실은 생각을 녹슬지 않게 간수하기위해서는 앉아서 녹을 닦고 있을것이 아니라 생각자체를 키워나가야 한다는 사실이었읍니다. 요컨대 일어서서 걸어야 한다는 것입니다.
"이랑많이 일굴수록 쟁깃날은 빛나고" 流水遠河海 흐르는 물은 바다를 만난다는 너무나 평범한 日常의 재확인이었읍니다만 이것이 제게 갖는 뜻은 결코 예사로운것이 아니었읍니다.

그러나 막상 일어나서 걷고자할 경우의 허전함, 다리하나가 없다는 절망은 다시 그자리에 주저 앉게 합니다. 징역속에 주저 앉아 있는 사람들이 맨처음 시작하는 일이 책을 읽는 일입니다. 그러나 독서는 실천이 아니며 독서는 다리가 되어주지 않았읍니다. 그것은 역시 한발걸음이었읍니다. 더구나 독서가 우리를 피곤하게하는 까닭은 그것이 한발걸음이라 더디다는데에 있다기 보다는 "인식→인식→인식…"의 과정을 되풀이하는 동안 앞으로 나아가기는 커녕 현실의 튼튼한 땅을 잃고 공중으로 공중으로 지극히 관념화해간다는 사실입니다.

그래서 결국 저는 다른 모든 불구자가 그러듯이 목발을 짚고걸어가기로 작정하였읍니다. 제가 처음 목발로삼은 것은 다른사람들의 경험 즉 『過去의 實踐』이었읍니다.

목발은 비록 단단하기는 해도 자기의 피가 통하는 생다리와 같을수 없기때문에 두개의 다리가 줄곧 서로 차질을 빚어 걸음이 더디고, 뒤뚱거리고, 넘어지기 일수였읍니다. 그러나 이 어색한 걸음새도 세월이 흐르고 목발에 손때가 묻으면서 그럭 저럭 이력이 나고 步速과 맵시(?)가 붙어 갔읍니다.

그런데 이경우의 소위 이력이란 것이 제게는 매우 귀중한 교훈을 주는것입니다.
그것은 목발이 생다리를 닮아서 이루어진 숙달이 아니라 반대로 생다리가 목발을 배워서 이룩어진 숙달이라는 사실입니다. 다시말하자면 나의 인식이 내가 목발로삼은 그 경험들의 임자들의 인식을 배우고 그것을 닮아 감으로써 비로소 걸음걸이를 얻었다는 사실입니다. 목발의 발전에 의한것이 아니라 생다리의 발전에 의한 것이라는 사실은 事前에는 반대로 예상했던 것이었던 만큼 실로 충격적인 것이 없읍니다.

더욱 놀라운것은 함께살아가고 있는 징역 동료들의 경험들이 단지 과거의 것으로 化石化되어 있지 않고 현재의 징역 그 自体와 든든히 연계되거나 그 일부를 구성하고 있음으로 해서 강력한 現在性을 띠고 있다는 사실입니다. 과거의 실천이란 죽은 실천이 아니라 살아서 숨쉬고 있는 것이라는 사실의 발견은 나의 목발에 피가 통하고 감각이 살아나는듯한 감동을 안겨주는 것이 없읍니다.

실천이란 반드시 劇的 構造를 갖춘 큰규모의 일만이 아니라 사람이 있고 일거리가 있는 곳이면 어디든지 흔전으로 널려있다는 제법 익은 듯한 생각을 가져보기도 합니다.
사람은 각자 저마다의 걸음걸이로 저마다의 人生을 걸어가는 것이겠지만, 땅을 박차서 땅을 얻든, 그뒤에 쓰러져 그것을 얻든, 죽어서 땅속에 묻히기 까지는 巨大한 실천의 大陸위를 걸어가기 마련이라 생각됩니다.

× ×

三月. 길고 추웠던 겨울이 끝나려하고 있읍니다. 어쩌면 축담밑 어느 후미진 곳에 봄은 벌써 작은 풀싹으로 와 있는지도 모를 일입니다. 어떻든 봄은 산너머 남쪽에서 오는것이 아니라 발밑의 언땅을 뚫고 솟아오르는 것이라 생각됩니다.
보내주신 中國語책 잘 받았읍니다. 어머님 아버님을 비롯하여 우용이 주용이에 이르기까지 봄의 活気 충만하시길 빕니다.

1984. 3. 1. 대전서 삼촌 드림.

형수님께

이삿짐 싸느라고 한창입니다.
일도 많거니와 주변도 어수선합니다.
자기 짐이 많은 사람은 남의 일손을 도울 겨를이 없습니다.
많이 가진 사람은 도리어 적게 가진 사람의 도움을 받습니다.
언제나 그렇듯이 빈손이 일손입니다.

적게 가지고 살기위해서는 아낌없이 버려야 하는데
작은 것 하나 버리는 데도 매우 큰 용기가 필요합니다.

나는 最少限의 것으로 살아가려고 하고있습니다.
그러나 식기 3개 칫솔, 수건, 젓가락 각 1개씩만으로
징역을 살아가는 용기있는 사람들을 생각하면
비록 무기징역을 핑계삼는다 하더라도 아직 더
버려야 합니다.

산다는 選擇이며 선택은 골라서 取하는 것이
아니라 어느 한쪽을 버리는 일이라 생각합니다.

× ×

며칠후 마지막으로 사람이 떠나고 나면
중촌동1번지 대전교도소의 65년 역사도 끝입니다.
짐 싸부치고 난 뒤의 휑 덩그러한 居室, 운동장에 서면
훌훌 털어버리고 집에 돌아가는 것도 아닌데, 나는
어쩐 일인지 마음 홀가분하고 즐거워집니다.
"야! 거기 화단자리 밟지마라". "이제 이사갈텐데
어때". "아니야 우리가 떠나고 난 뒤 이곳에
꽃이 피게 해야지"
數萬 잠 묻히고 묻힌 이 땅에 필시 빛나는 꽃
피어 나리라 믿습니다.

×

보내주신 돈 잘 받았습니다.
중촌동 교도소에서 쓰는 마지막 편지입니다.

3. 15.   작은 형 씀.

아버님 前上書

「대전시 중구 대정동 36번지」
지난 20일 우리들이 이사온 새교도소의 번지입니다.
이 골짜기의 옛 이름은 도적골(賊谷)이었다 합니다.
이름에 붙은 살(煞)이 얼마나 질긴 것이었으면 옛날의 그 도적골에
이제 동양최대의 교도소를 짓고 각지의 도둑 수천명이 들어 앉았읍니다.
丁史의 익살 같습니다.

제 1 호송 차에서 제 1 번으로 내린 저는 그 소란 속에서 먼저 주위의
山野를 둘러 보았읍니다. 임꺽정이가 산채를 일굴만한 험준한
산세도 못되고, 어디 울창한 숲이 있었을성 싶지도 않은 그저 평범한
야산들의 능선 몇개가 이리 저리 엎드려 있을 뿐이 었읍니다.
아마 옛날 이곳에 근거했던 선배들도 실은 오늘 묶여온 후배들과
마찬가지로 변변찮은 좀도적에 불과하였으리라는 생각에 잠시
쓸쓸한 마음이 됩니다.

구 교도소의 철문을 버스로 나올때 우리들은 20여분의 짧은 時間에
불과하지만 "하늘"을 보는 기쁨에, 목 덮 벗어나는 解放感(?)에 저마다
흐르는 물이 되어 즐거운 소리 내더니 저만치 새 교도소의 높은 감시대와
견고한 圍壁이 달려오자 어느새 하나둘 말수가 줄면서 고인물처럼
침묵하고 맙니다.

중촌동 교도소에서 우리와 같은 공기를 마시고, 인색한 겨울햇볕을
똑같이 나누어 덮던 낯익은 나무들이 우리 먼저와 서 있읍니다. 와락
반가운 마음이 되다가 그 모습이 너무 처연합니다.
여름이면 무성한 잎사귀로 척박한 땅을 축축히 적셔주던 그 넉넉한
팔을 죄다 잘리우고 남은 몸뚱아리 새끼로 동인채 낯선 땅에 서서
새로운 뿌리 내리려고 땀 흘리고 있었읍니다. 온갖 시새움에도 아랑곳없이
3月과 4月사이 — 바야흐로 봄이 오고 있읍니다.
「산자락 깎아내린 미답의 생땅위에 자, 우리의 징역 보따리 내려놓자」
「우리의 힘겨운 청춘을 내려놓자」

×　　　　　×

인편에 어머님 환후가 많이 좋아지셨다는 듣고 마음 가벼워집니다.

"伯俞有過 其母笞之泣 其母曰他日笞子未嘗泣
今泣何也 對曰俞得罪笞常痛 今母之力 不能
使痛 是以泣"
小學을 읽다가 불현듯 어머님께 종아리 맞아보고 싶은
충동이 가슴 가득 차 오릅니다. 伯俞와는 달리 종아리 맞지
않았으되 그 아픔이 선연한 눈물이 될것 같습니다.
어머님께서 걱정하시던 겨울도 감기 한번 앓지 않고 지냈읍니다.
아버님 어머님 평안을 빌며 이만 각필합니다.

3. 26.　　　영 복 올림

묫 婢[嫂]님전 상서

남은 짐 챙기러 중촌동 구교도소에 갔다 온 영선부원한테서 우리가 떠나온 곳의 정경을 들었습니다.

밤이면 도깨비 외발 춤 추게된 구석 구석에 바람먹은 비닐자락들이 땅바닥을 긁어 을씨년 스럽기 짝이 없는데, 아! 굶어 죽으러다 못한 쥐들이 사람을 향해서 달려온다고 합니다. 취사장에 불꺼진지 이미 십수일, 식량창고에 흘린 낱알이 여태 남았을리 없고 보면 사람이 없는 곳에 쥐들의 입에 들어 갈것 또한 없을수 밖에 없읍니다.

포크레인, 불도저의 강철손에 달려들기 훨씬 이전에 완벽한 기근이 먼저 쥐들을 엄습할 줄을 우리는 미처 생각하지 못했읍니다.

15척 옥담은 이제 사람대신 뼈만 앙상하게 남은 쥐들을 가두고 있는 셈입니다. 지금쯤 어느 "모세" 같은 쥐가 드디어 衙門을 찾아내어 무리를 이끌고 지옥 같은 死地를 벗어나 젖과 꿀이 흐르는 중촌동 마을로 들어 갔는지도 모를 일입니다.

우리가 살던 땅에 굶주리고 있는 쥐들의 소식은 아직도 청산되지 않은 비극의 자욱 같은 것입니다.

×

새 교도소는 강철과 콩크리트의 집입니다.

콩크리트의 긴 복도를 울리는 철문소리는 그동안 우리들이 얼마나 많은 것들을 잊은채 살아 왔던가를 깨우쳐 주고 있읍니다.

밤중의 靜寂을 부수는 금속성은 우리들이 安住해온 타성을 여지없이 깨트리고, 머릿속에, 가슴속에, 혈관속에 잠자던 수많은 細胞들을 또렷이 깨어나게 해줍니다. 새벽의 바람처럼 우리의 정신을 곤추 세워줍니다.

× ×

오늘 아침에는 창문을 두드리듯 지척에서 까치가 짖어댑니다.

「그랬었지. 산이 가까이 있었구나.」

까치도 산도 보이지 않는 창에 눈대신 귀를 갖다대고 大井洞 최초의 산까치 소리를 듣습니다.

「너희들은 누구냐! 너희들은 누구냐!」

산속에 숨어서 우리들을 지켜보다 못해 던지는 질문 같습니다.

머지않아 수많은 산새들이 우리들의 지붕위에 신선한 아침을 뿌려 주리라 믿고 있읍니다.

× ×

이사 전후의 술렁거림도 잠시간일뿐, 교도소는 신속하게 본연의 질서로 돌아가 있읍니다. 우리는 물론 이보다 더 신속하게 우리의 자세를 정돈해 두고 있읍니다.

心身 모두 건강하게 지내고 있읍니다.

어머님의 래차와 家內의 平安을 빕니다.

4. 2. 대전에서

삼 촌 드림

兄嫂님 전 상서.

옷은 새옷이 좋고 사람은 헌사람이 좋다고 하는데, 집의 경우는 어느쪽이 좋은지 생각중입니다. 집은 옷과 달라서 우리몸에 맞추어 지은것이 아니며, 집은 사람과 달라서 시간이 흘러도 양보해 주지 않습니다. 새 교도소에 이사와서 보니 새집은 역시 길들일것이 많습니다. 쏘흐흐성에서 온 어린 王子는「길들인다는 것은 관계를 맺는것」이라고 합니다. 관계를 맺음이 없이 길들이는 것이나 불평등한 관계 밑에서 길들여지는 모든것은, 본질에 있어서 抑壓입니다. 관계를 맺는다는 것의 진정한 의미는 무엇을 서로 共有하는 것이라 생각됩니다. ─ 한개의 나무의자든, 높은 정신적 가치든. ─ 무엇을 공유한다는 것은 같은 창문 앞에 서는 共感을 의미하며, 같은 배를 타고 있는 운명의 連帶를 뜻하는것이라 생각됩니다.

작년까지만 하더라도 인적이 없던 이 산기슭에 지금은 새하얀 벽과 벽에 의하여 또박또박 分割된 수많은 空間들로 가득 찼습니다. 저는 그중의 어느 角진 1.86평 공간 속에 곧추 앉아서 이 냉정한 공간과 제가 맺어야할 관계에 대하여 생각해 봅니다.

수많은 공간과 그것의 지극히 작은 一홈을 채우는 64Kg의 무게, 높은 옥담과 그것으로는 가둘수 없는 저 푸른 하늘의 自由로움을 内面化하려는 意志, …… 한마디로 닫힌 공간과 열린 정신의 불편한 對應에 기초하고 있는 이러한 諸關係는 교도소의 拘禁空間과 제가 맺어야할 逆說的 관계의 본질을 선명하게 밝혀줍니다. 그것은 길들여지는 것과는 반대 방향을 겨냥하는 이른바 긴장과 갈등의 관계입니다. 그것은 關係 以前의 어떤것, 관계 그 自體의 橫索이라 해야할 것입니다.

긴장과 갈등으로 팽팽히 맞선 관계는 對自的 認識의 한 條件일뿐 아니라 모든「살아있는」관계의 實相입니다. 관계를 맺고난 후의 편안하게 길들여진 安居는 一見「관계의 完成」또는「完熟한 관계」와 같은 외모를 하고 있지만 그 内容에는 그것을 가져다준 관계 그 自體의 붕괴가 시작되고 있음을, 이미 붕괴가 끝나가고 있음을 허다히 보아 왔기 때문입니다.

저는 새 교도소에 와서 느껴지는 이 갈등과 긴장을 교도소 특유의 어떤것, 또는 제 個人의 특별한 경험내용에서 연유된 것이라 생각하지 않고, 事物들의 모든 관계 속에 항상 있어온「關係 一般의 本質」이 우연한 계기를 만나 잠시 表出된 것으로 생각합니다. 그래서 저는 이 긴장과 갈등을 그것자체로서 독립된 對象으로 받아들이기 보다, 도리어 이것을 통하여 관계 일반의 본질에 도달할수 있는 하나의 視點으로 이해하려 합니다. 그리하여 제 自身과 제 자신이 놓여있는 諸條件을 정확하게 인식하는 귀중한 계기로 삼고자합니다. 그러나 저는 이 긴장과 갈등을 견뎌낼수 있고 이길수 있는 力量을 제 個人의 고독한 意志속에서 구하려 하지 않습니다. 그것은 새하얀 벽과 벽에 의하여 또박 또박 분할된 그 수많은 공간마다에 사람들이 가득 차 있다는 사실에서 무엇보다도 확실하게 얻어질수 있기 때문입니다.

비단 갇혀 있는 사람들 뿐만이 아니라 우리들이 많은 사람들속에 존재하고 있다는 튼튼한 연대감이야 말로 닫힌 공간을 열고, 저 푸른 하늘을 숨쉬게 하며 …… 그리하여 긴장과 갈등마저 넉넉히 포용하는 거대한 大陸에 발딛게 하는 우람한 힘이라 믿고 있읍니다.

관계를 맺는다는 것은「아픔」을 共有하는 것에서부터 시작하는 것인가 봅니다.

× × ×

보내주신 돈과 시계 잘 받았읍니다.
잠겨 있는 옥방 안에서도 시계는 잘 갑니다.
「막힌 공간에 흐르는 시간」…… 흡사 反訴에 같습니다.
팔목에 시간을 가지고 있더라도 시간에 각박해지지 않도록 노력하겠읍니다.
어차피 무기징역은 유유한 자세를 필요로 합니다.

× × ×

4月의 훈풍은 산과 나무와 흙과 바위와 씨멘트와 헌종이와 빈 비닐 봉지에 까지 아낌없이 따뜻한 입김을 불어 넣어주고 있읍니다.
가내의 평안을 빕니다.

4. 26. 삼 촌 드림

季嫂 님께.

옛날의 貴婦人들은 奴隷가 있는 앞에서 서슴없이 옷을 갈아입었다 합니다. 옆에 아무도 없는것(傍若無人)으로 치든가 고양이나 강아지가 있는것쯤으로 생각했던가봅니다. 그러나 당시의 노예들은 생각마저 묶여있어서 제대로 바라보지도 못하였으리라 생각됩니다. 그에 비하면 오늘의 囚人들은 그 意識이 훨씬 자유롭기때문에 많은것을 관찰하는 셈입니다.
맨홀에서 작업중인 인부에게 걸어가는 사람들의 숨긴곳이 노출되듯이, 낮은 자리를 사는 수인들에게도 사람들의 恥部를 직시할수있는 의외의 視角이 주어져 있습니다. 비단 다른사람들뿐만 아니라 재소자 자신들도 징역들어와 머리깎고 囚衣로 옷갈아입을때 예의, 염치, 교양 …… 이런것들도 함께 벗어 버리는 사람이 대부분입니다. 이러저러한 까닭으로해서 우리는 사람들을 쉽게 존경하지 않습니다. 꾸민 表情, 걸친 衣裳은 물론 지위, 재산, 학벌, 경력 등 소위 알몸이 아닌 모든 겉치레에 대하여 지극히 냉정한 시선을 키워두고 있습니다. 人間과 그 인간의 걸치고 있는 外飾을 구별하는 이 냉정한 시선은 다른곳에서는 여간해서 얻기 어려운 하나의 洞察임에 틀림없으며 그렇기때문에 별로 가진것이 없는 우리들에게는 귀중한 資産의 하나가 아닐수 없습니다.
그러나 이것은 그 사람의 가장 불우한 모습과, 그사람의 가장 어두운 목소리로 그를 판단 하는것이며, 자칫 사람을 판단함에 있어 加虐的 惡意를 드러내기 쉬우며 그럼으로써 자기자신의 '결함을 합리화'하려는 것입니다. 타인의 결함이 자기의 결함을 구제해 줄수 없음에도 불구하고 사람을 그 결함에서 먼저 인식하여 비슷한 것이라도 발견되면 서둘러 안도의 심정이 되는것은 남은 고사하고 자기자신의 成長을 가로막는 고약한 심사가 아닐수 없습니다. 사람의 많은 부분은 상황에 따라 굴절되어 표현되기 때문에 그때그때의 구체적인 현상을 어떤 순수한 본질에 비추어 규정하려는 태도는 이상주의적 幻想이 아니면 처음부터 부정적인 결론을 의도하는 비난 그 자체라 해야 합니다.
우리가 살고있는 징역살이 만 하더라도 거기에는 囚衣가 요구하는 —듯한 「타락의 노르마」가 있습니다. 그것이 어떤 평균치 이건, 또는 하나의 假設值이건 이 「노르마」는 수인들 모든사람을 事前的으로 규정합니다. 이것은 社會가 수인들을 보는 先入觀에 그치지 않고 수인들이 자기자신을 바라 보는 경우에도 작용하는 이른바 안에서도 밖에서도 벗어나기 어려운 완고한 형틀입니다. 수인들로 하여금 징역속에서 예의나 염치를 헌옷 벗듯 손쉽게 벗어버리게 하는것도 바로 이 「타락의 노르마」 입니다.
사람의 많은 부분이 상황에 따라 굴절되어 표현됨과 동시에 반대로 상황이 사람의 많은 부분을 굴절시킨다는 사실을 수긍한다면 우리는 상황과 인간을 함께 唾罵하거나 함께 용서할수밖에 없다는 겸손한 생각을 길러야합니다.
사람을 판단하는것은, 그 판단의 主體가 또한 사람이라는 사실이 그것을 더욱 어렵게 하고 있습니다. 사람은 누구나 자신의 처지에 눈이 달리기 마련이고 자신의 그릇만큼의 강물밖에 뜨지 못합니다. 이러한 자신의 制限性과 특수성을 올바로 깨닫지 못하는한 자기의 생각과 견해를 넘어 나가기는 몹시 어렵다고 생각됩니다.
징역의 이데올로기(?) 속에 格納되어 있는 이 加虐的이고 冷笑的인 視角은 어떤 형태로도 청산되어야 할 징역의 응달입니다. 그러나 징역이 아니면 얻기 어려운 냉정한 視角과 그 적라라한 人間學으로해서 기존의 도덕적 베일, 粉飾과 허위로부터 시원하게 벗어난 자유로운 정신은 징역의 모든 重壓을 보상해주고도 남는 값진 것이 아닐수 없습니다. 이 자유로운 정신은 계란이 병아리를 약속하듯 새로운것에로의 가능성을 안고 있다고 믿습니다.
나는 징역에 고유한 「타락의 노르마」가 부끄러운 것이기 보다 오히려 快適한 것으로 느껴지고, 우리들의 앞에서 행해지는 傍若無人의 언행이 노엽다기보다 가식없는 實體를 보여주는 소중한 통찰로 생각됩니다.

×   ×

새 교도소는 가까이 산이 있다는 사실이 커다란 구원입니다. 산의 모양도 정다울뿐아니라 岩石과 樹木이 서로 사이좋게 산을 나누어 흡사 剛柔를 겸비한 君子의 풍모입니다. 더우기 五月의 산은, 어딘가 바랜듯하던 빛깔의 三,四月산과 달리, 하루가 다르게 더해가는 新綠으로하여 바야흐로 소매걷어부치고 무언가 시작하려는듯한 活氣로 가득 차 있습니다. 콩크리트벽에 둘러싸여 있기도하지만 더 크게는 五月의 산에 둘러싸여있는 나에게는 과연 어떤 새로움이 싹트고 있는지 살펴 보아야 겠습니다. 보내주신 돈잘 받았습니다.

5. 7.   대전서   작은 형 씀.

아버님 前上書

다시 저의 現實로 돌아왔읍니다.

어머님 아버님 곁에서 지낸 며칠간은 흡사 물밑의 고기가 잠시 水面을 열고 하늘을 숨쉰것 같았읍니다.

온몸에 부어주던 따스한 별볕와 야윈머리 정갈히 식혀주던 서늘한 바람은, 그곳에 마냥 머물고 싶게 하는 것이기도 하지만, 그것은 또한 돌아와 이곳을 견디게 해주는 든든한 힘이 되어 주는 것이기도 합니다.

16년전 당시의 이야기에 더하여 어머님의 병고와 아버님의 수고를 직접 목격하고 나니 제가 감당해야 할 짐이 교도소 안에만 있는줄 알았던 저의 좁은 소견이 매우 부끄러워 집니다

그러나 우선은 받은 징역을 잘질뿐 아버님, 어머님의 아픔에 대해 그저 無力할 뿐입니다.

잠실의 아침 湖水가를 어머님과 함께 걷고 싶었읍니다. 어머님께서 꾸준히 步行연습 하시기 바랍니다.

어머님의 조속한 쾌차와 아버님의 너그러우신 雅量을 바랍니다.

저는 행여나 붙어 있을 俗塵을 말끔히 떨고 이제 제게주어진 現實을 정직하게 살아가는 일이 남아 있읍니다.
두분 누님께도 안부 드립니다.

        6. 19. 대전에서
                영 복 올림

형수님께.

어제 저녁 두통 한꺼번에 배달된 계수님의 편지는 나의 생각을 다시 서울로 데려갑니다. 歸休란 돌아가 쉰다는 뜻인데도 아직 마음편히 쉬기에는 일렀던가 봅니다. 귀휴기간 동안 내가 해야 했던 것은 우선 엿새 동안에 지난 16년의 세월을 사는 일이었습니다. 16년 세월에 담긴 重量을 짊어지는 일이며, 그 세월이 할퀴고 간 상처의 통증을 되살리는 일이었습니다. 그리고 만나는 모든 사람들의 視線이 향하고 있는 곳 — 나 자신을, 나도 또한 바라보지 않을수 없었습니다.

다행히 十數年의 세월은 그 빛깔이나 아픔을 훨씬 묽게 만들어 주었고 가족들도 그 엄청난 충격을 건강하게 극복해두고 있어서 어떤 것은 마치 남의 일 대하듯 담담하게 이야기 나눌수 있었습니다. 기쁜 일입니다.

그러나 그 오랜 세월에도 불구하고 風化되지 않고 하얗게 남아 있는 슬픔의 뼈 같은 것이 함몰된 세월의 공허와 더불어 잔잔한 아픔으로 안겨 오기도 하였습니다. 짊어지고 서서 사는 일에는 어지간히 이력이 났거니 생각해온 나로서는 의외다 싶을 정도로 힘겨웠고 가족들의 따뜻한 抱擁에도 좀체 풀리지 않는「어떤 갈증」에 목 말라 하기도 했습니다. 아마 계수님이 편지에 적은 「愛情의 安息處」에 대한 갈구였는지도 모릅니다.

그러한 애정과 안식의 문제라면, 세상 사람들과 같은 옷 입고 섞여 보아도 결코 사라지지 못하던 疎外感이 그러한 갈구의 부당함을 준열히 깨우쳐 주었고 나 자신 以前에 이미 정리해두고 있었던 일이기도 하였습니다.

그러나 교도소로 돌아오는 형님의 차안에서 넥타이 풀고, 와이샤쓰, 저고리, 바지 등 세상의 옷들을 하나 하나 벗어 버리고 다시 囚衣로 갈아 입을 때, 그때의 유별난 아픔은 냉정한 理性의 言語를 거부하는 感情의 獨舌 같은 것이었습니다.

결국 이곳에 돌아와 자도자도 끝이 없는 졸음과 잠으로 대신할 수 밖에 없었던 「休息」이 차라리 잘된 일이라 생각됩니다.

돌이켜 생각해 보면 귀휴기간 동안에 내가 힘부쳐 했던 아픔과 갈증은 나 자신의 조급하고 밭은 생각 때문이란 반성을 갖게 됩니다. "사랑하기 보다는 사랑 받으려 하고 이해하기 보다는 이해 받으려 하는" 「마음의 가난」에 연유한 것이라 생각됩니다.

남에게 자기를 설명하려고 하는 충동은 한마디로 자기 자신에 대한 自信感의 결여를 반증하는 것이라는 점에서 그것은 어차피 나 자신의 개인적인 문제로 귀착되는 것입니다.

×　　　　×

바쁜 동생의 生活秩序를 깨트려 놓았음은 물론 아무것도 모르는 꼬마들만 빼놓고, 여러 사람들을 본의 아니게 교란하지나 않았나 무척 송구스럽습니다.

형수님께서는 늘 뒷전으로 한걸음 물러선 자리에서 계수님의 表現대로 제일 아랫 서열이기 때문에, 항상 어른들과 손님들의 울타리 바깥에서 무언가 내게 주려고 부지런히 오가며 애쓰던 계수님의 표정이 눈에 선 합니다. 친정 부모님과 동생들께도 나의「부족한 말씀과 인사」에 대하여 양해 받아 주시고 다음을 약속해 주시기 바랍니다. 계수님과도 물론 어린이 놀이터 에서의 부족했던 이야기 다시 약속합니다.

의외로 많은 사람들이 나를 기다리고, 지켜보고 있음을 알 수 있었습니다. 이것이 곧 나로하여금 이곳을 견디게 하고 나 자신을 지켜나가게 해주는 힘임을 모르지 않습니다.

　　　　6. 19.　　작은형 씀.

季 嫂님께

징역을 오래 살다보면 출소한지 얼마안되어 또 들어오는 친구들을 자주 만나게 됩니다. 또 들어와 볼낯없어 하는 친구를 만나도 나는 그를 나무라거나 속으로라도 경멸할수가 없읍니다. 그 뿐만 아니라 만기가 되어 출소하는 친구와 악수를 나눌때도 "이젠 犯罪하지말고 참되게 살아라"는 교도소에서 가장 흔한 인삿말 한마디도 저는 지금껏 입에 올린적이 없읍니다. 그것은 그가 부딪쳐야 했고 또 부딪쳐야 할 혹독한 처지를 감히 상상하기조차 어렵기 때문이기도 하지만 더욱 중요한 까닭은 "도둑질해서라도 먹고살수밖에 없다"는 생각까지도 포함해서 다른사람들의 "생각"은 일단 존중되어야 한다고 믿고 있는데에 있읍니다.

그 사람이 가지고있는 생각은 그가 몸소 겪은 자기 人生의 결론으로서의 의미를 갖는것입니다. 특히 자신의 사상을 책에다 의존하지 않고 자신의 삶에서 이끌어 내는 사람에게 있어서는 아무리 조잡하고 단편적이라 할지라도 그 사람의 思想은 그 사람의 삶에 相應하는 것입니다.

그러므로 그사람의 삶의 조건에 대하여는 無知하면서 그 사람의 思想에 관여하려는 것은 無用하고 無理하고 無謀한 것입니다.

더우기 그 사람의 삶의 조건은 그대로둔채 그 사람의 생각 만을 다른것으로 代置하려고 하는 여하한 시도도 그것은 본질적으로 폭력입니다.

그러한 모든 시도는 삶과 사상의 一體性을 끊어버림으로써 그의 정신세계를 異質化하고 결국 그사람 자체를 파괴하는것이기때문입니다.

大田의 잘 알려진 元洞의 娟女村에는 「노랑머리」라는 여자가 있는데, 한달에 서너번씩은 약을 복용하고는 도로 노면돌이나 깔창(유리창)으로 제 가슴을 그어 피칠갑으로 골목의 건달들에게 대어든다고 합니다. 온몸을 내어 던지는 이 처절한 저항으로해서 그여자는 기둥서방이란이름의 건달들의 착취로부터 자신을 지킨 유일한 여자라 합니다.

이 여자의 열악한 삶을 그대로둔채 어느 聖職者가 이 여자의 사상을 다른 貞淑한 어떤것으로 바꾸려한다면 그것이야 말로 이 여인을 돌로 치는 것이 아닐수 없읍니다. 정숙한 婦德이 이여자의 삶을 지켜주거나 개선시켜주기는 커녕 오히려 무참히 파괴해버리고 말것입니다.

그러므로 똥치골목, 역전앞, 꼬방동네, 시장골목, 콩강 등등 열악한 삶의 존재 조건에서 키워온 삶의 철학을 不道德한 것으로 경멸하거나 中産層의 倫理意識으로 바꾸려는 여하한 試圖도 그 본질은 폭력이고 僞善입니다.

우리가 훌륭한 사상을 갖기가 어렵다고 하는 까닭은 그 사상 자체가 무슨 난해한 내용이나 복잡한 체계를 하고 있기 때문이 아니라, 사상이란 그것의 내용이 우리의 생활속에서 실천됨으로써 비로소 완성되는 것이라는 사실 때문입니다. 생활속에 실현된것 만큼의 사상만이 자기것이며 그 나머지는 아무리 講論하고 共感하더라도 결코 자기것이 아닙니다. 자기것이 아닌것을 자기것으로 하는 경우 이를 도둑이라 부르고 있거니와, 훌륭한 사상을 말하되 그에 못미치는 생활을 하고있는경우 우리는 이를 무어라 이름해야 하는지‥‥

모든 문제의 접근이 일단 진실의 규명에서부터 출발되어야 하는것이라면 우리가 맨먼저 해야하는 것은 그 사람의 생각과 삶의 相應関係를 묻는 일이라 생각됩니다. 그 삶과 사상이 차질을 빚고 있을때 제3자가 할수 있는 일의 上限은, 제3자가 갖는 視角의 체뭇을 살려 그 차질을 지적해 줌으로써 삶과 사상의 一體性을 회복할수 있는 어떤 출발점에 서게 하는 일이 고작이라 생각됩니다.

우편봉함엽서

135-□□

서울 강남구 대치동
미도아파트 109-108
申榮頊 앞

대전시 중구 대정동 36
3550 신영복

300-□□

매월 말일은 편지 쓰는 날입니다.

어제가 立秋입니다. 둘서의 찬가운데 께인 민주가 거짓간태도 한고 볼쌍해 보이기도 합니다. 그런데도 있주는 볼명 둘안의 머지 않은 종말을 예고하는 先知者나 그러하듯 묵은 선지자가 그러하듯 「먼저」 받음으로 해서 맞기지 않든 다름 몸쌍해 보이고 보내주신톤 잘 받았습니다.

8.8. 작은 蓉 삼.

어제가 산상의 어느 끝을 어떨며 면 울썩 거가 있가 가는 금 볼쌍해보이기도 한 서진 그사람의 처지에 따라 그 사람의 내음을 뿌리는 산도 수 있는 산모습을 이번경이 있다는 것은 먼지 여러음에 안지 먹고 서도록 실증을 먼지 여러음에 안지 먹는다면 고려권다면 두러는 순구의 말에서 만들어나, 그러드기 예에 곤에서 사랑을 만들어 나만가 있는 (?) 그때에는, 언저 산처 그 그렇게 삶이 인간경이 인는 안한 경이 없다. 남기 바란다. 그런 면 곤처한 어야 한다라 생각이 답니다.

※

兄 嫂님 前上書.

비교적 징역초년에 드러난 저의 弱點 중의 하나가 바로 다른 사람들로부터의 비난이나 증오에 대하여 매우 허약한 체질을 가졌다는 사실이었습니다. 자기를 겨누고 있는 증오를 지척에 두고도 편안한 밤잠을 잘수 있는 심장을 일찌기 길러두지도 못하고, 그렇다고 그 증오의 부당함을 及論할수 있는 자유로움도 허락되지 않는 상황속에서 속 썩이고 부대끼기 十數年. 지금은 어느 편인가 하면 증오나 모멸에 대하여는 왠만큼 무신경해진 반면 그 대신 다른 사람으로부터 받는 작은 好意에도 그만 깜짝 놀라는, 허약하기는 마찬가지인, 逆 轉된 체질이 되었다 하겠습니다.

지난번 移徙ㅅ때 제가 감당해야 했던 「불편함」도 아마 이러한 체질에서 연유된 것이 아니었던가 싶습니다. 행길에 내놓은 이삿짐 처럼 바깥에 나온「징역살이」가 더 무겁고 고통스럽게 느껴지기도 하였지만 그보다는 저의 心情이 아직 확실한 定處를 얻지 못하고 있기 때문이었다고 여기고 있읍니다.

형수님께 편지 쓰려, 손님들과 어른들의 뒷켠에서 계속 설것이만 하시던 모습이 생각나고 정작 형수님과는 별로 이야기를 나누지 못하였음을 뒤늦게 깨닫게 됩니다. 귀소하던날 대전까지 함께 오신일이 그나마 다행이었던 심입니다. 우용이와 주용이에게도 마찬가지의 아쉬움이 남습니다만 더 자라기를 기다리기로 하였읍니다.

지금은 그때의 충격도 모두 가시고 앨범속에 꽂힌 한장의 명함판사진 처럼 단정히 정리해 두고 본연(?)의 자세로 돌아와 있읍니다.

×　　　　×

지난 일요일 T.V.에서는 폭우로 인한 수재현장을 중계해주고 있었읍니다. 11m를 넘는 한강수위를 보여주면서 빨간 오일펜으로 동그라미를 그려 표시한 위험지역속에 이촌동이 들어 있어서 무척 놀랐읍니다. 물난리 겪지나 않으셨는지 걱정입니다.

所內 放送에서도 이번의 혹심한 수해 소식을 알리고 재소자들의 성금을 모으고 있읍니다만 T.V. 화면을 통해 학교교실에 대피한 이재민들의 저녁 식사 광경이나 침수된 집에서 침구와 가재도구를 운반해 내는 현장을 보고있는 재소자들의 표정에서 저는 연민이나 애처로움 대신에 부러움의 빛을 읽을수 있었읍니다. 갇힌 사람들에게는 재난과 불행까지 포함해서 「바깥의 삶」 그 자체가 동경의 대상이 아닐수 없읍니다. 비극은 오히려 이 쪽이 더 짙다 하겠읍니다.

물방울도 모이고 모이면 저토록 거대한 힘을 갖는가, 소양댐의 수문에서 분출되는 물줄기나 한강을 가득 메운 도도한 강물과 같이 自然의 一部도 거대한 힘을 가지면 제방이건, 건물이건, 사람의 정신이건 모두 취약한 곳을 여지없이 두들겨 부시는 심판자로 등장합니다. 푸른 하늘을 얻어 明鏡같이 고요할때나, 山川을 담으며 유유히 흐를 때나 마찬가지로 약한 것을 두들겨 부실때에도 물은 역시 우리의 훌륭한 이웃임에 틀림 없읍니다. 우리가 잊고 있는 것은 물은 모이기 마련이라는 사실입니다.

×　　　　×

콩크리트 건물의 3층에 살고 있는데도, 우리는 아침마다 신발속의 귀뚜라미를 털어내고 신발을 신습니다. 가을입니다. 우리는 여름더위에 지친 건강을 회복하며 다가올 겨울을 견딜 채비를 이 짧은 가을동안에 해두어야 합니다.

형수님의 가을을 축복합니다.　9. 5. 대전에서　삼촌 드림.

李 嫂 님께

잔디밭의 雜草를 뽑으며
아리안의 榮光과 아우슈비츠를 생각한다.
잔디만 남기고 잔디외의 풀은 사그리 뽑으며
南阿聯邦을 생각한다. 陸軍士官學校를 생각한다.
그리고 운디드니의 인디언을 생각한다.

醇化教育時間에 忍耐訓練대신 잡초를 뽑는다.

잡초가 무슨 나쁜 역할을 하는지도 알지 못하면서
잔디만 남기고 잡초를 뽑는다.

青坡에서 자라 아는 풀이름 몇개 안되는 나는
이름도 모르는 풀을 뽑는다. 이름을 모르기 때문에 잡초가 된
풀을 뽑는다. 아무도 심어준 사람 없는 잡초를 뽑으며,
벌써 씨앗까지 예비한 9月의 풀을 뽑으며 나는 생각한다.
아름다움이란 무엇인가. 생명이란 무엇인가.
잘 알고 있던 것 같은 것들이 갑자기 뜻을 잃는다.

口令에 따른 動作처럼 생각없이 풀을 뽑는다.
썩어서 잔디의 거름이 될 풀을 뽑는다.

뽑은 잡초를 손에 쥐고 남아서 훈련받는 순화교육생을 바라본다.
앞으로 취침, 뒤로 취침. 원산폭격 한강철교의 순화교육생을 바라본다.

뽑혀서 더미를 이룬 잡초위에 뽑은 잡초를 보태며
15척 周壁을 바라본다. 주벽바깥의 青山을 바라본다.

× ×

秋夕이라고 보내주신 돈 잘받았읍니다.
사과, 빵, 과자 그리고 명절이라고 특별히 판매한
떡도 사고 해서 함께사는 여러사람들과 나누어 먹었읍니다.

추석전후해서 며칠간 까맣게 불꺼졌던 충남방직공장의
女工기숙사 창문도 어제부터 일제히 불켜져 밤을 밝히고
있읍니다. 짧은 추석입니다.

×

화용. 민용. 두동이 모두 잘크고 家內 平安하시기
바랍니다.

9. 14.   작은형 告.

兄嫂님 前上書.

1금수들은 휴일을 이용하여 노력봉사를 하는 일이 가끔 있습니다.
형수님이 보시고 놀라던 그 긴 복도를 청소하기도 하고, 잡초를 뽑거나, 빗물로 메인 배수로를 열기도 하고 땅을 고르는등 비교적 간단한 작업입니다.
저는 휴일에 작업이 있기만하면 빠지는 일이 없습니다. 여러사람이 함께 일을 하면 그 자체가 하나의 「학교」가 되기 마련이지만 특히 제게는 두사람의 훌륭한 「스승」을 배울수 있는 귀중한 기회이기 때문에 절대로 빠지는 일이 없습니다. 이 두사람의 스승은 학식도 없고 집안형편도 어려워 징역살이도 자연 「꾹으로 찌그러져」사는 응달의 사람입니다. 제가 이 두사람을 스승으로 마음두고 있는 까닭은, 「일」이 사람을 어떻게 키워주고 사람을 어떻게 改造하는가를 이분들의 말없는 행동을 통하여 깨닫기 때문입니다.
첫째 이 두사람은 일을 「發見」하는 눈이 매우 탁월합니다. 저는 물론이고 다른 사람들의 눈에는 미처 일거리로 보이지 않는것도 이 두사람의 눈길이 닿으면 마치 조명을 받은 퍼사체처럼 대뜸 발견되고 맙니다. 그것도 자잘한 잔챙이를 낚아서 바지런 떠는 그런 부류와는 달라 별로 힘들이는 기색이나 생색내는 일도 없이 큼직 큼직한 일거리, 꼭 필요한 일머리를 제때에 찾아내는 솜씨란 과연 오랜 세월을 일과 더불어 살아온 「일의 名人」다운 풍모를 느끼게 합니다.
둘째로 이 두사람은 일을 두고 그냥지나치지 못하는 「가녀린 心情」을 가지고 있습니다. 주변에 일손을 기다리는 일거리가 있거나 삐뚤어져 있는 물건이 한개라도 있으면 그만 마음이 불편해서 견디지 못하는 그런 心情의 소유자입니다. 이분들에게 있어서 일이란 外部의 어떤 對象이 아니라 삶의 內面을 이루는 存在條件 그 자체임을 알수 있습니다. 무심히 걷는 몇 발자욱의 걸음 중에도 항상 무엇인가를 바루어 놓고 말며, 다른 일로 오가는 중에도 반드시 무얼 하나씩 들고가고 들고옵니다. 잠시 동안도 빈손일때가 없습니다.
세째로 이 두사람은 여러사람과 함께 일하는 경우에는 언제나 제일많은 사람이 달라붙는 말단의 바닥일을 골라잡습니다. 일부의, 더러는 먹물이 좀 들어 있는 사람들이, 반드시 힘이 덜 들어서가 아니라, 약간 독특한 작업상의 위치를 選好하여 자신을 다른 사람들과 일정하게 구별하려는 경향이 있음에 비하여 이 두사람은 언제나 맨 낮은 자리, 그 無限한 대중성속에 철저히 자신을 세우고 있습니다. 바로 이점에서 이 두사람은 제게 다만 일솜씨만을 가르치는 「기술자」의 의미를 넘어서 「사람」을 가르치는 師表가 되고 있습니다. 그래서 저도 이 두사람이 걸레를 잡으면 저도 걸레를 잡고, 이 두사람이 삽을 잡으면 저도 얼른 삽을 잡습니다. 이분들의 옆에 항상 나자신의 자리를 정함으로 해서 깨닫은 사실은 여러사람들속에 설때의 그 든든함이 우리를 매우 힘있게 만들어준다는 것입니다.
교편을 잡으시던 부모님 슬하에서 어려서부터 줄곧 학교에서 자라 노동의 경험은 물론, 노동자들과의 생활마저 부족했던 제게 징역과 징역속의 여러 스승이 갖는 의미는 실로 막중한 것이 아닐수 없습니다.
바다가 가장 낮은 자리에서 그 큼을 이루고 꽃송이가 다발을 이루어 큰꽃이 되는 그 辨證法의 비밀이 실은 우리의 가장 비근한 日常의 노동속에 혼전으로 있는 것임에 새삼 우리들 자신의 盲目을 탓하지 않을수 없습니다.

×　　×　　×

보내 주신 책 두권은 열독이 허가되지 않아 읽지는 못하였습니다 만 보내주신 마음은 잘 읽고있습니다. 사람도 물건도 出, 入이 어려운 마음에 살고있음을 알겠습니다.
1금수 屋外接見(家族座談)은 9월28日(金) 12時에 있을 예정입니다 따로 교무과에서 통고 있으리라 믿습니다. 아버님께서 먼 걸음하시지 않도록 주선해 주시기 바랍니다. 조금이라도 덜 바쁜식구가 마음 가볍게 다녀가시는 그런 접견이 되었으면 합니다. 누용이.주용이 그리고 형수님의 가을을 축원합니다.

9. 20.　대전에서　삼 촌　드림,

못 嫂님前上書.

우용이 주용이 그리고 형수님의 건강을 빕니다.
항상 엽서의 文尾에 가벼운 인삿말로 적던 이말을 오늘은 엽서의 冒頭에 경건한 祈願처럼 적어 보았읍니다. 우체국에서 선채로 써 보내신 형수님의 편지는 제게 여러가지 생각을 안겨주었읍니다. 평소 단정하고 무척 강단져 보이던 형수님께서 內面에 그토록 심한 고통을 안고 계신다는 사실이 매우 놀라운 일입니다. 그리고 더욱 놀라운 것은 灑掃、應対、進退에 있어 좀체로 흐트러지는 법이 없는 형수님께서 「읽고 곧 찢어버리기 바라는」 헝클어진 편지를 띄울 정도로 고통스러운 심정에 놓여 있었다는 사실입니다.
저는 물론 형수님의 건강상태나 心境을 자상히 헤아릴수 있는 처지가 못됩니다만 제 생각으로는 형수님의 예의 그 「端正」함이 도리어 형수님의 심경을 팽팽히 켕겨 놓음으로써 피로와 부담을 加重시키지 않았나 두려워됩니다.
응접실을 비롯하여 거실、주방에 이르기까지 놓여 있는 물건 하나하나의 위치, 크기, 수량 등이 조금도 무리 없을정도의 정연한 질서와 정돈. 우용이 주용이의 반듯하고 정확한 言行, 형수님의 대화, 입성, 응접, 식탁 등 생활전반에서 느껴지는 端雅함은 그 自体로서 높은 균형과 整齊의 美를 보여주는것이 사실입니다만 그것을 지탱하기위하여 요구되는 팽팽한 정신적 긴장이 결국 형수님의 심신에 過重한 부담이 되고 있는 것이 아닐까 하는 생각을 금치 못하고 있읍니다.
결벽증과 정도벽이 남보다 덜하지 않았던 제가, 결코 자발적이라고는 할수 없지만, 징역살이라는 「장기망태기」 속에서 부대끼는 사이에 어느덧 그것을 버리고난 지금, 어느면에서는 상당한 정신적 여유와 편안함 마저 향유하고 있다고 할수 있읍니다.
「一等」이 치러야 하는 긴장감, 「모범」이 요구하는 他律性에 비해 「중간은 풍요하고」「꼴찌는 편안하며」「조다는 즐겁다」는 역설도 그것을 단순한 自己合理化나 敗北主義의 雄辯이라 단정해 버릴수 없는 상당한 量의 眞実을 그속에 담고 있음을 알수 있읍니다.
그래서 저는 이번에 보내주신 형수님의 헝클어진 편지가 마음 흐뭇합니다. 그 속에는 형수님의 적나라한 언어, 아픔, 불만이 시냇물속의 물고기들처럼 번쩍번쩍 살아 있기 때문입니다. 더우기 그러한 아픔과 불만까지도 제게 열어 보여 준 그 편지는 형수—시동생이라는 허물없는 관계를 튼튼히 신뢰함으로써만이 가능한 것이기 때문입니다. 형수님께는 아픈 편지이되 제게는 기쁜 편지였읍니다. 다만 형수님께서 감당해야 할 고통이 과중한것이 아닐까 하는 걱정이 저의 흐뭇함을 상쇄시켜 유감스러울 따름입니다.
그러나 기쁨보다는 슬픔이, 즐거움보다는 아픔이 우리들로 하여금 形式을 깨트리고 本質에 도달하게 하며 환상을 제거하고 진실을 바라보게 한다는 사실을 잊지 말아야 할것입니다.
저는 형수님께서 지금 힘겨워 하시는 그 身苦와 心慮도 머지않아 형수님의 냉철한 理智에 의하여 훌륭히 정돈되고 다스려 지리라 믿고 있읍니다.
그러기에 올 가을은 형수님께 있어 큼직한 수확의 계절이 되리라 믿고있읍니다.
보내주신 돈 잘 받았읍니다. 형님 다녀가신 편에 집안 소식 잘 들었읍니다.
「우용이 주용이 그리고 형수님의 건강을 빕니다」
엽서의 문미에도 또 적었읍니다.

　　　　　　　　　10. 5.　대전에서　삼촌 드림.

아버님 前上書

그간 형님께서 여러차례 다녀가셔서 소식이 적조하지는 않으셨을줄 믿고 있었습니다만 막상 펼을 들고보니 매우 오랫만에 글월드림을 깨닫습니다.

어머님 환후는 어떠하신지 지금쯤 가벼운 걸음이라도 하실수 있으신지. 그리고 아버님께서는 執筆과 어머님 병구완이 힘겨우시지나 않으신지···· 엽서위에 잠실집의 여기저기가 선히 떠오릅니다.

어머님의 병환과 아버님의 수고, 그리고 집안의 이런저런 어려움들이 저로서는 힘이 미치지 못하는 먼곳(?)의 일이기 때문에 한편으로는 마음이 덜 무겁고 한편으로는 마음이 더 무겁습니다.

이곳의 저희도 별고 없이 지내고 있습니다만 금년 구시월은 잡다한 일치닥거리들이 줄줄이 연달아서 돌이켜보면 心身만 수고로웠을뿐 생활에 進陟된 바가 全無하고보니 겨울을 뒤에 숨긴 가을바람이 유난히 스산하게 느껴집니다.

雜事에 부대끼면서도 자기의 領域은 줄곧 확실하게 지켜야 하는 법인데, 그간의 징역살이로도 모자라 여태 이룩이 나지 않았다면 이는 필시 저의 굳지못한 心地와 약한 脾胃의 소치라 부끄러워 해야할 일이 아닐수 없습니다. 시월이 아직 남았으니 그전에 서서히 제 자신을 다그쳐서 무릎 꿇고 사는 세월이 더는 복되지 않도록 스스로를 警戒하겠습니다.

×   ×

어머님께서 걱정하시는 겨울이 다가옵니다.
獄窓에서 내다보이는 충남방직공장의 寄宿舍 창문이 가을이 깊어갈수록 밤이면 더욱 炯炯한 빛을 발합니다. 옛 詩句에 令人猛省是晨鐘이라하여 사람들로 하여금 무섭게 깨닫도록 하는것이 새벽 종소리라 하였습니다만 저로하여금 猛省케 하는것은 철야작업으로 새벽까지 꺼질줄 모르는 기숙사 창문의 불빛입니다.
皓窓不能寢 使我起坐讀.
밤새워 일하는 사람들이 켜놓은 불빛은 그렇지않은 사람까지도 밝혀줍니다. 어머님 아버님의 평안을 빌며 각필합니다.

10. 22.   영 복 올림.

季嫂님께 가을 落穗

이번 가을에는 벼베기를 도우러 몇차례의 바깥나들이를 하였습니다.
교도소농에 이틀 對民支援으로 하루, 도합 사흘간의 가을일을 한 셈입니다. 오늘은 그 때의 落穗 몇가지를 적어 봅니다.   사회참관이나 외부작업을 하러 교도소의 육중한 철문을 나설때, 우리들이 습관적으로 갖는 심정은, 이것은 진짜 出所가 아니라는 다짐입니다. 혹시나 感傷에 빠지기 쉬운 자신의 연약한 마음을 스스로 경계함인가 합니다.

철문나서면 맨먼저 九峯山이 성큼 다가와 가슴에 안깁니다. 산은 역시 가슴으로 바라보아야 하는것, 감방에서 쇠 창살 사이로 보는 것은 "엿보는 것"이었나 봅니다.

1Km는 좋이 뻗은 교도소 진입로 양편에는 때마침 흐드러지게 핀 코스모스가 환히 길을 밝히고 있었습니다. 이 꽃길을 달려오는 77번 버스에는, 화사한 코스모스로 인해 더욱 어두워진 표정의 재소자 가족들이 내리고 있었습니다. 「이젠 가족들 보고 접견오지 말라고 해야지」 아마 그들 속에 자기 가족을 세워본 누군가의 目嘆이 우리들 모두의 가슴에 못이 됩니다.

옷벗어 부치고 울적한 마음도 벗어 부치고 드는 낫 한자루씩 꼰아들고 논바배미에 들어설때의 대견함, 이것은 담안에는 없는 것입니다. 우리는 마침 지난 여름 우리가 모르게 논에 붙였는데, 김매기도 그렇고, 피사리도 그렇고, 벼이삭도 그렇고 …. 곡식은 비료나 地力으로 자라는게 아니라 일꾼 발자국 소리 듣고 자란단 말이 적실합니다.

맨발로 논바닥에 들어서면 발가락 사이사이 흙이 솟아 오릅니다. 살아서 꿈틀거리는 흙힘입니다. 그러나 메뚜기 미꾸라지 죄다 떠나 버리고, 독한 농약에 찌들고 변색된 개구리 몇마리 힘없이 달아날 뿐입니다. 해식어 사위어가는 논입니다.

스무나믄명 중에 벼베기가 처음인 사람이 칠팔명, 나도 그 중의 하나지만 미리 연습해두길 잘해서 다른 사람들이 눈치채지 못하였습니다. 도시의 뒷골목 사람 쯤으로 여겼던 사람의 드는 솜씨를 보여줄 적에는 社會의 基盤 으로서의 농촌의 광대함이 든든하게 느껴집니다만, 젊은 축일수록 낫질이 서투른 것을 보면 말로만 듣던 젊은이들의 離農과 그로인한 농촌의 老化가 씁쓸히 실감됩니다.

똑같은 콩밥에 그 찬이지만 풀밭에 둘러앉아 먹는 맛이 또한 별미라 밥그릇이 대번에 비어버립니다. 점심 후에 짚단 베고 잠시 누웠다 눈뜨니 고추잠자리 가슴에 쉬고 갑니다.
실로 오랫만에 누워서 창틀에 잘려 角지지 않는 넓은 하늘 마음껏 바라 보았습니다.

사흘째 대민지원으로 나간 곳은 멀지 않은 진잠 들이 있는데 남의 논 아홉마지기 부친다는 임흑넷의 가난한 할아버지의 논이었습니다. 논임자와 所出을 반타작하고 있는데, 농지세, 비료대, 농약값, 품값 전부 논부치는 사람이 문다니 샛참 국수 먹기도 민망할 정도로 어려운 살림이었습니다.

할아버지는 내 논배미에서 일하는데 점심밥 못내와서 면목없어 하고, 국수 날라 온 아주머님은 적원들이 안된다 해서 막걸리 한잔 못드려 면목없어 하고, 우리는 솜씨 없는 터수에 국수만 축내어 면목없어 하고 ‥‥.

그러나 실로 오랫만에 받아본 한사람씩의 일꾼대접은 우리들이 그동안 잃어버린채, 그리고 잊어버린채 살아온 귀중한 것을 잠시나마 「회복」시켜 주었다는 사실이, 올가을에 거둔 커다란 수확의 하나임에 틀림 없습니다.

이삼일 논일로 벌써 고단하고 싫겨워지는 나자신이 몹시 부끄럽고 못나 보였습니다만 나는 이번의 일로해서, 남들은 나더러 일당 5천원짜리 일꾼은 된다고 추어주지만, 당초 목표로 했듯이 가을들에서 조금이라도 도울 수 있는 훈련을 쌓은 것이 마음 흐뭇한 소득입니다.

비록 가을 들판에서만이 아니라, 우리는 삶의 어느 터전에 처한다 하더라도 자기 몫의 일에 대하여, 이웃의 힘겨운 일들에 대하여 결코 無力하거나 無心하지 않도록 자신의 力量과 心情을 키워나가야 한다고 믿습니다.
이것은 징역살이라 하여 例外일 수가 없습니다.
        x   x

여름 내내 靑山을 이루어 녹색을 함께 해오던 나무들도 가을이 되고 서리내리자 각기 구별되기 시작합니다. 단풍드는 나무, 낙엽지는 나무, 끝까지 녹색을 고집하는 나무…… 疾風知勁草. 바람에 눕는 풀과 곧추선 풀을 나누듯, 가을도 그가 거느린 秋霜으로 해서 나무를 나누는 決算의 계절입니다.
계수님과 두용이의 접견 매우 반가웠습니다. 보내주신 돈 잘 받았습니다.

        대전에서   작은형 씀.

머리 좋은 사람이 가슴 좋은 사람만 못하고, 가슴 좋은 사람이
손 좋은 사람만 못하고, 손 좋은 사람이 발 좋은 사람만 못하다.
立場의 동일함. 그것은 人間關係의 최고형태이다.

兄嫂님 前上書

어느 日本人 記者가 쓴 「韓國人」에 관한 글을 읽었습니다. 젊은 동료 한 사람이 그 글의 眞意를 물어 와서 일부러 시간을 내어 읽어본 것입니다. 다만 제가 읽어본 일본의 몇몇 민주적인 지식인의 글에 비하면 그 水準이 훨씬 떨어지는 3流의 것이었습니다. 저는 이 작文을 읽으면서 그 글의 내용을 탓하려고도 않으며 또 그 글에 숨어있는 필자의 민족적 優越感이나 군국주의 姿態를 들추려고도 않습니다. 한마디로 그 글은 우리가 어떤 對象을 인식하거나 서술한다는 것이 얼마나 어려운 일인가를 다시 한번 깨닫게 해준 反面의 敎師였습니다.

우리가 인식하거나 서술하려는 대상이 비교적 간단한 한 개의 事物이나 一個人인 경우와는 달리 社會나 民族이나 한 時代를 대상으로 삼을 경우 그 어려움은 실로 막중한 것이 아닐 수 없습니다. 대상이 이처럼 거대한 總體인 경우에는 필자의 관찰력이나 부지런함 따위는 별로 도움이 되지 않습니다. 하물며 필자의 문장력이나 감각은 아무 소용이 없습니다. 社會 · 丁史 意識이나 철학적 세계관에 기초한 과학적 사상체계가 갖추어져 있지 않는 限, 아무리 많은 자료를 동원하고 아무리 해박한 지식을 구사한다 하더라도 결국은 코끼리를 더듬는 장님꼴을 면치 못할 것입니다. 그러나 이러한 과학적 사고보다 더 중요하고 결정적인 것은 바로 대상과 필자와의 「관계」라 생각합니다. 대상과 필자가 어떠한 관점으로 연결되는가에 따라서 얼마만큼의 깊이 있는 인식이, 또 어떠한 측면에서 파악되는가가 결정됩니다. 이를테면 대상을 바라보기만 하는 관계, 즉 구경하는 관계 그것은 한마디로 「관계 없음」입니다. 구경이란 말 대신 「觀照」라는 좀 더 운치있는 어휘로 대치하더라도 마찬가지입니다. 세상에는 관조만으로 시작되고 관조만으로 완결되는 인식이란 없기 때문입니다.

대상과 자기가 愛情의 젖줄로 연결되거나, 운명의 핏줄로 맺어짐이 없이, 즉 대상과 필자의 혼연한 肉化 없이 대상을 인식 · 서술할 수 있다는 幻想, 이 환상이야말로 우리 시대에 범람하는 저널리즘이 量産해내는 특별한 형태의 오류이며 기만입니다. 저널리즘은 항상 제 3의 立場, 中立의 불편부당이라는 虛構의 位相을 提起判하여 거기 높은 가치를 부여하고, 대상과 관계를 가진 모든 입장을 不純하고 低級한 것으로 보고下 함으로써 사람들로 하여금 구경꾼 — 眞實의 浪費者로 철저히 疎外시킵니다. 상품의 소비자, 스탠드 뷰의 관객, TV 앞의 시청자 등… 모든 형태의 구경꾼의 특징은 대상과 인식 주체 간의 완벽한 격리에 있습니다.

이처럼 대상과 인식주체가 구별 · 격리되어 있는 경우에는 시종 양자의 차이점만이 발견되고 浮彫됩니다. 그렇기 때문에 대상을 관찰하면 할수록 자기와는 점점 더 다른 무엇으로 나타나고, 가까이 접근하면 할수록 더욱더 멀어질 뿐입니다. 그리하여 總乃에는 대상을 잃어 버림과 동시에 자기 자신마저 상실하고 마는 것입니다.

우리는 소위 文化人類学이 식민주의의 尖兵으로서 세계의 수많은 民族을 對象化하여 그들의 民俗과 傳統文化 그리고 그들의 정직한 人間的 삶을, 자기들의 그것과 다르다는 이유로, 자기들의 침략을 다른 이름으로 은폐할 목적으로, 야만시하고 歪曲해 왔으며, 그러한 부당한 왜곡이 결국은 대상의 상실뿐 아니라 자신의 인간적 양심을 상실케 함으로써 그토록 잔혹한 侵略의 世紀를 연출해 내었던 사실을 알고 있습니다.

징역사도 우리들 재소자도 대상화 되고 있기는 마찬가지입니다. 罪名別, 犯罪類型別, … 여러 가지 標識에 따라 분류되기도 하고, 범죄심리학, 이상심리학, 心理戰 등 각종 심리학의 연구 대상이 되기도 하는데, 이 경우 대부분의 연구자들에게서는 그들이 대상으로 삼고 있는 재소자들이 그들과 同時代를 살고, 同一한 社會關係 속에 連帶되고 있다는 巨視的인 깨달음을 기대하기가 어렵습니다.

그러므로 그러한 분류 연구나 심리학적 관찰은 결국 그들과는 전혀 딴판인 이를테면 「種」을 달리하는 네안데르탈人 만큼이나 멀리 떨어진 「犯罪人種」을 발견해내고 만들어 내도록 예정되어 있는 것입니다.

그리하여 발견된 범죄인종의 여러 가지 非倫을 그들 자신과는 하등의 인연도 없는, 수십만 년의 거리가 있는 것이란 점에서 그들 자신의 倫理的 叛意를 자위하고 斗護하고 은폐하는데 逆用됨으로써 결국 그들 자신을 퇴폐화하는 악순환을 낳기도 합니다.

시대와 사회를 共有하고 있는 사람들은 각자의 처한 위치가 아무리 다르다 하더라도 차이점보다는 공통점이 더 많은 법입니다. 그러므로 우리의 어떤 대상에 대한 인식의 출발은 대상과 내가 이미 맺고 있는 관계의 발견에서부터 시작되어야 한다고 믿습니다. 젊은 피부에 대한 맑슴X의 관계, 낱제리에 대한 프란츠 파농의 관계 ……
주체가 대상을 포옹하고 대상이 주체 속에 肉化된 混血의 엄숙한 의식을 우리는 세계의 倒底에서, 丁史의 薩時에서 발견합니다. 이러한 대상과의 一體化야말로 우리들의 삶의 眞相을 선명하게 드러내주는 동시에 우리 스스로를 정직하게 바라보게 해주는 것이라 생각됩니다.

머리 좋은 것이 마음 좋은 것만 못하고, 마음 좋은 것이 손 좋은 것만 못하고, 손 좋은 것이 발 좋은 것만 못한 법입니다. 관찰보다는 愛情이, 애정보다는 실천적 連帶가, 실천적 연대보다는 立場의 同一함이 더욱 중요합니다.

입장의 동일함 그것은 관계의 最高形態입니다.

지난번에 보내주신 책 두 권 그리고 이번의 한글서예 잘 받았습니다. 경수님의 건강을 빕니다.   11. 29.   대전서   삼촌 드림

歲暮에 兄嫂님께

나무의 나이테가
우리에게 가르치는 것은
나무는 겨울에도
자란다는 사실입니다.
그리고
겨울에 자란부분일수록
여름에 자란부분보다
훨씬 단단하다는
사실입니다.
햇빛 한줌 챙겨줄
단 한개의 잎새도 없이
凍土에 발목박고
風雪에 팔벌이고 서서도
나무는 팔둑을, 가슴을,
그리고 내년의 봄을
키우고 있읍니다.

부산스럽게 뛰어다니는
사람들에 비해
겨울을 지혜롭게
보내고 있읍니다.

형님. 우롱이, 주용이
밝고 기쁜 새해가 되길
기원합니다. 한해동안의
옥바라지 감사드립니다.
　　　　　甲子 12. 28

謹賀 乙丑新年

甲子歲暮
紀題

삼촌 드림.

총 뱃 님께

새해가 겨울의 한복판에
자리 잡은 까닭은
낡은 것들이 겨울을 견디지
못하기 때문인가 봅니다.

낡은 것으로부터의 결별이
새로움의 한 摘 芽 이고 보면
칼날같은 추위가 낡은것들을
가차없이 잘라버리는
겨울의 한복판에
정월 초하루가 자리잡고있는
까닭을 알겠습니다.

세모에 지난 한해 동안의 고통을
잊어버리는 것은 삶의 지혜 입니다.
그러나 그것을 잊지 않고 간직하는것은
용기 입니다.

나는 이 겨울의 한복판에서
무엇을 자르고, 무엇을
잊으며, 무엇을 간직해야
할지 생각해봅니다.
　　×　　×

꼬마들과 온 가족의
기쁜 새해를 기원합니다.

총뱃님의 한해동안의
뒷바라지 감사드립니다.

12. 28.   작은형 씀.

謹賀
乙丑新年
甲子歲暮

歲暮에 어머님께

설 날에는
어머님이 계신 아파트의
좁은 현관에
신발들 가득히 넘쳐나고
아이들 울음소리,
끓이는 소리,
베 짜는 소리로 해서
어머님 아버님의 겨울이
잠시 동안이나마
훨씬 따뜻하고
풍성해지리라 믿습니다.

歲拜 대신 엽서 드립니다.

대전에서
영 복 올림.

謹賀乙丑新年

甲子歲暮

兄嫂님 前上書

지난번 형수님께서 접견 오시던 날의 이야기 입니다.
제가 재소자 접견대기실에서 잠시 기다리고 있을때 몹시 침울한 표정으로 접견실을 나와 제 옆자리에 맥놓고 앉는 젊은 친구가 있었읍니다. 초면이지만 저는 그를 위로할 작정으로 몇마디 말을 걸었읍니다. 이러한 경우에 제가 할수 있는 위로란 적당한 말끝에 내가 10수년의 징역을 살았다는 사실을 소개하는 것이 고작인데 대부분의 단기수들은 10수년의 옥살이에 대하여 놀라는 마음이 되고 그 긴 세월과 자기의 얼마 안되는 형기를 비교해 보고 거기서 약간의 위로를 얻습니다. 세상에는 남의 행복과 비교해서 느끼는 불행이 있는가하면 남의 불행과 비교해서 얻는 작은 위로도 있기때문입니다. 그런데 그날은 제가 그를 위로하기 전에 제 쪽에서 먼저 충격을 받고 생각이 외곬에 못박혀 버렸읍니다. 그와 나누었던 대화는 다음과 같이 매우 짧은 몇마디 였읍니다.
「고생이 많습니다. 누가 오셨어요?」「…. 제 처가 왔어요…」「무슨 안좋은 이야기라도 들었읍니까?」
「… 일나가나 봐요, 말은 않지만…」「그야 먹고살자면 일나가야지요」「그런 일이 아녜요」
「……」「가버릴것같아서 그래요」
형수님은 아마 이 대화에 담긴 의미를 알지 못할것입니다. 그가 의미하는 「일나간다」는 말은 한마디로 「몸을 판다」는 것을 뜻합니다. 지금 와서 생각해보면 생면부지인 제게 제 아내의 일을, 그도 자랑이 될수 없는 일을 서슴없이 이야기해준 것이 아무래도 잘 납득되지 않습니다만 추측건대 아마 자기의 근심에 너무 골똘한 나머지 다른것은 미처 생각할 겨를이 없었을수도 있고, 또 같은 재소자라는 동료의식이 그렇게 하였을수도 있고, 그리고 「일나가는 여자」가 그에게 있어서 특별히 수치스럽게 여겨지지 않았기 때문일수도 있읍니다.
제가 받은 충격은 이 세번째의 것과 관련된 것입니다. 몸을 팔아 살아가는 여자를 不貞한 여자로 보지 않는다는 사실, 설사 부정한 여자로 본다고 하더라도 그를 자기의 아내의 자리에 앉히기를 조금도 꺼리지 않는다는 사실이 저로서는, 알고 있는 일이긴 하나 정작 부딪히고 보면 상당한 충격이 아닐수 없읍니다. 아내의 정절에 대한 세상의 모든 남편들의 당연한 요구가 그의 삶에 있어서는 얼마나 高級한 것인가를 일깨워줍니다.
사실은 그 젊은 친구뿐만 아니라 우리의 이 壁村에는 그와 비슷한 생각을 가지고 살아가는 사람들이 많이 있읍니다. 一夫一妻制는 그들이 향유하기에는 너무나 고급한 제도입니다. 그들은 一夫半妻, 一夫$\frac{1}{3}$妻, …… 一夫$\frac{1}{6}$妻…, 그리고 여자 쪽에서 보면 一妻半夫, 一妻$\frac{1}{3}$夫 …… 一妻$\frac{1}{6}$夫… 라는 왜소하고 영락된 삶의 形式을 가까스로 꾸려나가는 사람들입니다. 그들은 온전한 여자를 데불고 살 처지가 못되는 지아비들이며, 아내의 자리 하나 온전히 차지할수 없는 지어미들입니다. 이를테면 娼女와 그의 「가난한 단골」과의 관계가 곧 1夫$\frac{1}{6}$妻, 또는 1妻$\frac{1}{6}$夫의 전형적인 예라고 할수 있읍니다. 이들의 관계는 일부일처제의 가정을 꾸릴 형편이 못되는 사람들의 소외된 結婚形態로 파악되어야 한다고 생각됩니다. 그것은 서울의 외곽에 貧村이 있듯이 일부일처제의 외곽에 있는 貧婚, 즉 貧男貧女들의 群婚形態라고 할수 있읍니다. 그것을 性道德의 문란이 만들어낸 윤리적인 차원의 문제로 파악하는 태도는 本末을 전도한 피상적인 것이 아닐수 없읍니다. 남의 집 방 한간을 얻어 貰들어 사는 사람이 있는가하면 세상에는 이처럼 아내를 또는 남편을 貰들어 사는 그런 삶도 없지 않습니다.
뿐만 아니라 남의 世上에 人生을 세들어 살아가는 사람들도 있읍니다. 이러한 사람들은 아내나 남편을 세들어 사는 사람들보다 더욱 불행합니다. 징역 사는 사람들 중에는 징역산 햇수가, 물론 여러번에 나누어 산 것이지만, 도합 10년이 넘는 사람이 허다합니다. 이러한 사람들은, 저도 그중의 하나이지만, 어린 시절을 제하고 나면 징역산 햇수가 사회에서 산 햇수와 맞먹거나 그 이상입니다. 이들에게는 社會가 오히려 타향이고 객지입니다. 이러한 人生이 이른바 남의 세상에 세들어 사는 인생이라 할수 있읍니다.
貰家, 貰夫, 貰妻, 貰生… 이는 삶의 가장 참혹한 형태라 하겠읍니다. 이러한 삶은 우리들로 하여금 산다는 것은 무엇인가, 그처럼 참혹한 삶을 지탱해주는 것은 무엇인가 하는 의문을 불러일으킵니다.
그런데 이상한 것은 이러한 사람들의 삶이 그 비극적 흔적을 좀체로 표면에 드러내지 않는다는 사실입니다. 그것은 아마 그 한복판에 있는 저의 감성이 무디어졌기 때문이기도 하겠지만 그보다는 그들 자신이 그 왜소한 삶에 기울이는 그들나름의 노고와 진실때문이 아닌가 합니다. 온몸으로 살아가는 삶은 비록 도덕적으로 타락한 측면이 있다고 하더라도 그것이 그 진실성을 훼손하지는 못하기때문인가 봅니다. 그날 접견장에서 만난 젊은 친구의 표정에서 제가 읽은 것만 하더라도 그것은 아내의 옥바라지를 염두에 둔 타산의 흔적이 아니라 비록 $\frac{1}{3}$, $\frac{1}{6}$의 아내이지만 아내의 온근 자리 하나 고스란히 남겨두려는 그의 고뇌와 진실이었읍니다. 지금도 고뇌에 찬 그의 얼굴이 떠오를때마다 가슴에 사무치는 생각은, 같은 시대 같은 세상을 사는 사람들로 하여금 이처럼 판이한 사고와 윤리관을 갖게하는 것은 도대체 무엇이며, 그것은 또 얼마나 끔찍한 것인가 하는 몸서리 입니다. 그리고 그들에 비하면 저의 윤리의식은 얼마나 공허하며 사치스러운 것인가 하는 참괴의 念입니다. 그리고 $\frac{1}{3}$의 아내로서든, $\frac{1}{6}$의 아내로서든 그가 출소할때까지 그의 옆에 남아 있어주기를 바라는 저의 작은 바램 입니다.

형수님께서 보내주신 편지와 돈 잘 받았읍니다. 건강을 빕니다. 1. 25. 삼춘 드림

대전교도소 1985년 1월 25일

종백님전.

老人이가 함께 일하는 경우에 노인들은 절믄이에 대하여, 그리고 젊은이는 노인들에 대하여 일정한 불만을 갖게됩니다. 이는 주로 일을하는자세, 일에대한 태도의 차이에서 오는 것인데 저는 이점에 있어서만은 노인들을 지지합니다. 노인들의 젊은이들에대한 불만중에 가장 자주 듣는것은, 젊은이들은 일을 여기저기 벌려 놓기만하고 마무리를 않는다는 것입니다. 먼저하고 나중할일을 순동하는가하면 일손을 모아서 함께 해야 할것도 제각각 따로따로 벌려 놓기때문에 부산하기만 하고 진척이 없다는 것입니다.

젊은이 들의 이러한 태도가 어디서 온것인가 를 어느 노상님께 여쭈어 보았더니 한마디로 농삿일을 해보덜 않아서 그렇다고 하였습니다. 간결하고 정곡을 찌른 지적이라고 생각됩니다. 농삿일은 파종에서 수확에 이르기까지 하나의 일관된 노동입니다. 일의 선후가 있고, 계절이 있고, 기다림이 있습니다. 그것은 한 생명인 이를테면 볍씨의 일생이면서 그 우주입니다. 부품을 분업생산하여 조립·완성하는 공업노동에서는 경험할수 없는것을 담고 있습니다. "젊은애들 도회지나가서 일는것이 어디 한둘인가" 그 老상님의 개탄이 제게는 묵중한 무게의 문명비판으로 들립니다.

젊은이들은 노동을 수고로움 즉 귀찮은 것으로 받아들이는데 비하여 노인들은 거기에다 自身을 실현하고 생명을 키우는 높은 뜻을 부여하합니다. 요컨대 젊은이들은 노동을 「소비」라고 생각합니다. 시간의 소비, 에너지의 소비라고 생각하고 있습니다. 이점 노동을 생산으로 인식하는 노인들의 思考와 정면에서 대립하고 있습니다. 공업노동 분업노동의 경험은, 더우기 상품생산, 피고용노동인 경우 노동이 이룩해내는 생산물에 대한 종합적인 가치인식을 가지기 어렵게 할뿐아니라 노동이 그 노동의 주체인 자기자신을 성장시켜 준다는 인격적 측면에 대해서는 하등의 신뢰나 실감을 주지못하고 있는 것입니다. 이것도 그들이 그들의 열악한 현장에서 겪은 체험의 소산이겠습니다만 이러한 태도는 일차적으로는 일 그자체에 대한 태도로 나타나지만 그것은 동시에 일하는사람들간의 인간관계에 정착됨으로써 社會化 되는 것입니다.

이것은 그 老상님의 말씀처럼 젊은이들이 도회지에 나가서 읽는 것이면서 또한 우리時代 자체가 잃어가고 있는 社會·歷史的인 문제와도 맥락이 닿아 있는 것이라 생각됩니다. 우리는 近代 史의 전개과정에서 노출된 수많은 모순을 극복하기위하여 시도한 여러갈래의 운동형태를 알고 있습니다.

그리고 그 다양한 운동들이 농업공동체의 理想에 鼻歸依하자하는 復古的성격 으로해서 실패하기도 하고 과학기술의 金스펙트럼을 憂懼憚함으로써 실패하기도 해온 사실을 알고 있습니다.

그래서 저는 젊은이들에게 농업과 노인을 배우라는 손쉬운 충고를 할수가 없음을 느낍니다. 그러한 충고에 앞서 우리가 버려야 할것과 받아들여야 할것이 무엇인가에 대하여 생각해보아야 한다고 믿습니다.

사람들로 하여금 자기손으로 창조한 것을 자각게하고 자기가 하고있는일이 어떠한 社會的 關聯을 갖는가, 그리고 자기의 삶이 다른사람의 삶과 어떻게 연대되는가를 실감케하는 부단한 계기를 생활의 현장, 그 경제적기초위에 창조해 내는 운동이야말로 민중들의 합의된 결단을 이끌어 내고 地緣, 血緣 또는 作業場이라는 한정된 범위를 뛰어넘어 「공동의 터전」을 이룩하는 길이라 생각됩니다.

그러나 막상 돌아갈 농촌도 없고 부리내릴 터전도 없는 젊은이들에게 그들의 메마른 자세만을 꾸짖는다는것은 소용없는 일일뿐 아니라 너무나 야박한 것이라 생각됩니다. 왜냐하면 그들 역시 피해자이기 때문입니다. 많은 노인들의 비난에도 불구하고 제가 젊은사람들의 태도중에서 가장 긍정적으로 받아들이고 싶은것은 젊은사람들은 기운사람이 시키는일이나, 별로 의미를 느낄수 없는 일에 대해서는 지극히 냉정한 태도를 취한다는 사실입니다.

일 그 自体에 沒入해서 무슨 일이건 일이라면 匠人의 성실성을 쏟는 노인들의 이른바 無意識性에 비하면 젊은이들의 이러한태도는 겉보기에 상당히 불성실한 인상을 주기도 하지만 그것에 담겨있는 강한 주체성은 의당 평가되어야 한다고 믿습니다. 이것은 노인들에게는 없는 탄력이며 가능성입니다.

×   ×

居室이 東南向 이기때문에 창 밖에 가면 산과 언덕은 늘 그의 西北面을 제게 보여줍니다. 산록의 서북쪽에는 殘雪과 陰影으로 해서 겨울이 최후까지 도사리고 있습니다. 연일 계속되는 영상의 따뜻한 날씨는 산언덕에 끈질기게 붙어있는 겨울을 큰소리 하나 내지않고 하나하나 녹여 내고 있습니다.

어제는 밤새껏 눈을 불러 다시 겨울을 쌓아 놓았습니다만 天地에 가득히 다가오는 봄기운을 어쩌지 못할 것입니다.

보내주신 편지와 돈 잘 받았습니다. 화,민, 두용 꼬마들께 안부전해 주시기 바랍니다. 家內 平安을 빕니다.

2.5. 立春 이튿날 작은 형 씀.

어머님 前上書

어머님께서 걱정하시던 겨울추위도 말끔히 가시고, 창 밖으로 보이는 산, 언덕은 물론이고, 옥담과 씨멘트 벽과 철문 속에 있는 우리들에게도 봄은 그 따뜻한 손길을 후히 나누어 줍니다.

아버님 下書에 어머님께서는 아직도 문밖출입을 못하신다니 서운한 마음 금할길 없읍니다. 대전까지 접견오실 정도는 못되시더라도, 언젠가 제가 어머님 곁에 갈 때에는 어머님과 함께 잠실 호숫가를 천천히 거닐 수 있으시도록 매일매일 조금씩이라도 보행연습을 거르지 마시기 바랍니다.

그리고 老人친구들과의 대화보다는 젊은이들을 불러서 이야기를 듣는 쪽이 氣力과 心機를 젊게 하는데 유익하리라 믿습니다.

저는 어머님의 당부에 어긋나지 않도록 每事에 항상 心重하고 있읍니다.

아버님께서 우송해주신 돈 잘 받았읍니다. 어머님 아버님의 平安을 빌며 이만 각필합니다.

4. 11. 대전에서
영 복 올림.

兄 뻦 님 橐上書.

남을 도울 힘이 없으면서 남의 苦情을 듣는다는 것은 매우 마음아픈 일입니다. 그것은 단지 마음아픔에 그치지 않고 무슨 경우에 어긋난 일을 하고있는 느낌을 갖게합니다.

도운다는 것은 우산을 들어주는 것이 아니라 함께 비를 맞는 것임을 모르지 않습니다만, 빈손으로 앉아 다만 귀를 크게 갖는다는 것이 과연 비를 함께하는 것인지, 그리고 그것이 그에게 도대체 무슨 소용이 있는지 의심스럽지 않을수 없읍니다.

오래전의 이야기입니다만 출소를 하루앞두고 제게 일자리 하나 주선해주기를 부탁하던 젊은 친구에 관한 아픈 기억이 있읍니다. 저에게는 그가 생각하는 그런 동창선후배가 이미 존재하지 않았읍니다. 제게는 바로 그와같은 밑바닥 인생들밖에 친구가 없었읍니다. 사람은 그 친구가 바뀜으로써 최종적으로 바뀌는 것이라면 저는 이미 그가 생각하는 그러한 세계의 사람이 아닌지도 모릅니다.

망설임끝에 겨우 입을 떼던 부탁이라 더욱 송구스러워 하는 그와 마주앉아서 저는 그날밤 갈곳없는 그를위하여 동창선후배들의 위치에 제가 있었더라면 하는 感傷에 젖기도 하였읍니다. 그러나 이러한 감상에서 금방 제자신을 건져낸것은 만약 제가 그러한 위치에 있었더라면 그와의 만남이 아예 존재할수 없었 다는 분명한 깨달음이었읍니다.

도울 능력은 있으되 만남이 없는 관계와 만남이 있으되 도울 힘이 없는 관계에 대하여 그날밤 늦도록 우리가 나누었던 이야기의 의미에 관하여 그가 어떻게 받아들였는지 전혀 알수 없었읍니다만 그때의 아픈 기억만은 지금도 선명하게 남아있읍니다.

저는 無依無託한 동료들이나 이제 징역을 시작하는 젊은 무기수들과 이야기를 나눌때마다 그때의 기억이 되살아나면서 도울 힘이 없으면서 남의 어려움을 듣는 일의 어려움을 절감하고 있읍니다.

다만 한가지 바라는것이 있다면 이러한 苦情에 자주 접하게 됨으로서 아픔이 둔감해지는 대신에 그것이 고정의 원인을 깊이 천착해 들어갈수 있는 확실한 조건이 되어주길 바라는것입니다. 그리고 그것이 저 혼자만 쓰고있는 우산은 없는가를 끊임없이 돌이켜 보는 엄한 자기성찰의 계기가 되길 바랄 뿐입니다.

×

詩人 몇사람은 족히 길러내었음직한 九峰山 의 아홉개 連峰이 初夏의 하늘을 우뚝우뚝 달리고있습니다. 夏道長成. 여름은 山이 크는 계절, 산이 달리는 계절인가 봅니다. 그리고 五月山은 단지 저혼자 크고 저혼자 달리는 것이 아니라 멀리서 그를 바라보는 이곳의 갇혀있는 수많은 사람들의 마음도 함께 키워주고 달리게 합니다.

보내주신돈 잘 받았읍니다. 家內平安을 빕니다.

　　　　5. 29. 대전서 삼촌 드림.

兄 嫂님 前上書.

자동차가 大田에 점점 가까워질수록, 형님도 저도
말수가 점점 줄어들었습니다.
한동안은 이것 저것 話題를 찾아내어 애써 무얼
덮어보려 했습니다만 결국 씁쓸히 웃으며 착잡한
마음을 수긍하고야 말았습니다.

잠실집 계단에서 떠나보내시던 형수님과 계수님의
굳은 표정도 아마 이 착잡함을 미리 읽었기 때문이었던가
봅니다.

여러 사람들을 내내 서 있게 했던 저의 1주일 동안,
가장 가까운 자리에서 가장 많은 시간을 苦惱 恭遵해주신
형수님의 수고에 감사드립니다.

제가 가족들에게 뿌리고 온 것이 기쁨인지, 아픔인지,
바깥이 좁은지 안이 넓은지, 손가락이 차거운지 얼음이
차거운지 ·····
아직은 쏟아지는 잠, 어수선한 꿈자리가 분별을 흐리게
하고 있습니다. 그러나 그것도 잠시뿐 머지않아, 다른 모든
경우와 마찬가지로, 이곳에 살고있는 수많은 사람들의
끓는 삶이 세차게 서로를 흔들어 저를 깨어있게
해주리라 믿고 있습니다.

저는 이 깨어있는 정신의 섬뜩함으로써 한주일동안의
사람과 일을 간추려 저의 빈곳을 채우고 제 자신을 달구어
나가도록 노력하겠습니다.

우용이 주용이와는 부족했던 대화가 아쉽습니다만
대신 부츠로 축구의 기억이 신선한 감각으로 남아있습니다.
건강을 빕니다.

잠실에는 따로 편지 드리지 않습니다.

8. 14.   大田 삼촌 올림.

촛불님께.

3층의 빈방에 혼자 앉아 있으려니 오늘따라
세찬 바람은 끊임없이 창문을 흔듭니다.
창문은 다시 어수선한 내 마음을 흔들어, 잊어야 할것과
간직해야 할것을 어지럽게 휘저어 놓습니다.

한주일간의 수고에 감사 드립니다.
특히 계수님의 친정식구들의 厚意를 잊지못합니다.
그것은 위로와 연민과 人情이면서 동시에 정신적
共感을 바탕에 두지 않고서는 베풀수 없는 것이었읍니다.

저는 한주일 내내 마치 온몸에 바늘을 가진 사람처럼
주위의 모든사람들을 아프게 하지 않았는가 하는 느낌에
지금도 마음이 무겁습니다.

나를 잘 이해하지 못하는 사람보다 오히려 계수님처럼
나를 가장 이해하는 사람일수록 더욱 더 아프게 하고온
느낌입니다. 그러나 계수님께서는 그 아픔을 私人의
아픔으로 간직하지 않고 우리의 이웃과 우리 時代의 삶의
實相을 깨우쳐주는 社會的 良心으로 키워가리라
믿습니다.

주위의 여러사람에게 아픔을 나누어 주고 대신 자기가
기쁨을 얻을수는 없읍니다. 그것은 도덕적으로는 물론
현실적으로도 있을수 없는 법입니다.
그러기에 한주일동안 가슴에 담아 온것은 평소에는
느끼지 못했던 아픔의 응어리들입니다.
그러나 이 응어리들을 그대로 담아 둔다는 것은 아픔을
낭비하는 일입니다. 제가 서둘러 해야 하는 일은 나와
내 주위의 모든 아픔들의 낭비를 막는 일입니다.
어쩌면 아픔을 끝까지 앓는 행위야 말로 그것의 가장
정직한 방법인지도 모릅니다.
         x   x
우송해주신 도 받았읍니다. 家內의 平康을 빕니다.
    8. 18.   대전에서 작은형 씀.

季嫂님께

없는 사람이 살기는 겨울보다 여름이 낫다고 하지만 교도소의 우리들은 없이 살기는 더합니다만 차라리 겨울을 택합니다. 왜냐하면 여름징역의 열가지 스무가지 장점을 일시에 무색케 해버리는 결정적인 사실 —— 여름징역은 자기의 바로 옆사람을 증오하게 한다는 사실때문입니다. 모로 누워 칼잠을 자야하는 좁은 잠자리는 옆사람을 단지 37°C의 열덩어리로만 느끼게 합니다.
이것은 옆사람의 체온으로 추위를 이겨나가는 겨울철의 원시적 우정과는 극명한 대조를 이루는 형벌중의 형벌입니다.

자기의 가장 가까이에 있는 사람을 미워한다는 사실, 자기의 가장 가까이에 있는 사람으로부터 미움받는다는 사실은 매우 불행한 일입니다. 더우기 그 미움의 원인이 자신의 고의적인 所行에서 연유된 것이 아니고 자신의 存在 그자체 때문이라는 사실은 그 불행을 매우 절망적인 것으로 만듭니다.
그러나 무엇보다도 우리자신을 불행하게 하는 것은 우리가 미워하는 대상이 이성적으로 옳게 파악되지 못하고 말초감각에 의하여 그릇되게 파악되고 있다는 것, 그리고 그것을 알면서도 증오의 감정과 대상을 바로 잡지 못하고 있다는 자기혐오에 있읍니다.

자기의 가장 가까운 사람을 향하여 키우는 "부당한 증오"는 비단 여름잠자리에만 고유한 것이 아니라 없이사는 사람들의 생활 도처에서 발견됩니다. 이를 두고 성급한 사람들은 없는사람들의 도덕성의 문제로 받아들여 그 人生을 탓하려 들지도 모릅니다.
그러나 우리는 알고 있읍니다. 오늘내일 온다 온다 하던 비 한줄금 내리고 나면 秋炎도 더는 버티지 못할줄 알고 있으며, 머지않아 朝夕의 秋涼은 우리들끼리 서로 키워왔던 불행한 증오를 서서히 거두어가고, 그 상처의 자리에서 이웃들의 "따뜻한 가슴"을 깨닫게 해줄것임을 알고 있읍니다.
그리고 秋水처럼 정갈하고 냉철한 認識을 일깨워 줄 것임을 또한 알고 있읍니다.

      ×   ×

多事했던 休暇 1週日의 일들도 이 여름이 지나고 나면 아마 한장의 명함판 사진으로 정리되리라 믿습니다. 변함없이 잘 지내고 있읍니다. 친정 부모님과 동생들께도 안부전해 주시기 바랍니다.

           8月 28   작은형 씀

어머님 前上書.

몇 차례 흠씬 비가 오더니 어느새 더위가 말끔히 가셨읍니다. 맛뫼(山)와 산야(山野)를 뒤덮고 있던 여름의 그 지겹던 열기(熱氣)는 물론, 운동장에, 콩코리트 벽에, 모자와 신발에 남아 있던 열기까지 남김없이 씻겨 가버렸읍니다.

어머님 누워계신 창으로도 보이는지 모르겠읍니다만 비 걷고난 구월(九月)의 하늘은 완연한 가을입니다.

어머님께서는 제가 떠나간 후로 매우 허전하셨으리라 생각됩니다만 그럴수록 심기(心氣)를 더욱 보중하시어 내내 기다려 주시기 바랍니다.
제게는 어머님께 듣고싶은 이야기도 많고 또 제가 어머님께 드리고싶은 말씀도 많습니다.
항상 너그러하신 마음으로 주변의 대소사(大小事)를 모두 허락하셔서 심사를 거스르는 일이 없으시도록 안돈(安頓)하시기 바랍니다.

저는 지난번 한주일동안에 겪은 일들이 한동안은 마음에 잔잔하여 생각이 어수선 하였읍니다만 이제는 그때의 잔잔하던 마음도 먼 옛기억처럼 묽어지고 어수선하던 생각도 가즈런히 정돈되어, 마침 청정한 가을 날씨와 더불어 자신을 맑게 지니려 애쓰고 있읍니다.
어머님의 당부대로 몸조심하고 행실 조심하겠읍니다.

환절기에 아버님 어머님 건강을 빕니다.

미처 전화도 못하고 떠나온 누님네 식구들께도 안부해 주시기 바랍니다.

　　　　9月 9日　 대전서
　　　　　　　　　영복 올림.

아버님 前上書.

아버님 下書와 "民謠紀行" 진작 받았읍니다만
차입 퍼밀 접견기다리느라 答上書가 너무 늦었읍니다.
아버님 어머님을 비롯하여 家內 두루 平安하실줄 믿습니다
이곳의 저희들도 일찌감치 內衣를 찾아 입고 冬服으로 갈아 입는등
겨울이 유난히 빨리 찾아 오는 교도소의 계절에 맞추어 채비하고
있읍니다.

나무들도 잎을 떨어 뿌리를 쉬게하고 짐승과 미물들도
땅속을 찾아들어가 冬眠하는 自然의 理致를 본받아서
저희들도 추운 겨울동안에는 수고롭게 무엇을 이룩하려 하기보다는
한 햇동안의 大小事를 마무려 함으로써 이듬해 봄을
예비하는 쪽을 택하고자 합니다.

× ×

우송해주신 민요기행은 갇혀 있는 사람의 잠들어 있는
역마살을 깨워 놓기에 충분합니다.
"민요를 따라가는 일은 곧 건강하게 살아 숨쉬는
  民衆的 삶의 現場을 찾는 일" 임을 공감케 하며
千年의 구비구비를 굽돌아 면면히 흘러온 민중들의
삶과 그 삶의 언저리에 끝편 人情風物을 찾아나선
著者一行 의 발길은 흡사 우리 時代의 精神이 指向해야
할바의 "방향"을 가리키고 있는듯 느껴집니다.

× ×

특히 발걸 닿는 곳곳마다에서 좋은 사람을 만날줄 알고
목격하는 이러저러한 現實에서 그 숨은 뜻을 정확하게
꿰뚫어 보고, 그리고 일하는 사람들의 견해를 가장 무겁게
받아들이는 著者의 따뜻한 心性과 날카로운 炯眼과
그리고 몸에 밴 民衆的 자세가 이책의 튼튼한 뼈대를
이루고 있으며, 바로 이러한 뼈대가 속에 있음으로 해서
「紀行」이란 끝내 나는 삶의 임자로서가 아니라, 어디까지나
그 삶의 거죽을 일별하는 구경꾼 일 뿐이라는 결정적인
限界를 시원하게 뛰어 넘게 하고 있읍니다.

× ×

민요가 민중들의 삶의 현장을 보여 주듯,
강물이 바다를 보여주듯. 교도소 뒷산 허리를 넘어가는
길은 그 끝에 담아 있을 사람들의 마을을 보여줍니다
그리고 우리들을 향하여 갈길을 묻습니다.

×

아버님 어머님의 平安을 빌며 각필합니다.

　　　11月 14日 대전서 영복 올림.

兄嫂님 前上書.

周易 六十四 괘중의 맨 마지막 괘가 소위 「未濟」괘로서 卦辭에는 "어린여우가 물을 거의 건넜을 때 그만 꼬리를 적시고 말았다 이로운 바가 없다"(小狐汔濟 濡其尾 无攸利)라 하였읍니다.

지난 가을 교도소 앞 논으로 타작일 도우러 갔을 때의 느낌이 바로 이런 것이었읍니다. 추수 臨時에 쏟아진 폭우로 말미암아 물에 잠긴 볏단을 두렁에 옮겨 쌓으면서 우리는 흡사 비에 젖어버린 가을의 꼬리를 들고 섰는듯 추연한 悲感을 금치 못하였읍니다. 한해를 마감하는 歲暮가 되거나 또는 하루를 끝내는 저녁무렵이 되거나 또는 작은 일하나 마무리할 즈음에도 항상 어린여우가 꼬리를 적시는 그 마지막 과정의 「작은실패」에 생각이 미칩니다. 이러한 어린 여우의 연상은 어떤 일이나 과정의 마지막 단계에서 더욱 신중한 태도를 갖도록 해준다는 점에서 매우 유익한 것이라고 믿어 왔읍니다만 지금 생각으로는 그것이 반드시 그런것만이 아니라고 느껴집니다.

왜냐하면 작은 실패가 있는 쪽이 없는 쪽보다 길게 보아 나은 것이라 생각되기 때문입니다. 작은 실패가 있음으로해서 전체의 국면은 「완결」이 아니라 「미완」에 머물고 이 미완은 더 높은 단계를 향한 새로운 출발이 되어 줍니다. 더구나 작은실패는 사람을 겸손하게 하고 자신과 사물을 돌이켜 보게 해줍니다. 卦辭에도 완결을 의미하는 「旣濟」는 "형통함이 적고 처음은 길하지만 마침내 어지러워 진다"(亨小 初吉 終亂)고하여 그것을 未濟의 下位에 놓고 있읍니다.

도대체 易의 奧義를 窮究하기도 쉽지않고 또 그것을 곧이곧대로 믿지도 않읍니다만 중요한 것은 우리들의 所爲 가운데 필연적으로 존재하기 마련인 「작은 실패」를 간과하지 않는 自己批判의 자세입니다.

실패가 필요한 것이 아니라 실패의 발견이 필요한 것이며, 실패가 값진것이 아니라 실패의 교훈이 값진것이라 생각합니다.

실패와 그 실패의 발견, 그것은 산에 나무가 있고 땅속에 바위가 있듯이 우리의 삶에 튼튼한 뼈대를 주는 것이라 믿읍니다.

×   ×

아버님 편에 보내주신 책 잘 받았읍니다.
형님 형수님. 우용이 주용이 모두 건강하길 빕니다.
방학 동안에 우용이 주용이는 평소에 겪기 어렵던 새로운 경험을 풍부히 가져서 생활의 테두리를 훨씬 넓혀갈수 있기 바랍니다.

12. 12. 대전서 삼촌 드림.

아버님 어머님 前上書

아버님의 下書와 보내주신 책(활銀全集) 잘 받았습니다. 아버님의 著書도 쉬이 出版되어 우송되어 오기가 기다려 집니다.

× ×

이곳 교도소 주위를 병풍 두르고 있는 뒷산에는 첫눈 때부터 지금껏 눈이 하얗습니다.
山 雪은 녹지 않고 어느가 봅니다.
무심히 창밖을 내다 보면 거기 하얗게 쌓여있는 눈은 언제나 우리의 視線을 서늘하고 냉정하게 만들어 줍니다.

눈은 世上의 온갖 잡동사니를 너그러이 덮어 주는듯 하면서도 반면에 드러내야 할것은 더욱 뚜렷이 드러냅니다.

눈은 그 차거움 만큼이나 冷嚴합니다.

獄中에서 맞이하는 열 여덟번째의 歲暮입니다.
세모는 제게 있어서 흡사 푸짐한 降雪 같습니다. 年間百事를 너그러이 덮어 주는가 하면, 무섭도록 뚜렷이 드러 내기도 하기 때문입니다.

× ×

해마다 세모가 되면
저는 상심하실 어머님 생각으로 마음이 무거워 집니다.
궂은 날은 나막신 장수하는 아들을 생각하고, 갠날은 짚신장수하는 아들을 생각기로 하여 근심을 달래던
옛날 어느 어머님의 故事처럼
아무쪼록 스스로 心機를 悠長하게 가꾸어 조섭해서길 바랍니다.

새해에는 아버님, 어머님을 비롯하여 온가족이 모두 康健하시길 빌며
歲拜에 代합니다.

乙丑歲暮 대전에서

영복 올림.

謹賀新年
丙寅元旦

형수님께

繼走의 最終走者가 승리의
영광을 독차지 할수 없읍니다.
특히 目標가 遠大한 것일수록
「最後」보다는 그 過程이 더욱
중요한 의미를 갖게된다고 생각합니다.

「최후」란 前·後로 隔絶된
別個의 領域으로서 우리들 앞에
나타나는 것은 아닙니다.

그것은 어떤 과정의 「全部」,
또는 어느 期間의 「總合」이란 의미로
받아들여져야 하리라 믿읍니다.

열여덟번째의 獄中歲暮입니다.

天文學에 光年이란 單位가 있듯이
세상에는 1년단위의 歲暮보다
훨씬 긴 무슨 單位로 人生을
살아가는 사람들이 많으리라 믿습니다.

허러떠 끌러놓고 이른바 丁兵를
상대하여 앉아 있는 그런 넉넉하고
우둔한(?) 마음이라면 歲月을
잘게 잘게 토막내서 수많은 최후들을
만들어 내려하지 않을 것임에
틀림 없읍니다.

먼곳 없이 어찌 넓을수 있으며
기다림 없이 풀한 포긴들 제 형상을
키울수 없으라 싶습니다.

×   ×

한해동안의 욕바라지 감사드립니다.
화용 민용·득용 끼마 들께도
새해 인사 전해주시기 바랍니다.

乙丑歲暮 대전에서
작은 형 씀.

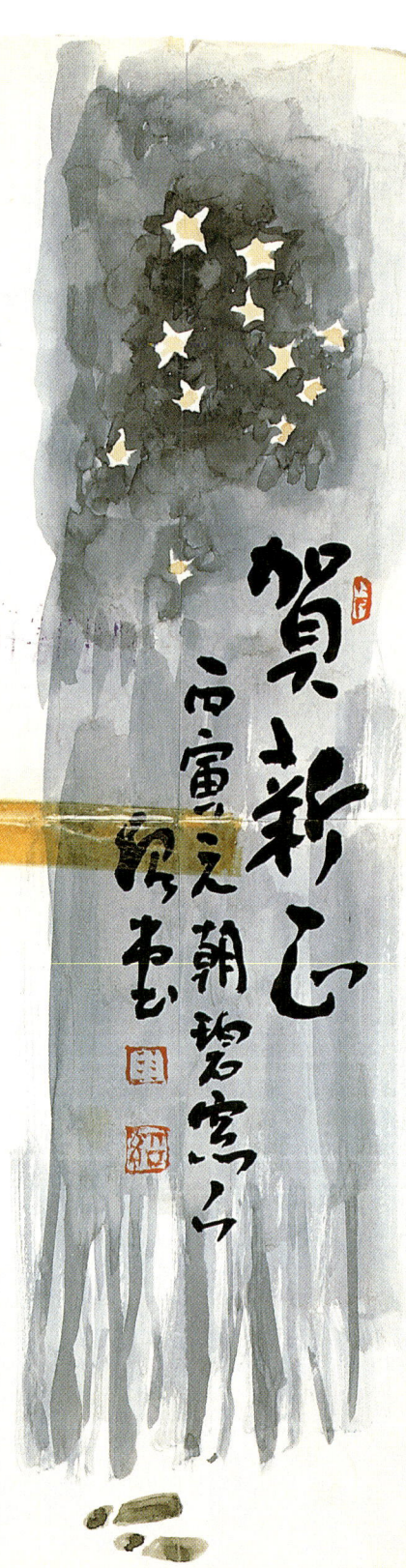

새해에 부모님전상서

刑 期가 1年 6月 이상이 되면 그속에 겨울이 두번 들게 됩니다. 겨울이 두번 드는 징역을 「곱징역」이라 합니다. 겨울징역이 그만큼 어렵기 때문에 붙여진 이름이라 생각됩니다.

특히 자기 體溫 외에는 온기 한점 찾을수 없는 獨居는 그 추위가 더 합니다. 그럼에도 저는 지난가을 이래 독거하고 있습니다. 제가 구태여 독거를 마다하지 않는 것은 추위가 징역살이의 가장 큰 어려움이라고는 생각지 않기 때문입니다.

교도소의 겨울이 대단히 추운 것이긴 하지만 그대신 이곳에는 오래전부터 수많은 징역선배들이 수십번의 겨울을 치르면서 발전시켜 온 「忍冬의 지혜」가 마치 無醫村의 土方처럼 면면히 口傳되어오고 있습니다.

이 숱한 지혜들에 접할때마다 그 긴 困苦의 세월속에서 시린 몸으로 體得한 그 지혜들의 무게와, 그 무게가 상징하는 힘겨운 삶이 싱싱한 現在性을 띄고 우리의 삶속에 뛰어 듭니다.

겨울 추위는 이처럼 역경에서 발휘되는 강한 생명력을 확인하고 신뢰하게 합니다. 뿐만 아니라 겨울추위는 몸을 차게 하는대신 생각을 맑게 해 줍니다. 그래서 저는 언제나 여름보다 겨울을 選好합니다. 다른 계절동안 자잘한 감정에 부대끼거나 신변잡사에 얽매여 있던 생각들이 드높은 정신세계로 시원하게 정돈되고 高揚되는 것도 필경 겨울에 서슬져 있는 이 「추위」 때문이라 믿습니다.

추위는 흡사 「가난」처럼 불편할 따름입니다. 그리고 불편은 우리를 깨어 있게 합니다.

저는 한평 남짓한 독거실의 차거운 공간을 우리의 숱한 이웃과 역사의 哀歡으로 가득 채워 이 겨울을 통렬한 깨달음으로 자신을 달구고 싶습니다.

× ×

지리부도를 펴놓고 새로 이사한 대치동을 찾아보았습니다. 잠실에서 가까워 형수님의 잠실 출근(?) 길이 줄었다 싶습니다. 407호면 4층, 이촌동 집과는 달라 화분에 햇빛 가득 담기리라 생각됩니다. 형수님의 얼굴에도 햇빛 가득 담기길 바랍니다. 보내주신 돈 잘 받았습니다. 新年의 幸運을 祈願드립니다.

1月 10日   대전서 삼촌 드림

季 嫂님께.

지난번 접견 생각하면
화, 민, 두용이 곤하고 배고파하던 모습
눈에 선 합니다.
고단소와 작은아버지에 대한 實 컴이
너무 가혹했다 싶습니다.

소지품 챙기다가
아버님편지, 형수님편지, 계수님편지
다시 읽어 봅니다.
여러 사람들의 걱정과 수고에 의하여
나의 징역살이가 지탱되고 있음을 느낍니다.
징역을 나혼자 짐지고 있거니 하는 생각은
自 慢 입니다.

큰 추위 없이
벌써 立春입니다.
代價 치르지 않고 得物 한듯
공연히 미안한 마음입니다.
하기는
봄이 올때도 되었읍니다.

편지 받았읍니다.
家內에 새봄의 生氣를 祈願합니다.

丙寅 2月 5日 대전에서
　　　　　　작은 형 씀.

대전교도소 1986년

아버님 전상서

어제 이곳 전주교도소로 이송되었읍니다.

전주로 오는 호송차 속에서 지난 15년 간의 대전교도소 생활을 돌이켜보았읍니다. 대전교도소는 저의 30대와 40대의 前半을 묻은 곳이지만 한편 제게 귀중한 깨달음과 성장을 안겨준 곳이었읍니다.

이제 전주교도소에서의 생활이 시작됩니다. 미지정 혼거실에서 시작하는 전주의 생활은 흡사 10수년 전의 그 생경하던 때의 기억을 새롭게 해줍니다.

대전교도소에서의 15년의 삶이 제게 큼직한 성장을 안겨준 것처럼 지금부터 맞는 전주교도소의 생활도 제게 귀중한 성장의 터전을 마련해주리라 확신합니다.

아버님께서는 혹시 이송과 갑작스런 생활의 변화가 제게 많은 어려움을 주는것이 아닌가 걱정하시지 않으시길 바랍니다.

몇년 동안의 징역살이쯤 별로 대수롭게 여기지 않는 굵직한 심정이 지난 10수년간 키워온 우리들의 능력의 하나입니다. 어머님 근심 않으시도록 자세한 설명 바랍니다.

대전을 떠나올때 낡고 묵은 모든 소지품을 정리하고 왔읍니다. 가뿐하고 신선한 느낌으로 시작합니다.

써 오던 칫솔에 비하여 빳빳한 새 칫솔은 잇몸을 아프게도 하지만 잇빨을 훨씬 깨끗이 해줍니다.

2월 20일 전주에서
명복 올림

아버님 前上書

5日字 下書와 돈 잘 받았읍니다.
스포츠 동아 계속 送付 되고 있읍니다.

어머님을 비롯하여 家內 두루 平安하시리라 믿습니다.
형님 다녀가신 편에 들으셨으리라 생각됩니다만
비록 새로운 환경이긴 합니다마는 어려운 일 없이 생활하고 있읍니다.

낯선 환경을 배우고 새로운 사람들을 만나는 일은
자신이 성장할수 있는 계기를 제공해 주는 것이란 점에서
사소한 생활의 불편 그 자체까지 포함해서 하나의 기쁨입니다.

익숙한 환경과 친분있는 사람들의 양해 속에서는
미처 발견되지 못하던 자신의 作風上의 결함이
흡사 白紙 위의 墨痕 처럼 선연히 드러납니다.

저는 이러한 發見이 지금껏 무의식 중에 굳어져온
옹색한 습관의 甲殼을 깨뜨리고 以前 보다 좀더 너른
터전 위에 저의 姿勢를 다시 세울수 있기를 바랍니다.

아버님의 下書에는 언제나 저의 無養를 無言으로
꾸짖으시는 아버님의 한결 같으신 硏學의 精進이 저를
부끄럽게 합니다.
늦게 하신 것 그 部 보내주시기 바랍니다.

지난번 형님 다녀가시면서 차입해 주신 푸짐한 접견물은
마침 함께 이동와서 서먹해 하던 많은 사람들을 흐뭇하게
해 주었읍니다.
아버님께서는 이곳 까지 먼 걸음하시지 마시고 날씨 훨씬
풀린 다음 가족 좌담회때쯤 충분한 시간을 갖고 뵙는 편이
좋겠다 생각됩니다.

　　　　3月　10日　　전주에서　영복 올림.

형수님께.

15년동안 계속 대전에 남아서 사람들을 보내기만 하다가 막상 나 자신이 당사자가 되어 떠나 올때는 예상했던 것보다 더 많은 것을 느낄수 있었읍니다.
대전교도소는 나의 30代의 10년간과 40代의 前半 5년간을 보낸 곳이었읍니다.
대전의 15년동안 내가 얻은것과 잃은 것은 무엇이었던가. 호송차 뒤에 실어 놓은 나의 징역보따리외에 내가 간직해가는 가장 가슴 뿌듯한 「成長은 무엇인가. 잊을수 없는 숱한 기억속에서 가장 강렬한 것은 역시 「사람들」에 대한 것이었음. 떠남의 실까지 나의 이송 보따리 짊어지고 따라와 작별을 서운해하던 친구들, 그리고 그들로서 대표되고 그들과 꼭 닮은 사람들, 사람들……
그것은 15년의 황량한 세월을 가득히 채우고도 넘칠 정도의 부피와 뜨거움을 갖는 것이었읍니다. 그들 한사람 한사람은 징역살이가 아니었더라면 결코 내가 만날수 없었던 사람들이었으며 또 징역살이가 아니었더라면 결코 내가 얻을수 없었던 나자신의 「변혁」, 그 實体이었 읍니다. 대전-전주 間의 1시간 20분은 이러한 변혁을 자각하고, 완성하고, 그리고 그것을 내속에 확보하는 密度 높은 시간이었읍니다.

나는 수많은 친구들의 삶과 고뇌를 내속 깊숙이 肉化시켜 이제는 그것을 나자신의 일부로서 편애되도록 노력해갈 생각입니다.
그것은 낯설고 어려운 처소에서마다 나를 강하게 지탱해주는 긍지이며, 이윽고 나를 드넓은 大海로 인도해주는 거대한 물길이라 확신합니다.

× ×

전주 교도소에는 기상 나팔대신 종을 울립니다.
국민학교 시절의 종소리보다 약간 낮고 쉰듯한 음색입니다. 나팔소리에 비하면 한결 편안한 것입니다만 그것이 우리들에게 요구하는 바는 다름이 없읍니다.

全北-圓에는 名山 과 古刹 등 各所가 많기로 유명합니다.
內藏山, 智異山, 德裕山, 大屯山, 馬耳山, 廣寒樓…….
그러나 自然으로 부터 완벽히 격리되어 人工中의 人工인 法의 복판에 유폐되어 있는 우리들에게 가까운 곳에 名勝地를 두고 있다는 사실이 별다른 친근감을 주지 못합니다. 그러나 가장 반가운 것은, 居室 창앞에서면 동북쪽으로 녹두장군의 農民軍이 全州城을 공략할때 넘었던 「完山七峰」이 한눈에 들어온다는 사실입니다.
지축을 울리던 농민군의 발짝소리가 지금은 땅속에서 숯이 되어 익고 있을 완산칠봉 일곱 봉우리를, 그도 獄憽을 隔하여 마주하는 감회는 실로 非凡한 것이 아닐수 없읍니다.

낮은 종소리로 잠깨어 완산 칠봉 일곱 봉우리를 둘러켜 보며, 새로운 사람들의 삶을 만나며 시작하는 전주징역은, 아직은 기약 없지만, 백제 땅의 그 여기찬 丁 맛만큼 내게도 큼직한 覺醒을 안겨주리라 기대됩니다.

× ×

보내주신 돈과 편지 잘 받았읍니다. 뒤늦은 시집살이(?) 건투를 빕니다.
아버님께서 보내주신 책 두권 과 답도 잘받았읍니다. 아버님께 따로 답장 드리지 않았읍니다.

3. 24. 전주에서 작은 熊 씀

아버님 前上書.

6月 3日付 下書와 책 잘 받았습니다.
아버님 어머님께서 無故하시다는 書翰은 安堵와
기쁨임에 틀림없습니다마는 그도 잠시간일뿐, 病席에 계신
어머님 患候가 근심되고 家內外 大小事로 閑暇없으실
아버님의 氣體候가 염려되어 늘 개운치않는 걱정입니다.

이곳의 저희들은 하루하루 別故없이 지내고 있습니다.
6月이라 지만 아직은 더위보다 初夏의 싱그러움을 먼저
느끼게하는 철일뿐 아니라, 특히 이곳은 山이 가깝고
옥담밖으로 나무가 둘러 있어 새벽부터 멀리 가까이서
지저귀는 새소리가 피곤한 저희들의 아침에 듬뿍 生氣를
불어 넣어줍니다.
참새와 까치는 물론 뻐꾸기, 꾀꼬리, 할미새, 머슴새····
이른새벽 새들의 합창은 과연 교도소 最高의 「文化」입니다.

보내주신 東學紀行은 매우 반가운 책입니다.
全州는 동학혁명의 激戰地 였기때문에, 변함없는 山野는
물론이려니와 심지어 한그루 묵은 나무에게까지도 묵직한 丁史의
痕迹을 담고 있는듯 합니다.
저희들의 居室에서도 全州城 攻防의 據點이던 完山七峰과
당시 동학농민軍의 進擊路이던 용머리고개가 한눈에 바라보입니다.
저는 비록 그 戰場의 一隅에 갇혀 90년前 甲午年의 現場을
몸소 밟아 보지는 못하지만, 동학기행을 펼쳐 들고, 「東學年」의 喊聲과
悲嘆을 누구보다도 뜨거운 가슴으로 파헤쳐내려는 한 作家의 良心과
발걸음 따라가면 제게도 한동안의 「불타는 時間」을 안겨주리라 믿습니다.
그리고 歲月이 흘러 無心해진 저희들로 하여금 새벽 새떼들의
合唱속에서 甲午年 녹두놈의 그 파랑새 목소리를 깨닫게 해주리라
믿습니다.
　　　　×　　　　×

家族座談會는 어느달에 있을지 아직 定해지지 않았습니다.
지난번 형님께 말씀 드렸습니다마는 다음 接見때는 영치된 책과
영치품을 차입해 가도록 일러주시기 바랍니다.
아버님 어머님을 비롯하여 家內의 平安을 빌며 却筆 합니다.

　　　　6月 10日 전주에서 영복 올림.

종백 님께.

계수님의 편지 餘白에는 썼다가 부치지 않은 계수님의 「하소연」도 읽을수 있었읍니다. 그러나 나는 계수님의 그 하소연이 조금도 염려되지 않습니다. 오히려 담담한 여유마저 느끼게 합니다.
왜냐하면 계수님의 짤막한 편지를 차근히 읽어보면 그 속에는 深夜의 헝클어진 感情이 배어 있는가 하면, 바로 그옆에 그것을 절제하며 "추스려내는" 아침의 밝은 理性이 나란히 빛나고 있기 때문입니다. 뿐만아니라 내게는 계수님에 대한 두가지 점의 확실한 신뢰가 있기때문에 더욱 그렇습니다.
그 하나는, 계수님에게서 느껴지는 素朴하고 자연스러운 분위기 입니다.
그것은 전혀 과장을 하지않는, 계수님 나이에는 결코 쉽지않은 결단에서 오는것이기도하며 생활 전반에 걸쳐서 좀처럼 꾸밈새를 보이지않는 言行動靜에서 오는 것으로서 이는 계수님과 나사이에 있는 동생의 媒介를 거치지 않더라도 충분히 건너오는 그런 眞實感을 느끼게 하는 것입니다.
또한가지는, 흔히 자녀들에 대한 過剩保護로 말미암아 아이들의 心性을 크게 위축시키고 있는 世態와는 한점 상관도 없이 계수님은 그 흔한 욕심과 부모들의 허영을 시원하게 결별하고 和、珉、斗音이의 어린세계를 일찌감치 활짝 열어놓은 勇斷과 自信을 보여주고 있는데 계수님의 그러한 一面은 確信과 哲學을 가진 한 「母性」을 느끼게 합니다.
계수님한테서 느껴지는 이 "철학에 의하여 지탱된 소박함"은 비록 지극히 짧은 相面에서 확인된 것이기는 하나 그 바닥에 그만한 蘊蓄이 없고서는 쉽게 드러나지않는 그런것이라 생각됩니다.
그렇기 때문에 나는 계수님의 써보내지 않은 하소연이 조금도 염려되지 않습니다.
오늘은 다만 내가 읽은 어느 시나리오의 대사 한귀절을 소개하는 것으로 그치려합니다.
이 句節은 한 女人이 그사람을 자기의 伴侶者로 決心하게 된 理由를 나타내고 있읍니다. "Because I rearly conceived that I could be a better person with him." 그 女人은 "그이와 함께라면 보다 훌륭한 사람이 될수 있을것 같기때문에" 그와 一生을 함께 하기로 결심하는것입니다.
이러한 태도는 우리時代의 수많은 偶像을 깨트리고 人間의 眞實을 꿰뚫어보는 뛰어난 洞察이며 良心 이라 느껴집니다.
이 귀절은 물론 그이를 통하여 자기가 보다 훌륭한 사람으로 발돋움하고자하는 자신의 成長意志를 뜻하는 것입니다만 視點을 바꾸어 본다면 반대로 그이가 자기로 인하여 보다 훌륭한 사람으로 성장할수 있다는 보다 넓은 含意로 이해되어야 할것입니다.
善의 本質은 共同善이기때문에도 그렇습니다.
나는 계수님이 넓은 뜻으로 이 귀절을 읽어주리라 믿습니다. 그리고 속상하는 일을 당해서도 이를 自己成長의 계기로 삼아 자신의 力量을 자연스럽게 넓혀나가기 위하여 부단히 노력하리라 믿습니다.
엽서가 작아 오늘은 더쓰지못합니다만 설령 무한히 큰 엽서가 주어진다 하더라도 내가 쓸수 있는 말이 없기는 마찬가지입니다. 언젠가 어린이 놀이터 같은 부담없는 자리가 마련되면 그때에는 계수님의 하소연도 듣고 나도 지금은 하지못하고 있는 솔한 이야기를 나눌수 있으리라 믿습니다.

✕   ✕

보내주신 돈 잘받았읍니다. 지난번 가족접견 했을때 집안소식 잘들었읍니다.
엄마들을 비롯하여 家內의 平安을 빕니다. 그리고 계수님의 여유있는 健鬪를 빕니다.

7月 2日   전주서 작은형 씀.

묘 嫂님 전상서

이곳 전주교도소의 북쪽으로는 甲午年의 激戰地였던 完山七峰이 있고 南쪽으로는 民族信仰의 모람이라 할수있는 母岳山이 있읍니다.

모악산은 해발 794m의 그리 높은 산은 아니지만 팔을 벌인듯 東西로 뻗은 긴 능선은 完州郡과 金堤郡을 갈라놓고 있읍니다.

모악산에는 어머니의 가슴에 머리박고 젖먹는 形相의 「엄바위」가 있어 이산을 「엄뫼」라 부르기도 하는데 이 엄바위에서 흘러내린 물이 젖줄이 되어 金堤萬頃 넓은 벌을 적셔준다고 합니다. 이름 그대로 母岳이며 엄뫼입니다.

이산은 彌勒信仰의 宗祖인 眞表律師가 入山하고 入寂한 곳이기도 하며, 東学農民戰爭의 패배로 무참하게 좌절된 농민들의 황폐한 精神에 「後天開闢」의 思想을 심어준 甑山敎의 本山이기도 합니다. 山의 크기에 비해 넘치는 丁巫性을 안고 있읍니다.

金山寺를 비롯해서 크고작은 암자, 가마솥위에 세운 미륵像, 20餘의 증산敎堂, 이 모든 것들이 한결같이 산너머 김제쪽기슭에 자리잡고 있는데, 이는 물론 그쪽이 山南의 向陽處이기도 하지만, 아마도 김제平野 所産의 농산물 剩余에 그 物質的 토대를 두고 있기 때문이라고 생각됩니다.

미륵의 現身은 물론이고, 天氣와 秘記, 淨土와 龍華와 개벽의 사상은 넓은 大地에 허리구부리고 힘겹게 살아가는 농민들의 叡智의 創造物이면서 동시에 그들위에 君臨해온 上典이었다고 생각됩니다.

지금은 母岳山 山頂에는 통신중계소의 尖塔이 무엄하게(?) 하늘을 찌르고 있어 그것을 바라보는 우리들로 하여금 엄바위의 젖줄을 근심하게 하고 노인과 아녀자들만이 남아서 지키는 農事를 걱정하게 합니다.

×　　　×

하루 이틀 걸러 어김없이 볕이 드는 장마이기 때문에 운동시간도 덜 잃고, 젖은 빨래 간수하는 수고도 별로 없는 셈입니다. 오히려 물머금은 山林에 빛나는 陽光은 우리의 정신을 精悍하게 벼르어 줍니다.

지난번 가족좌담회 이후 형수님대신 제가 여러사람들로 부터 인사받고 있읍니다.

우용이 주용이 學課의 짐 시원하게 벗어놓을 放学 함께 기뻐합니다. 아버님 下書와 아버님편에 보내주신 책 잘받았읍니다. 잠실에 따로 편지 드리지 않았읍니다. 형수님의 건강을 빕니다.

7. 12. 　　전주에서　삼촌 드림.

季 嫂님 前

가운데 씨가 박혀서
좀처럼 쪼개질것 같지않는 복숭아도
열 손가락 잘 정돈해서 갈라 쥐고
斷乎하게 힘을 주면
짝 하고 정확히 절반으로 쪼개지면서
가슴을 내보입니다.
" 하 - 트 "
복판에 桃仁을 안은
"사랑의 마크"가 선명합니다.
― 사랑은 나누는 것 ―
복숭아를 나누고, 부채 바람을 나누고, 接見物을 나누고,
고통을 나누고 기쁨을 나누고 ‥‥。

26日字 편지와 돈 잘 받았읍니다.
복숭아 사서 나누어 먹겠읍니다.

放學맞은 꼬마들의 解放感은 단 한줄의 글로서도
한세대를 隔한 우리들의 마음을 설레이게 하고도 남습니다.
화용이, 민용이 방학 축하합니다.
李 嫂님의 健鬪를 빕니다.

※ 나의 囚番은 2192 번입니다.

       8. 1. 전주에서 작은형 씀.

못 뱃 님 전상서

교도소 뒷산의 共同墓地도 예외는 아니어서 쾌청했던 秋夕 양일간에는 省墓人들의 발길이 끊이지 않았읍니다. 명절 밤으로 곱게 차려입은 꼬마들이 한몫 톡톡히 거드는 성묘풍경은 일년내내 그렇게도 적막하던 이 산기슭을 환하게 꽃피워 놓읍니다. 창가에 붙어서서 바라보고 있는 우리들의 마음까지 마치 절권이나 맞은듯 흐뭇하게 해줍니다.

성묘는 대부분이 家族单位를 기본으로 하고 거기서 몇사람을 더하고 덜하는 5,6명 규모였지만 개중에는 단 한사람이 찾아오는 묘가 있는가 하면 10여명이 넘는 子孫들이 길게 늘어서서 절하는 묘도 있읍니다. 성묘방식도 가지각색이어서 분산하게 떼로 몰려 와서는 절만 두번하고는 휙 지나가는 자손들이 있는가 하면 아이들과 더불어 墓 위에서 한나절 놀다가는 가족들도 있으며 老人 내외가 와서는 풀을 뽑거나 돌멩이를 주워 내거나 하며 좀체로 묘결을 떠나지 못해 하는 사정도 목격하기도 하고, 젊은 여자가 혼자 찾아와서 무덤보다 더 외로운 모습으로 앉았기도 합니다.

절만하고 얼른 떠나는 자손들을 보면 아무상관 없는 철창가의 우리들이 괜히 섭섭해하거나 괘씸해하기도 하고 반대로 자손들이 정성을 쏟는 무덤에서는 亡人이 쌓은 生前의 德業을 보는 느낌이며, 젊은 여자가 혼자 와서 아파하는 무덤에서는 아직도 끝나지 않은 죽음을 생각케 합니다.

어쨌든 추석명절에 성묘객들로 生氣를 되찾는 묘지의 풍경은, 그 무덤 하나하나가 저승의 것이기보다는 도리어 이승의 살아있는 사람들과 끈끈히 맺어져 있는 질긴 인연을 실감케 해줍니다. 封 墳도 작고 초라하던 무덤도 그 앞에 酒果를 펴고 절하는 자손들을 보면 그 자손들속에 전승되고 있는 亡人의 생애가 보이는듯 합니다.

요컨대 죽음과 삶에 대한 이른바 소박한 達觀을 안겨주기도 합니다.

이번 추석에 창가의 우리들을 가장 서운하게 한 이야기를 소개하지 않을수 없읍니다. 그것은 교도소 동편 밭머리에 탄생(?)된지 얼마 안되는 무덤에 관한 이야기인데 사연인즉 이 무덤에는 아기 둘을 데린 젊은 여자가 근 1년 가까이 한달에도 몇번씩 찾아와서 몇시간씩 앉았다가곤 했다는데 금년들어 차츰 발걸이 뜸해지더니 결국 이번 추석에 성묘를 오지않고 말았다는 것입니다. 모두들 改嫁한 것이 틀림없다고, 또 개가한 것이 잘한 일이라고 하면서도 속으로는 거의가 몹시 서운해하는 눈치들입니다. 특히 바깥에 젊은 처자식을 둔 사람일수록 서운함을 금치 못하는 것 같읍니다.

"죽은 사람은 죽은 사람이고 산사람은 산사람이지..." " 시대가 어느 시댄디 改嫁 백번 잘한 일이여" 그러나, 속마음은 모두들 서운해하는 것도 사실이고, 밭머리의 무덤이 더욱 쓸쓸해 보이는 것도 사실입니다.

지금은 추석 지난지도 오래여서 묘들을 찾는 사람이 전혀 없기때문에 성묘를 받는 묘나 받지 못하는 묘나 쓸쓸하기는 매 일반입니다.

×　　　×

13日付 아버님 下書와 아버님편에 우송해주신 책 잘받았읍니다.
晩秋, 귀뚜라미도 가고난 지금은 겨울이 가까워서 가을을 가을만으로 느끼게 되지 않습니다만, 책 읽기도 좋고, 잠자기도 좋고, 일하기도 운동하기도 빨래하기도 아직은 좋은 때 입니다.
우용이, 주용이, 그리고 특히 형수 님의 건강을 빕니다.

10. 16.　　　전주에서　　삼촌 드림.

형수님께.

私服 잘 차려입은 사람들을 보면 우리들 중의 대부분은 자기가 입고 있는 囚衣를 먼저 의식합니다. 그러나, 우리들이 그 옷을 부러워하고 자신의 수의를 마냥 恨하고 있으리라고 짐작하는 것은 너무 感傷的인 생각입니다. 부러운 마음, 한스러운 마음이 없지는 않지만 그것은 처음 잠시 동안의 심사일 뿐 그 마음 한구석에서는 우리들만이 아는 엉뚱한 謀議가 시작되고 있습니다. 그것은 그 사람을 私服 대신 靑衣削髮로 바꾸어 놓는 상상의 놀이(?)를 즐기는 것입니다. 특히 미운 사람일수록 열이면 열 모두가 이러한 놀이의 대상을 면치 못합니다. 단지 옷만 바꿔 입혀보는 데에 그치지 않고 그 사람을 징역 속의 이러저러한 자리에 세워놓고 그때 그때의 반응과 소행을 예상해 보기도 합니다. "빠다 고추장 안나눠 먹게 생겼다", "아는 척 되게 하겠다", "물많이 쓰고 잠자리 투정깨나 하겠다", "콩지름 잘 바르게 생겼다"…… 거의가 결함을 들추어 험잡는 이야기 일변도인데 그도 그럴 것이 막상 수의를 입히고 나면 결함이 그렇게도 잘 또일수가 없읍니다.
어쨌든 이러한 놀이는 그 자체가 하나의 악취미이며 否定的인 시선에서 나온 것임에 틀림없읍니다. 그러나 그것은 단순한 불만이나 적의에 연유한다기보다, "옷의 허위"에 대한 신랄한 비판을 담고 있는 것이라 생각됩니다. 사복이 그 사람의 결함을 덮어 주는 것임에 반하여 수의는 그 결함을 드러낼 뿐 아니라 그 사람 자체를 결정하고 犯罪化해 버리는 기능을 합니다. 따라서 우리의 놀이는 수의가 지닌 이러한 逆機能에 대한 강한 반발을 그 바닥에 깔고 있다고 할 수 있읍니다.
같은 囚衣를 입고 있는 우리들끼리도 처음 대할 때는 영락없이 "범죄꾼"의 첫인상을 받습니다. 그러다가 같은 취업장이나 같은 방에서 함께 생활하는 동안 그 사람의 처지와 사정을 이해하고 나면 그에게서 느끼던 첫인상이 얼마나 잘못된 것이었던가를 뉘우치게 됩니다. 청의삭발이 얼마나 험악한 인상을 만들어 내는가를 절감케 합니다. 이처럼 의상과 사람의 乖離를 수없이 경험하면서도 우리들 자신이 아직도 의상의 虛構로부터 자유로울 수 없다는 점만 보더라도 그것이 얼마나 강고한 철갑 뇌피인가를 깨닫게 합니다.
사복을 수의로 바꿔 입혀 보는 우리들의 놀이는 이러한 의상의 허구를 폭로하고 뇌피에 싸여 보여지지 않는 그 "사람"을 드러내려는 우리들의 目擊(?)의 노력이기도 할 것입니다. 그것이 일종의 정신적 가학 취미이고 否定의 시선임을 면치 못한다 하더라도 사람을 卽物的 대상으로 보지 않고 각종의 처지, 각이한 時候, 다양한 所任에 세워 보게 함으로써 인간을 보는 눈을 넓고 깊게 해주는 것임에 틀림없읍니다.

우리는 사복을 수의로 바꿔 입히는 놀이에 반하여 다소 드물기는 하지만, 가끔 수의를 사복으로 입혀보는 상상도 합니다. 청의삭발 대신 그럴듯한 사복을 입혀 사회의 여러 자리에 세우고 앉혀 보는 상상을 합니다. 그러나 이상한 일입니다. 이번에는 사복이 결함을 덮어 주기보다는 그것을 더 생생하게 들추어 냅니다. "고생을 해봐서", "없이 사는 사람 사정을 잘 알아서", "산전수전 세상물정에 밝아서" … 등등의 최소한의 긍정적인 면모가 부각되기는커녕 각종의 결함이 투성이로 들추어집니다. "먹물이 없어서", "술버릇 때문에", "욕심이 족제비라", "매너가 후져서", "끈기 없어서", "앞뒤 생각없이 덤벼서" … 수많은 결함들이 사복으로 말미암아 더욱 선명하게 폭로되는 것을 느낍니다. 사람을 알아 버린 후의 옷이란 결국 이런 부수적인 역할밖에 못하는가 봅니다. 그러나 이 경우에 들추어지는 결함은 수의가 인상 지우는 것과는 매우 다른 것임을 느낍니다. 결함은 분명 결함이되 시비 손끝을 거부하지 않는 것으로서의 결함이며 극복 대상으로서의 결함이어서 흡사 스승의 질책처럼 훈훈한 여운을 동반하는 것이라 느껴집니다.

×   ×

재정이 결혼 축하합니다. 隔世하여 집안 大小事에 자리 지키지 못해 왔기 때문에 處世해서도 설자리 마련이 어려울 것 같습니다. 그마들의 건강과 家內의 平穩을 빕니다. 보내주신 편지 와 돈 잘 받았읍니다.
이 비 뒤 끝에 이어 쌀쌀한 날씨가 예상됩니다만 대전보다 남쪽이고 보면 대충 2,3백리쯤 덜 추우리라 생각됩니다.

10. 21.   전주에서   작은형 씀.

계수님께

12월 중순 날씨치고는 왠 덤인가 의심스러울 정도로 계속 포근한 날씨입니다. 성질 괴팍한 사람의 친절처럼 언제 본색이 드러날지 저으기 불안합니다만 추울때 춥더라도 우선은 징역살기에 쉽고 편리한 일이 한둘이 아닙니다.

나는 전주에 온후 서화반에서 줄곧 舍房생활을 해오다가 지난달 중순부터는 소속공장인 제6공장에 출역하고 있읍니다.
오랫만에 다시 해보는 공장생활입니다. 사람도 새롭고, 일도 새롭고, 한마디로 生活空間이 넓어지고 활발해진 셈입니다.

우리 공장은 오버로크, 인터로크, 2本針, 단추구멍 뚫는 미싱, 단추다는 미싱등 특수미싱을 비롯해서 모두 44대의 高速미싱이 설치된 100여평, 110여명의 縫裁工場입니다. 社会에서 주문받은 단체복이나 保稅加工品등을 만들기도 하고 전국교도소의 男女재소자 및 감호자의 피복을 만들기도 합니다.
2列로 길게 늘어선 미싱에는 각각 모터가 부착되어 있어서 페달을 밟으면 무슨 飛行音같은 소리를 냅니다.
요즈음은 재소자 피복일이 밀려서 저녁 9시까지 殘業입니다.
미싱소리, 바쁜 일손, 쌓인 일감들로 해서 공장분위기가 매우 분주합니다.
나도 출역하자 2,3일 손풀고는 곧 일 거들고 있는데 소위 "땜통미싱사"입니다.
땜통미싱사란 미싱사를 交代해주고 환자가 생기거나 종교집회 참석등으로 미싱사가 비게되면 그 빈자리를 때우는 "스페어 미싱사"입니다.
그러나, 40명이 넘는 잔업만은 거르는 일없이 단골로 남아 오랜 작업에 지친 미싱사를 대신하고 있읍니다. 그러나 그런 숙련미싱사가 못되는데다 땜통미싱사는 이미싱 저미싱을 바꿔가며 타기때문에 미싱의 쿠세(癖)에도 익숙치 못하고 또 그때마다 다른 裁縫線을 박기때문에 흐름작업의 속도를 겨우 따라가는 형편입니다.

두줄로 길게 늘어선 미싱대의 한자리를 차고 앉아서 정신없이 미싱을 밟다보면 마치 평화시장의 피복공장에 앉아 있는듯한 連帶感이 가슴 뿌듯하게 합니다.
작업이 종료되면 殘業食으로 나오는 뜨끈한 수제비 한그릇씩 받아서 시장골목 좌판같은 긴 식대(食台)에 삼삼오오 모여 앉아 먹는 풍경과 수제비 맛은 하루의 노동을 끝낸 해방감을 한껏 增幅해 줍니다.

연일 계속되는 잔업으로 피곤도 하고 시간도 없어 볼책이 많이 밀려 있읍니다만 저로서는 책속에는 없는, 이를테면 세상의 뼈대를 점해 보는 경험을 하는 느낌입니다.

이제 얼마 남지않은 작업이 끝날 무렵이면 다사했던 丙寅년도 저물게 됩니다.
때마다 歲暮가 되면 10수년동안 변함없이 보살펴주신 여러사람들의 수고와 옥바라지를 돌이켜 보게됩니다. 그리고 이러한 수고에 갚음하기 위하여 어디에 자신을 세워야할 것인가를 自問하게 됩니다. 세모는 좀더 깊은 고민을 요구하는 제5의 종쯤인지도 모릅니다.

한해 동안의 계수님의 옥바라지에 감사 드립니다
화용, 민용, 두용 꼬마들을 비롯하여 家内의 平安을 빕니다.

12. 17. 전주에서 작은형 씀.

화용, 민용, 두용에게

새해는 토끼해다.
토끼해가 되니 토끼이야기가 생각난다.
너희들도 토끼와 거북이 이야기를
알고 있겠지.

옛날에
토끼와 거북이가 경주를 했단다.
걸음이 빠른 토끼가 느림보 거북이를
훨씬 앞섰지.
그런데 토끼는 거북이를 얕보고는
도중에서 풀밭에 누워 잠을 잤다.
그러다가 그만 거북이한테
지고말았다.

거북이를 얕보고 잠을 잔 토끼도 나쁘지만
그러나 잠든 토끼 앞을 살그머니 지나가서
1등을 한 거북이도 나쁘다.

화용이와 민용이와 두용이는
공부잘한다고 게으름을 피우는 토끼같은 사람이 되어서는
안된다.
공부 못하는 친구를 얕보는 토끼같은 사람이 되어서는
안된다.
친구를 따돌리고 몰래 혼자만 1등을 하는
거북이 같은 사람이 되어서도 안된다.

잠든 토끼를 깨워서 함께 가는
거북이가 되자, 그런 멋진 친구가 되자.

새해는 토끼해
토끼야 일어나라!
토끼를 깨워서 함께가는
멋진 사람이 되자.

86. 12. 30 삼촌으로부터.

※ 꼬마들에게 축하장을 보냅니다.
  보내주신 돈 잘받았읍니다.
  계수님의 건투를 빕니다.

토끼야 일어나!

아버님 前上書

16日付 下書와 돈, 그리고 27日付 下書와 책 모두 잘 받았읍니다.
아버님께서 脫稿하셨다니 무엇보다 慶事스럽게 생각됩니다.
原稿의 마지막장에 大尾를 적고 붓을 놓으실때의 그
홀가분함이 흡사 제것인양 흐뭇하게 전해져 옵니다.

수백년에 걸친 時代와 社會를 穿鑿하시고 수십명 人物들의
生涯와 思想을 照明해오신 아버님의 勞苦가 이제 한권의
單行本으로 곱게 엮겨 出刊되기를 기대하겠읍니다.

오늘은 旧正입니다.
달력은 29日 밑에다 「민속의 날」이라 적어 놓아서
설이란 이름에 담기어 오던 민중적 情緖와 열이 빠져버리고
어딘가 剝製가 된듯 메마른 느낌을 금치 못하게 합니다.
어쨌든 오늘은 特食으로나마 보리쌀이 섞이지 않은 가다(?)밥에다
우내장국으로 아침을 먹었을 뿐아니라, 있는사람은 있는대로, 없는사람은
없는대로 얼마큼씩 추렴들을해서 購買한 빵, 사과, 과과 등들
나누어 먹기도 하고, 나누어 받은 것들을 걸어놓고 바둑 돌 윷놀이를 벌여 저마다
獄悲(?)를 달래기도 합니다.
창밖으로 보이는 鶴山기슭에는 아침나절 설빔차려입은 省墓客들이
일년내내 적막하던 墓地를 환히 밝혀놓아 오늘이 설날임을
알려주고 있읍니다.

지난 歲暮에는 和, 珉, 斗庸이 앞으로 엽서에 토끼를 그려보냈읍니다만
계수님 편지로 미루어보아 아마 못받은듯 합니다. 서운한 일입니다.
생각해 보면 엽서한장이 서울집까지 가는데 거쳐야할 관문이 많기도 합니다.

금년겨울은 意外의 暖冬이어서
이대로 봄을 맞이해도 괜찮을지 빚진 마음입니다.
곧이어 立春 그리고 雨水.
다가오는 봄과 더불어 아버님 어머님의 回春을 빕니다.

　　　　　　　1. 29.　전주에서 영복 올림.

兄 嫂님 前上書

가족 좌담회 이달에 넣어 달라고 부탁드렸읍니다.
이달 하순께 날자 정해서 고무과의 별도 통고가 있겠읍니다만
바쁘신 형님 두번 걸음 하실가봐 미리 말씀 드립니다.

바람도 봄, 햇볕도 봄.
봄이 가장 더딘 교도소에도 봄기운 완연합니다.
털 쉐타 벗어서 세탁하는 사람이 많읍니다. 저는 어느 편이냐 하면
계속 껴입고 있는 쪽입니다. 겨울은 순순이 물러가는 법이 없이 한두번은
반드시 되돌아 와서는 해코지 하고야 말기 때문 입니다.

이달 중으로 서화반 거실작업이 허가됩니다.
금년 가을까지 거실에서 생활하게 됩니다.
그동안의 공장생활은, 3개월여의 짧은 기간이었읍니다만, 그것은
제게 부닥쳐온 많은 동료들의 體溫이 저의 가슴을 생생하게 살려놓은
뿌듯한 것이 있읍니다.

"이 석두야. 보겠또 구지 (pocket + 口)가 5인치 반이문
손이 들어가겠어? 이사람 고시(腰)가 42 라구!"
"형님도 참말로 모르는고만. 일 않고 노는사람 손 크간디요?
덩치만 오살나게 커 갖고 손 X만한 사람 들매도 있다구요"

명욱이 누이동생한테서 온 편지 한구절.
"--- 오빠 미안하다는 말밖에 할말이 없어. 엄마한테는 돈 2만원
받았다고 답장해줘. 꼭 부탁이야, 다음에 꼭 갚아 주께. 미안해----"

"목공장에서 고양이 잡아 묵었대, 징그런 놈들, 세면대야에다 볶았는데
양도 솔찮고, 맛도 괜찮은개비여"

"삼일이 손가락에 지남철붙는것보고 요술인줄 알았지. 철공장 댕길때
파편 박혀 있는줄 모르고"

점검!. 3조가위 가져간 사람! 私藥 신청! 배식준비!
보안계장 순시 난롯가 신발임자! 운동준비! 불교성가대 교회!

오늘 하루동안 만도 숱한 사람들의 별의 별 목소리와 갖가지 일들로
공장을 가득 채우고도 남습니다.
「사람과의 관계」, 「사람들과의 사업」이야말로 자기자신을 가다듬을수 있는
최고의 敎室이라 생각됩니다.

母岳山의 殘雪도 비에 녹아 사라지고, 이제 그 넉넉한 품을 벌여
다가오는 봄을 맞으려하고 있읍니다.
형수님의 건강과 家內의 春風和氣를 빕니다.

             2, 11. 전주에서 삼촌 드림

어머님 前上書

"혹시 이번에는…" 하고 기대하시다가
어머님 낙심하시지나 않으셨는지 걱정됩니다.
진작 편지 올리려다가 편지 받아드시고 도리어
상심하실까 염려되어 느지막이 필을 들었습니다.
너무 傷心 마시고 항상 心氣를 넉넉히 하시기
바랍니다. 20년이 결코 짧은 세월이 아닙니다.
어차피 바람만 불면 나가게 됩니다.
휠체어에 어머님 모시고 석촌 호숫가로
봄나들이 갈 날도 머지 않았습니다.

이곳의 저희들도 日月에 개의치 않고
여전히 마음 편하고 몸 건강하게 지내고 있습니다.
키 168Cm 몸무게 70Kg 가슴둘레 98Cm 허리 80Cm
혈압 80-120. 몸이 좀 불었을 뿐 건강합니다.
겨우내 공장출역하는 동안 세면 세탁 사정이
여의치 않아 아예 땀나는 운동을 삼갔더니 체중이
3Kg 정도 늘었습니다.
지난달 하순부터 거실작업이 허가되어 운동시간도 늘고
물사정도 좋아져서 지금은 매일 흠뻑 땀 젖도록 운동
하고 있습니다. 올 여름까지 65Kg을 목표로 하고 있습니다.

달력은 진작부터 봄인데 올봄은 별이 안납니다.
오늘도 운동시간에 담요 털어야지 하고 아침 기상시간에
침구 쌀 때 따로 빼놓았었는데 잔뜩 흐리더니
기어이 빗방울 듣고 말았습니다.
교도소 봄은 더디기로 으뜸입니다만 그렇다고
節序까지야 속일 수 없는 법, 이곳 옥뜰에도
이제 곧 개나리도 피고 진달래도 피어날 것입니다.

계수씨 소식 잘 듣고 있습니다. 제게 답장 쓸 필요
없다고 전해주시기 바랍니다.
아버님 어머님의 편안을 빌며 이만 각필합니다.
3. 21.   영 복 올림.

족 형님께

「바깥은 저러큼 몽땅 봄인디 이 안에는 언태 겨울이 당게요.」
「봄이 아작 담을 못 넘었나벼.」 창가에서 나누는 우리들의 대화 한토막 입니다.
겨울은 그래도 쉽게 독담을 넘어 들더니 봄은 더디기만 합니다.

작년가을 특별구매 때 사서 걸어두었던 마늘을 벗기다가 느낀 일입니다. 마늘 한통 여섯쪽의 겨울을 넘긴 모습이 가지가지 입니다. 썩어 문드러져 냄새 나는 놈, 저 하나만 썩는게 아니라 옆의 쪽까지 썩게 하는 놈이 있으며, 새들새들 시들었지만 썩기만은 완강히 거부하고 그나마 매운 맛을 간신히 지키고 있는 놈도 있으며, 폭싹 얾어 져 버린 놈이 있는가 하면 반대로 마늘 본연의 생김새와 매운맛을 생생하게 간직하고 있는 놈도 있읍니다. 그러나 그중에서도 우리를 가장 흐믓하게 하는 것은 그속에 싹을 키우고 있는 놈입니다. 교도소의 천정구석에 매달려 그 긴 겨울을 겪으면서도 새싹을 키워온 그 생명의 강인함에 놀라지 않을수 없읍니다. 눈록빛 새싹을 입에 물고 있는 작은 마늘 한쪽, 거기에 담긴 봄은 결코 작은 것이 아닙니다. 봄이 아직 담을 못 넘는 것이 아니라 우리가 모르는새 벌써 우리들의 곁에서 새로운 생명을 키우고 있었던 것입니다.

신임 所長 취임사에서 獄을 풀이하기를 "늑대(犭)와 개(犬) 틈새에서 말(言)못하는 형국"이라 했읍니다. 적절한 풀이라 할수 있읍니다. 16년이상이나 옥바라지해온 계수님을 포함해서 대부분의 바깥 사람들은 교도소를 그렇게 떠올릴 것이라 짐작됩니다. 온갖 범죄와 패륜이 말집되어 있는 곳, 한마디로 지옥 같은 곳이라 생각할 것임에 틀림 없읍니다.

그러나 그속에서 20년 가까운 세월을 살아온 나의 생각은 그와는 좀 다른 것입니다. 무엇보다 징역살이란 최소한 의식주가 해결되어 있는 사회 입니다. 그리고 빈손으로 왔다가 빈손으로 떠나는 곳이기 때문에 바깥 사회와 같은 치열한 생존경쟁이 없다는 기본적 특징이 있읍니다. 이 기본적 특징은, 교도소에 만연된 4M4C의 失意와 좌절감에 한몫 거들기도 하지만, 교도소 전체의 분위기를 상당히 누그러뜨려 놓읍니다. 한편 교도소에는 가지가지 흉악하고 파렴치한 범죄인들이 모여 있어서 분위기가 살벌하지 않을까 하는 생각이 물론 있을수 있읍니다.

그러나 교도소에서 함께 살아보면 저런 사람이 어떻게 그런 범행을 저질렀을까 납득이 가지 않는 단판인 사람이 무척 많읍니다. 그의 전력으로서는 도저히 상상할 수 없을 정도로 부지런하고 경우 바르고 얌전한 사람이 얼마든지 있읍니다. 치열한 생존경쟁이 없어지고 나면 폭력과 비리와 패륜도 흡사 바람 빠진 풍선처럼 무력해지고 이빨 빠진 맹수처럼 무해한 것이 되어 버리는가 봅니다. 생존을 위한, 또는 致富나 허영을 위한 과도한 追求가 모든 폭력과 비리의 근거가 되고 있는지도 모릅니다.

물론, 교도소에도 먹새를 남달리 밝히거나 신발이나 옷등 입성에 멋을 부리려는 속칭 "잘 나가는" 재소자가 더러 있읍니다. 그러나 그들을 보는 일반 재소자들의 시선은 매우 경멸적 입니다. 어떠한 사회이든 대중은 다수이며 동시에 선량하고 지혜롭습니다. "잘 나가는 재소자"는 전체분위기에서 보면 이질적이며 극소수에 불과합니다. 더구나 그것은 교도소 자체의 內發的인 것이 아니라 外來的인 수입품이라 해야 옳습니다. 높은 담장으로 사회와 철저히 격리하였음에도 불구하고 부단한 入所와 出所에 의하여 바깥과 툭툭히(?) 연결되어 있음으로서 나타나는 사회의 분비물로 파악되어야 할 것입니다. 굳이 재소자의 배리를 들라면 그것은 "향로 베이 군복 입으면 아무리 점잖은 사람도 남의 밭에서 무우 뽑아 먹는" 그런 類의 것으로서 청의 삭발에 연유한 일정한 自棄感과 僧惡, 그 이상은 아니라 생각됩니다.

교도소가 아무리 의식주가 보장되고 치열한 경쟁의식이 배제된 곳이라 하더라도 여기가 살만한 곳이 못됨은 말할 필요도 없읍니다. 뿐만 아니라 교도소에는 그 특유의 음침한 응달이 있읍니다. 우리의 생각 전반에 드리워진 어두운 그림자가 있읍니다. 이를테면 빠개 하기만 하면 만사가 해결 될 것 같은 환상이 각자의 성장의 가능성과 의지를 잠재워 버리는, 일종의 종교적 문화가 만연해 있는가 하면, 우리를 한없이 움츠리게 하는 수많은 규칙이 있으며, 노동의 자세를 歪曲하고 노동의 보람을 흐리게 하는 징역이 있는가 하면, 즐거움 커녕 작은 기쁨도 려락치 않는 부단한 경멸과 혐오와 반성이 있읍니다.

요컨대 교도소는 지옥이 아님과 마찬가지로 천국 알리도 없읍니다. 한가지 분명한 것이 있다면 그것은, 교도소가 「밑바닥」이라는 사실입니다. 어떠한 사회의 밑바닥, 어떤 시대, 어떤 역사, 어떤 인간의 밑바닥이라는 사실만은 분명합니다. 이처럼 낮고 어두운 밑바닥에서 살아가기 위해서는 여기에 걸맞는 「철학」을 정립하지 않으면 안된다고 믿읍니다. 이것은 비단 징역살이에 한한 문제만은 아니라 생각됩니다만 특히 징역살이에는 무엇보다 먼저 자기 자신을 가장 낮은 밑바닥에 세우는 냉정한 시선과 용기가 요구됩니다. 이러한 시선과 자신에 대한 용기만이 자기가 선자리를 사회의 모든 구조속에서 위치 규정할 수 있게끔 체험적 인식을 정립해 두는 동시에 징역 세월동안 무엇을 배우고 무엇에 몰두하지 말아야 하는가를 가름할 수 있게끔 해 주리라 생각합니다. 이러한 자세는 곧 막힌 벽으로부터 시선을 들어 올려 하늘을 바라보게 하는 것이라 믿읍니다. "사람이 하늘이고, 밥이 하늘이고, 밑바닥이 하늘"이라던 그 녹두의 하늘을 바라보는 마음, 그 넉넉한 마음이야 말로 사회와 시대와 역사와 인간의 진실을 향하는 한 줄기의 「양심」이며, 봄도 더디 넘는 독담속에서 겨우내 눈록빛 새싹을 키우는 매운 「예지」라 믿읍니다.

× × ×

17일자 편지와 돈 잘 받았읍니다. 지난 달 가족 좌담회 때 집안 소식 많이 들었읍니다. 바쁜 동생과 자꾸 자라는 화·민·누용이, 그리고 항상 어렵지 않은 계수님의 새봄을 기원합니다.

3. 21. 전주에서 작은 형 씀.

어머님 前上書

아버님의 23日字 下書와 책 잘 받았읍니다.
아버님, 어머님을 비롯하여 家內 두루 無故하시다니 安心입니다.

이곳의 저희들도 몸성히 잘 있읍니다.
가장 불편한 계절인 겨울도 이제는 확실하게 보내놓고
양지쪽 봄풀과 함께 저마다 파릇파릇 물오릅니다.
老人들은 오히려 解冬무렵의 調攝에 더 留念해야 한다고 들었읍니다.
    ×   ×

책을 읽다가 어머님께 읽어드렸으면 하는 句節을 자주 만납니다.
古事도 그렇고, 萬人譜도 그렇고, 異國風物도 그렇습니다만
요사이 부쩍 읽어드리고 싶은 글은 우리나라의 現代史에 관한
部分입니다. 그것은 어머님께서 그 一部를 몸소 겪으신 세월에
해당합니다. 그렇기 때문에 그 세월을 돌이켜 보고 이야기 나눈다면
어머님께서 살아오신 그 세월이 과연 어떤 것이었던가를 분명히
이해하실수 있으리라 생각됩니다.
그리고 아마 이때문에 제가 읽어드리고 싶은 것이기도 합니다만
이러한 깨달음은 어머님의 가슴에 지금껏 抱恨으로 남아있는
아픔이, 어떤 뿌리에서 생긴 것인가를 밝혀줄수 있기 때문입니다.
그 뿐만 아니라 어머님의 아픔이 단지 어머님 個人의 것이 아니라
이 時代를 함께 살아온 수많은 사람들과 共有하고 있는 아픔임을
깨닫게 해주리라 기대하기 때문입니다.

이러한 저의 바램은 其實 어떻게 하면 어머님의 아픔을
조금이나마 덜어드릴수 있을까 하는 저의 구차스런 窮理에
불과하고 어머님의 저에 대한 신뢰를 못미더워하는 不察이며,
不孝인지도 모릅니다.
그러나 또 한편 이는 제게 있어서는 어머님과 어머님의 시대를
제 속에 뚜렷이 받아들이는 일이 되기도 하며, 어머님에게는 餘生을
앞두고 어머님의 平生을 온당하게 자리매김하는 일이 되기도 하리라
생각됩니다.

그러나 이 모든 일들은 굳이 제가 아니더라도 아버님과의 대화로서도
얼마든지 하실수 있는 일이라 믿습니다.
사실인 즉, 어머님께서는 다만 겉으로 내색만 않으실뿐 이미
이 모든 것을 다 아시고, 다 이루어 놓으셨으리라 믿습니다.
초파일 봉은사에 다시는 그 등불에 어머님의 사랑과, 어머님의
平生 밝혀 놓으심에 틀림 없읍니다.
    ×   ×

家內의 平安을 빌며 각필합니다.
        3. 30. 전주에서 영복 올림.

형수님께.

치과에 가서 이빨을 뽑으면 뽑은 이빨을 커다란 포르말린 유리병에 넣습니다.
얼마 동안이나 모았을까 두어 됫박은 족히 됨직한 그 많은 이빨들 속에 나의 이빨을
넣고나면 마음 뒷끝이 답답해 집니다.
지난 번에는, 물론 많이 흔들리는 이빨 이기도 했지만, 치과에 가지 않고 실로 묶어서
내손으로 뽑았습니다. 뽑은 이빨을 호주머니에 넣고다니다가 어느날 운동시간에 15척담밖으로
던졌읍니다. ― 一休僧의 出所입니다. 어릴때의 젓니 처럼 지붕에 던져서 새가
물고 날아갔다던 이야기 보다는 못하지만 시원하기가 포르말린 병에 넣는 것에 비할바가
아닙니다.
10년도 더된 이야기 입니다만 그때도 치과에 가지않고 공장에서 젊은 친구와 둘이서 실로묶어
뽑았읍니다. 그러나 그때는 담장에 갈수가 없어서 바깥으로 내보낼 방법이 없었읍니다.
궁리 끝에 마침 우리공장에서 작업하고 있었던 풍한방직 女工들의 작업복 주머니에 넣어서
제품과 함께 실려 내보낸 일이 있읍니다. 지금 생각하면 매우 미안한 일입니다.
아무리 종이로 예쁘게(?) 쌌다고 하지만 「죄수의 이빨」에 질겁했을 광경을
생각하면 민망스러운 마음 금할길이 없읍니다.

나는 징역사는 동안 풍치 때문에 참 많은 이빨을 뽑았읍니다.
더러는 치과의 그 유리병속에 넣기도 하고, 더러는 교도소의 땅에 묻기도 하고
또 어떤 것은 담밖으로 나가기도 했읍니다.
생각해 보면 비단 이빨 뿐만이 아니라 우리가 살아간다는 것이 곧 우리들의
心身의 一休僧을 여기, 저기, 이사람, 저사람에게 나누어 묻는 과정이란 생각이
듭니다. 무심한 한마디 말에서 부터 피땀어린 人生의 한토막에 이르기 까지
혹은 친구들의 마음속에, 혹은 한뙈기의 田畓속에, 혹은 타락한 도시의 골목에,
혹은 丁史의 너른 광장에 …. 저마다 묻으며 살아가는 것이라 느껴집니다.
돌이켜 보면 나의 경우는 나의 많은 부분을 교도소에 묻은 셈이 됩니다. 이것은 흡사
치과의 포르말린 병속에 이빨을 담은 것처럼 답답한 것이기도 합니다.
교도소가 닫힌 공간 이라면, 그래서 포르말린 병처럼 썩는 공간이라면 그러한 느낌도
당연한 것이라 할수 있읍니다. 그러나 또 한편 돌이켜보면 교도소는 세상으로부터
동떨어진 곳이 아닐뿐아니라 도리어 우리社會, 우리時代와 가장 끈끈하게 맺어져 있는,
그것의 어떤 복판을 이루고 있는 것이 사실 입니다.
이를테면 피라밋트를 거꾸로 세웠을 경우 그 꼭지점이 땅에 닿는 자리, 즉 피라밋트의
全重量이 한꼭을 찌르는 바로 그 지점에 교도소가 위치하고 있읍니다. 이처럼 교도소는
사회의 모순구조와 직결된 공간 임으로 해서 전사회를 향하여 활짝 열려 있는 공간이라
믿고 있읍니다.
그럼에도 불구하고 교도소에 묻은 나의 20여년의 세월이 쓸쓸하게 느껴지는 까닭은
무엇인가. 포르말린 병의 그 답답함이 연상되는 까닭은 무엇인가. ……
징역살이라하여 한시도 끊임 없이 내내 자신을 팽팽하게 경계해 놓을 수도 없지만
어느새 느슨해져 버린 의식과 비어버린 가슴에 새삼 놀라게 됩니다. 이것은 깨어있지
못한 하루하루의 누적이 만들어 놓은 空洞입니다. 피라밋트의 전중앙이 걸려 있는 자리에서
나타나는 意識의 空洞化. ― 역시 교도소가 만만치 않음을 실감케 합니다.
묻는다는 것이 播種임을 확신치 못하고, 나눈다는것이 팽창임을 깨닫지 못하는, 아직도
청산되지 못한 나의 소시민적 殘滓가 피통보다 더 통렬한 아픔이되어 나를 찌릅니다.

×

계수님의 편지와 돈 잘 받았읍니다.
계수님께 편지 쓸 때면 으레 약간의 망설임이 없지 않습니다. 징역이야기만 가득한
나의 편지가 계수님의 생활에 무엇 이되어 나타나는지, 공연히 계수님의 방 창유리나
깨트려 찬바람 술렁이게 하는 것이나 아닌지, 걱정이 없지 않습니다. 그러나 계수님의
편지와 그 편지에 실려오는 계수님의 면모와 생활자세는 이러한 나의 망설임이나 걱정을
시원하게 없애줍니다. 건강과 家內의 平安을 빕니다.
　　5. 28.　　전주에서　작은 형 씀.

形 嫂님 전상서

새장속에 거울을 넣어주면 새가 더 오래 산다고 합니다.
한번도 옥담 안으로 날아든 적 없어 다만 그 지저귐만으로
친한 사이지만 여름 나무의 무성한 새소리는 큼직한 옥중거울입니다.
그러나 뭇새소리 가운데 유독 머슴새 소리는
거울의 照映%이 아닌 회초리 같은 痛烈함을
안겨주는듯 합니다.

꾀꼬리 소리는 너무 고와서 귀간지럽고
뻐꾸기 소리는 구성져 산을 깊게 만들지만 한물간 푸념인데
오직 머슴새 소리만은 다른새소리 듣듯 한가롭게 앉아서
맞을수 없게 합니다.
단숨에 30-40번 그리고 숨돌릴새도 없이 또 그렇게 우짖기를
거듭하여 5분, 길게는 무려 7,8분동안 줄기차게 소리칩니다.
늦저녁과 신새벽을 골라 언제나 어둠속에서만 우짖는 머슴새소리는
흡사 창문을 깨트릴듯, 우리들의 잠을 두들겨 깨우듯 당당하고
거침 없읍니다.

혹은 머슴이 들판에서 소꾸짖는 소리라고도 하고, 혹은 주인한테
맞아죽은 머슴 혼백이 주인꾸짖는 소리라고도 하는데 어쨋든
머슴새는 분명 누구를 당당하게 꾸짖고 있음에 틀림 없읍니다.
후다닥 무릎 고쳐 앉게하는 꾸중이고 채찍임에 틀림 없읍니다.

물을 거울로 사용하던 옛날부터의 이야깁니다만 無鑑於水 라하여
물에다 얼굴 비춰보지 말라는 金言이 있읍니다. 이는 外貌나, 말이나,
現在를 보지 말고, 외모속의 實體와, 말以後의 實踐과, 현재가
잉태하고 있는 미래를 직시하라는 뜻이며, 그도 그 時代의 丁史的
當爲에 準據하여 비춰봐야 한다는 뜻이라 믿습니다.
꾀꼬리 뻐꾸기가 前者의 靜間을 노래하는 것이라면, 머슴새는
後者의 그 변혁의 실상을 깨우쳐주는 거울이라 생각됩니다.

육칠월 뜨거운 열기와 수많은 동료들의 참담한 고뇌를 제껴두고
한가로이 새소리나 적고 있자니 금방이라도 머슴새의 꾸짖음소리
들려올듯 합니다. 甲午녹두새의 채찍같은 꾸짖음소리 날아올듯합니다.
아버님 어머님을 비롯해서 형님 형수님, 주, 宙 容이 모두
평안하시리라 믿습니다. 더위와 비를 함께 앞두고 있는 칠팔월.
盛長을 기원 합니다.
  　　　7. 6.   전주서 삼촌 드림.

아버님 前上書.

어머님과 집안식구들 자주 現夢하여 内心 杞憂라
여기면서도 문득 문득 염려됩니다.
어머님 患候는 어떠하신지, 아버님 氣力은 여전하신지,
형님과 동생의 所關事는 순조로운지··· 하나마나한 걱정
입니다만 그때마다 염려됩니다.
아마 그동안 積阻한 탓이라 생각되어 오늘은 사연도 없이
붓을 들었습니다.

이곳의 저희들은 별고 없이 잘 지내고 있습니다.
더위먹어 밥맛 떨어지더라도 물말아 또박 또박 한그릇씩 비우고,
운동시간에는 웃통벗어 몸태우고, 속옷 자주 빨아 입고----
오랜 징역살이에 이골이 난 꾼(?)들답게 雨晴寒暑에
—喜—悲하는 일없이 묵묵히 当場의 所用에 마음을 쓰되
이를 悠悠히 거느림으로해서 동시에 앞도 내다 보는 그런 자세를
잃지 않으려 합니다.

全州로 이송온지도 벌써 1년 반 입니다. 그동안 새 친구를 많이 사귀
었을 뿐아니라, 이곳에는 이송온 他地사람들도 많고, 대부분이
연 방 드나드는 矩短期囚들이기 때문에 1년반 밖에 안됐지만
이젠 제법 신참티를 벗어 가고 있습니다.

전주 와서 첫 밤자고난 새벽에 십수년 들어왔던 기상나팔 대신에
은근히 울리던 기상 종소리에서 매우 평화스러운 감동을 받았습니다.
그러나 그것이 종소리가 아니라 산소땜통을 때려서 내는 소리임을
알고는 실망과 함께 苦笑를 금치 못했던 기억이 새롭습니다.
사람 키만하고 무슨 砲彈같이 생긴 산소 아세칠렌 용접 까스통을
매달아 놓고 나무망치로 몸통 중간짬을 치는 장면은 제가 처음
느꼈던 감동과는 사뭇 거리가 먼 것이었습니다.

実인즉, 나팔소리든, 종소리든, 산소땜통 소리든 그 소리가
우리에게 요구하는 바는 서로 다를것이 하나도 없다는 점에서
감동이었건 실망이었건, 고소였건 그것은 처음부터 저 혼자만의
感傷에 지나지 않았던 것입니다.

장마 걷히고 바야흐로 뜨거운 八月을 앞두고 있읍니다.
아버님 어머님 의 健安하심을 빕니다.

7. 20. 전주에서 영복 올림.

형수님께.

맴—맴—찌—찌— 장마 지난 여름 한낮의 매미 소립니다.
옥담 바깥쪽을 빙둘러 서 있는 단풍나무와 미류나무에서 울어재끼는
매미의 합창은 교도소의 정적을 한층 더 깊게 합니다.
우리나라에 가장 많은 유지매미와 참매미는 수명이 6년이라고
합니다. 그러나 그의 一생인 6년 가운데 5년 11개월을
고스란히 땅속에서 애벌레로 살아야 합니다.
땅속에서 나무뿌리의 즙을 먹으며 네번 껍질을
벗은 뒤 정확히 6년 째 되는 여름, 가장 날씨좋은
날을 택하여 땅위로 올라 옵니다.
땅을 뚫고 올라오는 힘은 엄청나서 곤충학계에는
아스팔트를 뚫고 올라왔다는 기록도 보고되어 있을 정도라합니다
땅을 뚫고 나온 애벌레는 나무등걸을 타고 올라가 거기서 다섯번째이며
마지막인 껍질벗음을 합니다. 이 순간 애벌레는 비로소 한마리의 날개 달린
매미로 탈바꿈하는 것입니다.
그러나 매미는 화려하지만 지극히 짧은 생애를 끝마치도록 운명지워져 있읍니다.
불과 4주일 후에는 생명이 끝나기 때문입니다. 매미중에는 이 짧은 생애를
위하여 무려 17년이나 땅속에서 사는 종류도 있다고 합니다. 긴 인고의 세월에
비하여 너무나 짧은 생애가 아닐수 없읍니다.
널리 알려진 개미와 매미의 寓話는 거꾸로된 이야기 입니다.
개미는 여름동안 하루 한두시간 일할까 말까하며 도리어 매미가 나무 등걸에
파놓은 우물을 치근덕거려 빼앗기 예사 입니다. 겨울철에 굶주린 매미가
개미집으로 지팡이 짚고 밥 빌러가기는 커녕 죽어서 개미들의 양식이 되는것도
매미쪽이라 하겠읍니다.
매미가 노래하는것은 즐기기위한 遊戲가 아니라 종족보존을 위하여
암매미를 부르는 것이라합니다. 그것도 집단으로 줄기차게 울어재껴야 암매미가
날아올 확률이 높다고 합니다. 이를테면 겨레의 번영을 갈구하는 아우성인
셈입니다. 弱肉强食의 自然界에서 더우기 새들의 맛있는 먹이이며 非武裝인
매미가 저처럼 요란한 합창으로 자기의 존재를 드러내는 것은 매우 위험한
행위가 아닐수 없읍니다. 그럼에도 불구하고 당당히 소리치는 매미들의 사랑과
용기야 말로, 수많은 수목들과 날새들과 짐승들은 물론, 한 포기 풀이나 벌레에
이르기까지 모든 살아 있는 생물들에 대한 힘찬 격려이며
生命에의 禮讚 입니다.
맴—맴—찌—찌— 매미들의 아우성 만세.

特別購買로 수박 사먹었읍니다. 옥방에서
나누어먹는 수박맛은 아마 계수님이 사주시겠다던
동궁빵집 팥빙수보다 나을듯 싶읍니다.
더분에 그날밤은 변소옆의 내 잠자리가
통행인들로 붐이 났읍니다.

화용이 민용이의 여름방학은 나까지 덩달아 마음가볍게
해줍니다. 방학 시작하자 말자 일기까지 포함해서
방학숙제를 모두 해치우고 나면 방학을 훨씬 신나게 놀수 있다는 점을
전해주고 싶읍니다. 계수님과 家內의 平安을 빕니다.
보내주신 돈 그리고 25日字 아버님 回信도 두루 잘 받았읍니다.

8.1. 전주에서 작은형 씀.

형 嫂님 전상서

보내주신 서한과 돈 잘 받았읍니다.

형수님의 손가락이는 일들도 많고, 헝클어진 일 못본 체 못하시는 형수님의 端整함으로 해서 더욱 부대끼고 心勞해 하시는 모습 눈에 선 합니다.
옛날부터 맏며느리 몸이 열이라도 모자란다고 합니다.
지금 세상에도 맏며느리나, 시어머니로서의 여성이 차지했던 그 당당한 地位와 役割에 비견할만한 여성의 사회적 직책을 찾아보기 어렵다던 말이 생각납니다.
형수님께서는 맡겨진 家內와 大小事 지혜롭고 명쾌하게 다듬어 내시리라 믿습니다.

三低好材라는 푸짐한 소문과는 아무런 인연없이 內需 中小企業이라는 우리 經濟의 가장 어려운 자리를 지키고 계시는 형님의 고충, 다는 아니더라도 대충은 짐작이 됩니다.
힘든 자리 훌쩍 떠나지 않는 고집이 곧 형님의 社會的 良心과 勇氣의 바탕을 이루고 있는 것임을 압니다.

방학이라도 책가방 내려놓지 못하는것이 아닌지 우용이 주용이 여름방학도 궁금합니다.
제게는 도회지의 아이들이 어떤 방학을 보내는지 아는 바가 없읍니다. 다만 지난번 귀휴때 학교운동장 구석에서 우·주용이와 공차던 기억이 지금도 흐뭇합니다.
시골 고향에 할아버님댁이 있었더라면 우·주용이의 방학이 훨씬 더 풍성하고 생기있는 것이 될텐데……
고향에서 뿌리뽑힌 都會地의 삶이 어린이의 방학을 통해서도 다시한번 그 삭막한 모습의 一部를 드러내는 것 같습니다.

이곳의 저희들은 末伏마저 보내놓고 이제 느긋하게 가을생각으로 殘暑를 벗하고 있읍니다.
서울 집안 소식 잘 듣고 있읍니다. 접견은 특별한 일이 없는限 훨씬 뒤로 미루는게 좋겠읍니다. 그동안에라도 家族面談會 가능하다면 연락 드리겠읍니다.

형수님의 건강과 家內의 平安을 빕니다.

8. 10. 전주 삼촌 드림.

못 뵌 남 전상서

참 비 많이 내렸읍니다.
호우 폭우 폭풍 태풍····
여름내 세차게 쏟아진 비는 교도소의 찌든 흙을
깨끗이 씻어 놓았읍니다.
草原의 풋풋한 흙내와 生氣가 싱그럽습니다.

빗줄기로 드러난 잔돌, 물길에 패인 흙고랑,
그새 자라난 쇠비름, 가라지, 땅강아지, 베뿌장이···· 들은
이곳이 옥담속에 갇히기 전의 모습을 보여 줍니다.
햇빛과 바람이 자유롭게 노닐고
이름없는 잡초들도 뽑히지 않고 무성하게 살아가던
옛날 언덕의 시절을 보여 줍니다.

바람과 비 다 보내고 나니 어느새 가을입니다.
담요 빨래도 해야지, 순환교육도 받아야지, 많은 글씨도 써야지,
더위핑계로 미뤄놓은 일들 거리도 많지····
원체 짧은 옥중의 가을이 여름뒤치닥거리와
겨울 앞채비로 나머지가 없읍니다. 징역살이처럼 왜소한
삶도 그것을 영위하기위한 일거리가 적지 않읍니다.
    ×   ×
한때 저한테 대학다니는 굉장히 예쁜 딸이 있다는
소문이 났읍니다. 제가 구속되자 웬 젊은 여자가 어린아기를
안고 와서 말없이 울기만 하다가 아기를 두고 갔다 던가,
그 아기가 할머니 밑에서 자라서 지금은 대학에 다니고 있다는
제법 그럴듯한 내용입니다.
덕분(?)에 그 엉터리가 드러나기 까지 한동안 젊은 친구들로 부터
애교있는 접근과 과분한 친절을 받았읍니다.
흐뭇하면서도 섭섭한 일입니다.
제가 구속될때의 나이 또래인 젊은 친구들로 부터
장인 영감 대접이라니
돌이켜보면 세월이 많이 흘렀읍니다.
    ×   ×

나무 없는 미도APT 그래도 가을은 올테지요. 어떤 색갈인지
궁금하기는 합니다. 영남4엄, 형수님 건강, 우.주.용이 성장, 모두
큼직 큼직한 결실 이루도록 기원합니다.

          9. 17.   전주에서   삼촌드림.

季嫂 님께

防虫網 떼어내고 나니
창밖에 가을하늘 청명합니다.
그러나 우리들은
가을을 가을로 보지 못하고
가을 뒤에 숨은 겨울을 먼저 봅니다.
組績공장 처마에는 깬지 며칠 안되는
제비새끼가 있읍니다. 이제 곧 겨울인데
아직 날지도 못하고 어미가 물어다 주는
먹이를 받아먹고 있읍니다.
언제 커서 어미따라 강남까지 날아갈수 있을지,
그 넓은 바다 쉬지 않고 건널수 있을지.

×

환절기에는 거의 빠짐없이 감기 한차례씩 겪습니다.
감기는 물론 걸리지 않는 편이 좋지만 걸리더라도 별 대수로울 것이 없읍니다.
빤히 아는 상대를 만난듯 며칠짜리 역, 어떤 증세를 가진 것인지 대강 짐작이
가기 때문입니다. 그때뿐이고 속만 굵는 감기약 먹을법 없읍니다.
發熱과 몇가지의 증세, 그리고 심한 피로감까지 고스란히 받아들입니다.
어떤 사람은 한잔 먹은 酒氣를 느끼기도 하는 모양이지만
나는 아직 그런 경지까지는 이르지 못했읍니다.
그러나 감기가 허락하는 며칠간의 게으름만은 무척 흐뭇하게 생각합니다.
넘어진 김에 쉬어가자는 배짱으로 책은 물론 자잘한 일상적 규칙이나
이목들도 몰라라 하고 편한 생각들로만 빈둥거리는 며칠간의 게으름은
여간 흐뭇한 것이 아닙니다.
징역살이에는 몸 아플때가 제일 서럽다고 하지만
내 경우에는 오히려 그 반대입니다.
감기 핑계로 누리는 게으름은 도리어 징역속의 긴장감을 상당히 느꾸어
줍니다. 특히 회복기의 얼마동안은 몸 구석구석에 고였던 나른한 피로감 대신
生動하는 활력이 차오르면서 머릿속이 한없이 맑은 정신상태가 됩니다.
이 명래한 정신상태는 그동안의 방종을 깊고도 넒은 사색과, 통찰과,
整頓을 가능케 해줍니다.
환절기의 감기는 편한 잠자리의 숙면처럼 그 자체가 깨끗한 휴식이면서
동시에 새로운 아침, 또하나의 출발을 약속합니다.
이번 가을 아직 감기 걸리지 않았읍니다. 그러나 언제라도 아플 만반의 (?)
준비는 되어 있읍니다.

×

季嫂님을 비롯해서 화·민·두용 꼬마들에 이르기까지 모두
큼직한 열매들을 거두기 바랍니다.

9. 18. 전주에서 작은형 씀.

아버님 前上書.

秋夕이 다른 名節과 다른 점은 대부분의 사람들이 故鄕을 찾는다는 데에 있읍니다.
父母님을 찾아 뵙고, 형제들을 찾고, 祖上을 찾아 山所에 省墓하는등 추석이 되면 모든 사람들이 고향을 찾게 됩니다.

6,70년대의 급속한 산업화로 말미암아 오늘날은 많은 사람들이 고향과 가족을 떠나서 客地를 살아가고 있읍니다. 日帝때 보다 그 수가 더 많다고 합니다.

이처럼 객지를 사는 수많은 사람들은 해마다 추석이 되면 엄청난 귀성인파가 되어 驛頭이나 버스터미날에 운집합니다.
객지에서 고향으로 향하는 숱한 行列은 흡사 뒤틀린 몸뚱이를 뒤척여 본래 자리로 돌이키려는 몸부림 입니다.

그러나 막상 추석이 되어도 이 거대한 행렬속에 끼이지 못하는 사람들도 얼마든지 있읍니다. 이산가족은 물론, 가산을 정리해서 아예 고향을 떠나버린 사람들을 비롯해서, 객지 나와서 돈 벌기는 커녕 지지리 고생만 하는 젊은 남녀에 이르기까지.
추석이 다가와도 열차표나 고속버스표 한장 끊지 못하는 수 많은 사람들이 있읍니다.

함께 징역사는 친구들에게 물어보면 열에 일곱 여덟은 추석때의 괴로웠던 경험을 이야기 합니다.
고향마을 입구까지 갔다가 먼빛으로 동네지붕만 바라보다가 도로 밤길을 돌렸다는 어느 淪落女의 이야기도 있고,
밤중에 고향집 담너머 몰래 돈지갑을 던지고 도망쳐온 義賊(?) 같은 이야기도 있읍니다.
이것은 고향을 떠난 사람들의 이야기라기보다 차라리 고향을 잃은 사람들의 이야기 입니다.

만약 추석명절에 귀성객이 한사람도 없다면 어떨까. 역이나 터미날에 아무도 얼씬거리지 않는 그런 추석이란, 생각만 해도 삭막하기 짝이 없읍니다. 그러한 추석 그러한 사회는 설사 높은 물질적 풍요를 누린다 하더라도 삭막한 것이기는 마찬가지 입니다.
많은 귀성객이 그 사회의 活性을 의미하지 않는 것과 마찬가지로, 적은 귀성객이 그 사회의 秩序를 의미하지 않습니다.

더우기 우리나라처럼 半世紀가 채 못되는 기간동안에, 異民族의 침략과, 祖國의 패망과, 광복과, 전쟁과 분단을 숨가쁘게 겪어야 했던 격동의 現代史는 추석명절에 대해서도 선명한 흔적을 남기고 있는 것입니다.

추석 명절의 엄청난 귀성 인파는 이를테면 우리 社會의
疏外의 外化體이면서 동시에 그것을 극복하려는 共同體의
몸부림이라는 측면에서 再照明되어야 할 것입니다.
추석을 이곳에서 보내야 하는 저희들의 처지도 이러한 소외의
특수한 형태임은 물론입니다.

      ×   ×

어머님께서 건강하시던 몇년 전만 하더라도
추석 즈음에 어머님 아버님께서 접견 다녀가시면
이곳의 여러분들로부터 이런 말을 듣곤 했읍니다.
"자네가 부모님을 찾아뵈어야 하는건데… 不孝일세"
지금은 어머님께서 기동이 어려우시고
아버님 또한 極老하셔서, 추석이 되면 내심
다행으로 여겨지기도 합니다.
名節歲拜는 제가 못다하고 있는 숱한 道理 가운데
작은 하나일 뿐임을 명심하고 있읍니다.

저희 방에는 큼직한 東窓이 있어서
보름달은 물론 산을 오르는 "省墓客"들의 모습도
잘 보입니다.
이번 추석에는 어머님의 窓에도 크고 환한
보름달 둥실 떠오르길 빕니다.

    10월 5일 전주소에서
      영복 올림.

※ 1급수 봉투편지 허가되었읍니다.

李燦 님께

25日字 편지와 돈 잘 받았읍니다.
어머님을 비롯하여 家內 無故하시리라 믿습니다.
이곳의 우리들도 건강하게 그리고 마음 편하게 지내고 있읍니다.

요즈음은 밀린 일거리때문에 10시까지 殘業입니다.
나도 거의 매일 잔업입니다. 땜통미싱사라 1조, 2조, 3조, 4조 어느조도
빠진자리에 가 앉아 일합니다. 덕분에 친구도 많고 얻어듣는 이야기도
많습니다. 오늘은 잔업시간에 오가는 우리들의 줄거리 없는 잡담 다발
소개합니다.

성근이 잔업잡혔구나. 안됐다. 감기몸살 엉까도 안먹어 줬구나.
작업반장이 얼마나 빠꾸미라고. 곰보새끼 들어 갔느냐? 형님여기계신다 아우야.
곰보라니 失言 했어 보고. 겁을 상실한 애들인게. 야 몸작나 왔다. 이것봐라
춘갑이 솜씨지. 해태눈깔 이로구나. 미싱께나 밟았다는 놈이. 인철이 오늘
보오메러 소포받고 더 울쌍이냐. 마누라가 없는 돈 에 사부쳤노데 맴에 맴에간지,
어깨는 쌍가사리 때리는거지? 나는 아무래도 도둑놈체질이 못되나 봐.
도둑놈이라 그러지. 야 이 팔개월 반만에 가족목으로 나온놈아. 먹고살자고
하는 짓인데 체질이 무슨놈의 체질이야. 있어. 있어. 너는 진짜 체질이다.
아니야 걔는 영숙이 잘못 사랑해서 징역들어 온거라고.
"바위섬... 나는 네가 조오아서..." 제 노래솜씨 어때요? 푸로이상이야
서툰 기교도 안부리고---. 저치 신선생 청찬 들어서 계속 시끄럽게 생겼구나.
주제파악 좀해라. 동석이형 태백산맥 3권 누가 보고 있냐 지금.
영희 머싱 세워 놓고 어디갔어! 빨래하러 갔어. 작업 바쁜줄 아는만.
작업반장 맥킨콜이야. 맥꼴이다 맥꼴. 고무풍선을 꽉 잡으면 손구락새로
삐져나오잖아. 그 삐져나온걸 또 꽉잡으면 어떻게 되겠어?
어떻게 되긴 어떻게 돼 펑이지 펑. 내일 불교집회 안갈터? 비디오
가지고 온데. 떡가지고 온다면 가지. 역시 너는 떡신자야. 비디오 제목이
뭐래? 뭐긴 뭐겠어 "소림사 주방장" 이지. 때가 크리스마스 땐데 먼 불교며.
상영이너 전성시대가 몇년도야. 문지마라. 과거가 험한 사람한테는
과거가 고문이야. 니가 왜 끼어드냐. 그게 어디 제대로 된 전성시대냐.
동인천 그 왜 생낙지집 있지. 야 야 먹는얘기 좀 사양 안할래. 그것도 고문이야.
"내 청춘의... 빈 노트에. 무엇을 채워야 하나..." 야 잠좀자자. 노래다쳐라.
스피커에서 지금 나오고 있잖아. 암만 나오더라도 그렇지. 빈노트가 어딨어.
너나 나나 고생고생 엉망 진창 노트다. 우리한테는 못맞는 노래다 임마.
그래 그래 있는집의 할일없는 애들 노래야. 노래 잘못 골랐다가 몰매맞는구나.
내내 그렇다니까. 가위 가져가신분? 안계십니까? 서울말로 욕치겠읍니다.
내가 첨으로 양복일 배울때 말야 쥔집 아줌마가 그러더라고. 너 이 단추구멍
예쁘게 치면 이담에 이쁜 마누라 얻는다고 그러더만. 진짜 이쁘게 쳤지.
이쁜 마누라 얻었어? 지금까장 수많은 단추구멍 이쁘게 쳤건만
이쁜 마누라커녕. 미운 마누라도 없어. 야 너 땀수 몇단놓고 박는거야!
이 자식 막 건너 뛰는구나. 삼부요인이 누구 누구야. 어제 우리방에서
심리붙어갖고 한참 시끄러웠다. 단독주택 인데 말이야 뒷담으로 들어가서

안방일보고 나오는데. 대문앞에 도사견이 떡 버티고 있더만. 꼼짝마라 구나. 아니야 건데 웃겼어. 비싸도 개는 개더만. 바깥에서 안으로 들어오면 달려들거나 짖었을텐데 말이야. 안방에서 턱 나오니께 이게 헷갈리나봐. 고개만 갸웃 갸웃 하더라고. 비싸도 개는 개더만. 건데 개장에 통닭 남아도는거 있지···
"이제는 졸립구나···". 용수 참새의 하루 부르는게 시간 됐나보구나. 저 시계 5분늦어. 한번은 들어갔는데 있지. 감자들이 먼저들었어. 보니께 안방에다 묶어 놓고 이새끼들 막 일을 벌일참이야. 품들이 타자가 아니야. 아무리 밤중이지만 바깥에 빙도 안세워놓고 말야. 그래서 어떻게 했어? 야구방망이 있지 그거 마당에 있더만. 이새끼들 기겁했을거야. 창문도 박살났지. 그치들 우리가 방범인줄 알았을꺼야. 우리도 물론 잽싸게 토꼈지. 어이. 기계수리! 여기 모타 좀 봐줘 열 너무 받는데. 오늘 미싱 밟아본것 만큼 오토바이를 밟았으면 집에 갔다 오고도 남을텐데. 너는 운장으로 사고내고 미싱 사로 돌았다며? 풍파에 놀란 사공 배팔아 말을 샀구나. 그런데도 징역 들어 왔잖아? 사연이 깊어 다 얘기 하자면. 육갑 떨고 있네 다 물어봐라 너 만한 사연 없는놈 있는가. 도구 반납! 작업끝이다. 천천히가 세면장 만땅 꼈 야. 춥는데 씻긴 뭘씻어 발만 씻자····

×

入房 길에 잠시 운동장에 서면 누구나 밤하늘을 바라봅니다.
흑청빛 하늘에 무수히 박혀있는 별들.
수억 광년 수십억 광년의 광대한 우주.
일순 교도소의 주벽이 바짝 우리의 몸을 죕니다.
수고했어요. 수고했어요. 잘자. 편히쉬세요. 수고했어요.
잠든 동료들의 안면을 방해하지 않기 위하여 낮게, 낮게 나누는 인삿말.
좀전의 농기라곤 한점도 찾을수 없는
숙면할 정도로 진지합니다.

계수님의 건강을 빕니다.

  11. 27. 전주에서
      작은형 씀.

못 빼앗긴 전상서

크리스마스가 가까워 오면 기독교 천주교신자가 늘고
초파일이 가까워 오면 불교신도가 늡니다.
그 외에도 떡이나 위문품이 곁들여진 종교집회가 있는 날이면
어김없이 신자수가 부쩍 늘어납니다.
보통때는 신자가 아니다가 이런 특별한 때에만 집회에
나오는 신자를 "떡신자" 또는 "基天佛" 종합신자라 부릅니다.
저도 떡신자의 경험이 적지 않습니다.
지난번에는 떡가지고 온다는 소문듣고 기독교 집회에
참석했다가 헛탕치고 돌아온 적이 있읍니다.

신자도 아니면서 떡을 위해 참석한다는 것이 사실 상당히
"쪽 팔리는" 일임에 틀림없읍니다.
그럼에도 불구하고 그런자리에 가끔 끼이는 까닭은
물론 떡도 떡이지만 제나름의 이유가 없지 않읍니다.
떡 한봉지 받자고 청하지도 않는 자리에 끼어든다는 것이
어지간히 징역때 묻은 소행이 아닐수 없지만, 그곳에는
떡신자끼리만 나눌수 있는 걸직한 共感이 있기 때문입니다.

징역때 묻었다는 것은 징역을 오래 살거나 자주 살아서
비위 좋고 염치없다는 뜻으로 통합니다. 그러나 한편으로는
얄팍한 체면이나 구차스런 변명따위 코에 걸지 않는다는
솔직함을 뜻하기도 합니다.
그리고 떡신자끼리의 공감이란 것도 무슨 價値共感일리도
없읍니다. 그저 同類라는 편안함입니다.

그런 때묻고 하찮은 공감에 불과하지만, 삭막한 징역살이에서
이것은 여간 마음 훈훈한 것이 아닙니다. 자기와 처지가 비슷한
사람을 발견한다는 것은 그 자체가 기쁨이고 안도감입니다.
밥처럼 믿음직하고 떡처럼 반가운 것입니다.
헌옷 걸치고 양지쪽에 앉아 있는 편안함 입니다.

어쨌든 떡신자들의 가장 큰 특징은 한마디로 제사보다 젯밥에
생각이 있다는 사실입니다. 설교라든가 미사, 설법등에는
처음부터 마음이 없고 참信者(?)들의 눈총을 받아가면서도

교회당 무대 한쪽 가생이에 쟁여놓은 보루박스의 눈이에
줄창 신경을 쓰거나 외부에서 온 여신도들을 할끔거리기
일쑤입니다. 한가지 확실한 사실은, 떡신자들은 서로
얼굴만 보아도 알아 차린다는 사실입니다. 어떤 때는
모르는 사이이면서도 멋적은 미소까지 교환합니다. 서로가
들킨 셈이면서도 마음 흐믓해 합니다.

집회 끝나고 한줄로 서서 出口를 빠져나오면서
떡봉지 하나씩 받아들면, 사실 이때가 가장 쪽팔리는
순간이긴 하지만, "이 보리밥 죠에서 떡 한봉지가 어디냐"
마치 처자식 벌어다 먹이기나 하듯, 남의 눈치 아랑곳없이
"연앞 뜬듯" 얼굴들고 걸어나옵니다.
"목사는 뭐 지돈 디려서 사오남!"
"아무렴 살아야 밍(命)인께 먹어야 벅(福)인게"

             ×   ×

벽에 12월 달력 한장, 그도 반밖에 남지 않았읍니다.
그 반밖에 남지 않은 날들에 담긴 무게는 실로 육중하기
그지없읍니다. 한 時代를 劃하는 丁史的인 날들입니다.
옥중에 앉아 이를맞는 저희들의 심정도 결코 범상한
것일수 없읍니다마는 역사의 大河에 낚시 드리운 太公의
신쯘 長함을 아울러 간직하려 합니다.
오늘 임시공휴일, 형수님을 비롯하여 온가족의 소망과 긴장이
눈에 선하여 편지드립니다.

        12. 16.   전주에서
                삼촌 드림.

축수 남게

87년이 저물면
88년이 밝아오고
88년이 저물면
89년이 밝아오고
89년이 저물면
90년이 밝아오고
90년이 저물면
91년이 밝아오고
91년이 저물면
92년이 밝아오고
92년이 저물면
93년이 밝아오고
93년이 저물면
94년이 밝아오고
94년이 저물면
95년이 밝아오고
95년이 저물면
96년이 밝아오고
96년이 저물면
97년이 밝아오고
98. 99. 2000. 2001.
2002. 2003. 2004.
2005 · · · · · · · ·
계속 밝아옵니다.

제수님과 온 가족의
새해를 기원합니다.

— 스무번째의 獄中歲暮를 맞으며 —
작은형 씀.

季嫂 남께

작년 여름 비로 다 내렸기 때문인지
눈이 인색한 겨울이었습니다
눈이 내리면 눈덧끝의 매서운 추위는
죄다 우리가 입어야 하는데도
눈 한번 지긋하게 안 오나
젊은 친구들 기다려 쌓더니
얼마전 사흘 내리 눈내리는 날
기어이 운동장 구석에 눈사람 하나 세웠습니다.

獄뜰에 서있는 눈사람
연탄조각으로 가슴에 박은 글귀가
섬뜩합니다.
「나는 걷고 싶다」
있으면서도 걷지 못하는 우리들의 다리를 깨닫게하는
그 글귀는
단단한 눈뭉치가 되어
이마를 때립니다.

내일 모래가 2월 초하루
눈사람도 어디론가 가고 없고
먼 데서 봄이 오는
기척이 들립니다.

1. 25 일부 편지 와도 받았습니다.
계수 님의 건강과 발전을
빕니다.

   1. 30. 전주에서
     작은형 드림.

청주교도소 1988년 297

아버님 前上書.

참새 집에서 참새 새끼를 내렸읍니다.
날새를 하늘에 두고 보자며 한사코 말렸는데도 철창타고 그 높은데까지
올라가 기어이 꺼내왔읍니다. 길들여서 데리고 논다는 것입니다.
아직 날지도 못하는 부리가 노란 새끼였읍니다.
손아귀 속에서 놀란 가슴 할딱이고 있는데 死色이 된 어미참새가
가로 세로 어지럽게 날며 머리위를 떠나지 못합니다.

" 저 것봐라. 에미한테 날려보내 줘라."
" 날도 못하는 더요? "
" 그러문 새집에 도로 올려 줘라."
" 3사 늠들이 꺼내 갔겄더요? 2사 꺼는 위생늠들이 꺼내서
    구워 먹어 뿌렸당게요."
" ‥‥‥‥."

손을 떨어 땅에다 놓았더니 어미새가 번개같이 내려와 서로
몸 비비며 어쩔줄 모릅니다. 함께 날아가 버리지도 못하고,
그렇다고 그 높은 새집까지 안고 날아 오를 수도 없고, 급한대로
구석으로 구석으로 데리고 가 숨박는데

" 저러다가 쥐구멍에 들어갔뿌리문 쥐밥 됀당게."
그것도 끔찍한 일입니다. 어쩔 수 없기는 우리도 마찬가지입니다.
결국 방으로 가지고 왔읍니다. 마침 빌어두었던 쥐덫에 넣어
우선 창문턱에 얹어 놓았읍니다.
어느새 알아 냈는지 어미새 두마리가 득달같이 쫓아왔읍니다.
처음에는 방안의 사람짐승을 경계하는듯 하더니 금새 아랑곳하지 않고
오로지 새끼한테 專念해버립니다. 쉴새없이 번갈아 먹이를
물어 나릅니다. 놀라운 일입니다. 그리고 다행한 일입니다.

" 거 참 잘됐다. 우리가 아무리 잘먹여야 에미만 하겠어? 에미가
    키우게 해서 노랑딱지 떨어지면 훨훨 날려 보내주자."
이렇게 해서 새끼참새는 날 수 있을때까지 당분간 쥐덫속에서
계속 어미새의 부양을 받으며 살아야합니다.
먹이를 물어 나르던 어미새는 쥐덫에 갇혔다가 놓여나는 혼쭐검을
당하고도 조금도 변함이 없읍니다.
새끼가 무엇인지, 어미가 무엇인지, 생명이 무엇인지‥‥‥,
참새를 바라보는 우리의 마음이 아픕니다.
저는 물론 어머님을 생각했읍니다. 정릉 골짜기에서 식음을 전폐하시고
공들이시던 어머님 생각에 마음이 아픕니다. 20년이 지나 이제는
빛 바래도 좋을 기억이 쟁쟁하고 가슴에 사무쳐 옵니다.
                5. 30. 전주에서   영 복 올림.